T. COLANI

PROFESSEUR A LA FACULTÉ DE STRASBOURG

EN PRUSSE

IL Y A TRENTE ANS

(1886-1888)

ÉTUDES, NOTES, IMPRESSIONS DE VOYAGE

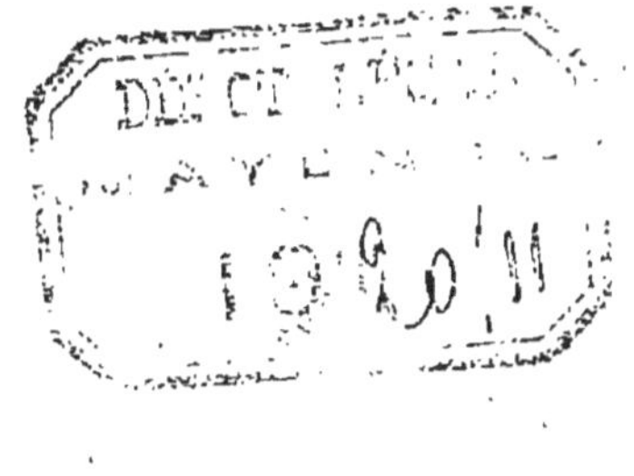

PARIS

LIBRAIRIE FISCHBACHER

33, RUE DE SEINE, 33

1920

EN PRUSSE

IL Y A TRENTE ANS

T. COLANI

PROFESSEUR A LA FACULTÉ DE STRASBOURG (1864-1870)

EN PRUSSE
IL Y A TRENTE ANS
(1886-1888)

ÉTUDES, NOTES, IMPRESSIONS DE VOYAGE

PARIS
LIBRAIRIE FISCHBACHER
33, RUE DE SEINE, 33
1920

AVANT-PROPOS

I

Nous réunissons et nous groupons dans ce volume des études et des notes de T. Colani ; elles ont paru sous forme d'articles dans le Temps et dans la République française, et portent sur la Prusse, sur sa capitale, ses souverains et sa politique, il y a trente ans.

Les années 1886 à 1888 marquent en effet un moment critique dans l'histoire des Hohenzollern et du monde : un long règne à son crépuscule s'achève, Guillaume « le Victorieux » descend dans la tombe ; Frédéric III, sans déserter son poste, se débat dramatiquement durant quatorze semaines contre le cancer qui le ronge ; et le 15 juin 1888, Guillaume II saisit le sceptre impérial et royal qu'il convoitait si impatiemment, trouvant son père trop lent à mourir. Cependant, dominant tout, se dresse la haute et impérieuse figure du prince de Bismarck, fort de ses services, mais inquiet de l'avenir, du sien comme de celui de son œuvre.

Il sent et il avoue, mais en rejetant la responsabilité sur Moltke, que l'annexion de 1871 fut une faute, et il se venge des insomnies qu'elle lui cause et sur la terre d'Empire qu'il persécute, et sur la France qu'il menace. Il arme formidablement. Mais l'Alsace, patiente et indomptable, grandit sous l'épreuve ; française elle reste, comme française elle fut. La question d'Alsace-Lorraine demeure entière.

Aussi terminons-nous ce volume par quelques études sur ce sujet capital. Nous remontons même à ses origines et nous puisons un article dans le Courrier Littéraire. Ici, comme ailleurs, nous suivons l'ordre logique plutôt que l'ordre chronologique. Bien que nous respections celui-ci le plus possible, nous cherchons à grouper les articles qui portent sur un même événement ou sur un même personnage. Nous n'y avons pas toujours réussi.

Notre livre paraît plus tard que nous ne le désirions. Mais la France ne peut, nous semble-t-il, se désintéresser déjà de l'histoire des ennemis qui l'ont « envahie quatre fois en un siècle ». Leur passé éclaire leur présent ; il aide à les comprendre, donc à les surveiller. Ils valaient mieux il y a trente ans ; mais leur inimitié se manifestait déjà, et c'est avec joie qu'ils ont subi sous Guillaume II une « intoxication » continue ; tous les Allemands se sont prussifiés depuis 1888. Sous des modifications apparentes, leur caractère, façonné par les Hohenzollern, conservera longtemps, toujours peut-être, la marque de cette famille fatale. Ne l'oublions jamais, afin de garder à la France, glorieuse et meurtrie, le prix du plus héroïque et du plus génial effort militaire, que le monde ait encore admiré.

II

Les articles que nous publions furent écrits par l'un des hommes qui connut le mieux et l'Allemagne et l'Alsace. T. Colani (1824-1888) ne cessa de les observer et de les étudier de sa prime jeunesse à sa mort. Des séjours, des voyages, les trente ans qu'il vécut à Strasbourg, les douloureuses méditations du patriote ami et collaborateur de Gambetta, un mois passé à Berlin peu avant l'incident Schnœbelé, tout l'initia au caractère du vainqueur de 1870, à l'admiration émue du vaincu.

Mon père naquit le 25 janvier 1824, à Lemé, (Aisne) dans cette Picardie qui connut si souvent l'invasion ; la dernière remontait à neuf ans à peine : on se souvenait au village de l'arrivée des lanciers prussiens après Waterloo. Mon grand-père y était pasteur depuis 1812, mais son église, débris de celles des cardeurs de laine du XVIe siècle, s'étendait fort loin. Aussi parcourait-il sans cesse la région, ramenant à la Réforme les familles qui y avaient jadis appartenu, gagnant les cœurs par son zèle ardent et par sa fine bonhomie [1]. Lui et sa femme [2], véritables apôtres, consacrèrent à Dieu ce fils, né après sept filles (dans une famille qui compta plus tard onze enfants) : ils le nommèrent Timothée.

Très tôt, trop tôt, ils s'en séparèrent ; ainsi le vou-

1. Après y avoir exercé trente-deux ans son ministère il mourut à Lemé, en 1844. On y garde encore son souvenir.
2. Louise Née, petite-fille d'un pasteur du désert.

lait la dure éducation d'autrefois. Ils le mirent en pension au loin, en pays protestant Il n'avait que six ans ! Confié presque immédiatement à un libraire, il dévora tous les ouvrages qui lui tombaient sous la main. Il dut, sans doute, à ces lectures, le vocabulaire riche et précis, qui lui permît de rester maître de sa langue maternelle pendant les années qu'il passa dans le Wurtemberg, chez les frères Moraves de Kornthal. Dans ce séjour, il prit contact pour la première fois avec l'Allemagne, mais avec la vieille Allemagne, et dans celle-ci avec une élite morale. La piété profonde des frères Moraves égalait leur étroitesse et n'excluait pas toujours la superstition, ni peut-être l'orgueil. Leur enseignement était d'une raideur toute germanique. En classe, on lisait la Bible, d'un bout à l'autre, sans en expliquer un mot, chaque élève lisant à son tour un verset. Un jour, on termina l'Apocalypse. Mais le maître ordonna à l'élève suivant : « Prends le commencement. » Et, sans perdre une seconde, on entama le début de la Genèse ! Ce qui ne fut pas sans étonner « le petit Français ». Plongé dans ce milieu tout étranger, sevré des tendresses de son père qu'il adorait, il réfléchissait beaucoup, observait plus encore ; il devenait psychologue et il apprenait à fond l'allemand.

Le 8 octobre 1840, il vint à Strasbourg et il s'attacha si fortement à la grande cité alsacienne qu'il y vécut trente ans, jusqu'à la guerre. Il s'éprit de sa cathédrale « merveilleusement belle », comme de son charme très particulier, très provincial. Il y lia de très fortes amitiés, les premières de sa vie. Il *devait un jour y fonder son foyer* [1]. *Il y termina brillamment ses études classiques, et il y prit non moins brillamment ses grades en théologie* [2]. *Il eût préféré de beaucoup s'adonner à l'histoire, aux mathématiques ou à la chimie ; il y réussissait et tous ses goûts l'y portaient. Ses parents s'opposèrent à ses désirs ; il s'inclina. Du moins, dans ce milieu de franche discussion et de libre recherche qu'était l'Université de Strasbourg, au contact de savants comme M. Edouard Reuss, sa vigoureuse personnalité se développa et s'affina. Il évolua de la plus stricte orthodoxie protestante vers le plus entier libéralisme. Convaincu que la foi n'a rien à craindre de la vérité qui l'élève et qui la purifie, il cherchait ardemment le vrai. Il ne cessait d'étudier et les textes bibliques et la philosophie et la théologie allemandes, très remarquables alors, mais il les étudiait dans un esprit tout français, avide de lumière. Il répandit ses idées, déterminant ainsi un grand mouvement libéral et il fonda avec son ami, M. Edmond Scherer,* la Revue de Théologie et de Philosophie chrétienne *qu'il dirigea et dans laquelle il écrivit de très nombreux articles d'exégèse, de philosophie, d'histoire* [3]. *Cette « Revue de Strasbourg », comme on l'appelle quelquefois, fut*

1. Il épousa le 20 octobre 1865, Pepa Gauthey, qui avait, comme lui, terminé ses études en Alsace, et qui avait comme lui des goûts élevés et un sens littéraire sûr.

2. Il mérita même le prix Schmutz, prix de 3.000 francs, attribué par concours deux fois en sept ans, en vertu d'une fondation administrée par le Séminaire.

3. Certains de ces articles furent reproduits à part. Citons parmi les publications de cette époque : *Exposé cri-*

près de vingt ans l'organe de la rénovation protes-
tante en France (1850-1869)[1].

Dans le même temps, il exerçait sur Strasbourg
une influence profonde. Comme on l'écartait d'une
chaire de Faculté[2], *sous prétexte que ses opinions*
scandaliseraient la foule, il les porta dans la chaire
ecclésiastique[3]. *Ses sermons attirèrent à Saint-*
Pierre-le-Vieux, puis à Saint-Nicolas-ès-Ondes (le
temple où prêcha Calvin) un auditoire sans cesse
grandissant. Tous les quinze jours, les Strabour-
geois, les hommes surtout, protestants, catholiques
même, se pressaient pour entendre cette parole puis-
sante qui ne cherchait qu'à toucher les consciences,
et qui s'exprimait dans une langue impeccable, ser-
vie par une voix superbe : sonore, grave et nuan-

tique de la philosophie de la religion de Kant (1845). L'idée
de l'absolu (1847). Examen de la Vie de Jésus de M. Renan,
1864. Jésus et les idées messianiques de son temps (thèse de
doctorat), 1864.

1. Elle lui valut des amis, même hors d'Alsace, M. Ath. Co-
querel, et surtout M. H. Barckhausen.

2. De longtemps, afin de rester indépendant, il n'avait
revendiqué la position officielle à laquelle ses titres lui
donnaient droit. Il gagnait sa vie à courir le cachet. Il donnait et des leçons particulières et des cours d'histoire et de
littérature dans des pensionnats de jeunes filles, notamment
à la pension Friedel.

Plus tard, devançant la tentative de Victor Duruy, il fit
à l'Hôtel du Commerce, des cours publics de littérature, à
l'usage des jeunes filles. Ces cours furent extrêmement sui-
vis.

3. En 1854, il prêcha comme prédicateur libre à Saint-
Pierre-le-Vieux, puis M. Himly le prit comme suffragant à
Saint-Nicolas. Après la mort du vénérable pasteur, il y fut
lui-même nommé pasteur (1862).

*cée. A cette prédication, il se donnait tout entier.
Il y pensait constamment, observant et méditant,
aussi répondait-elle aux besoins précis des cœurs et
des esprits en Alsace ; mais elle l'épuisait.*

*Il y renonça en 1866 pour consacrer toutes ses
forces à l'enseignement. Professeur à la Faculté de
théologie depuis 1864, (il y avait été nommé sous
le ministère Duruy)au « Séminaire », depuis 1865,
où l'avait appelé le vote de ses collègues qui l'élu-
rent même chanoine de la collégiale de Saint-Thomas [1], il s'occupa du Gymnase comme de ses cours.
Il s'intéressait beaucoup au grand collège protestant ; il y veillait à tout, se montrant soucieux d'en
élargir l'esprit et plus encore d'y rendre parfait
l'enseignement si important du français.*

*Quant à ses cours, fidèle en cela aux traditions
de l'antique université strabourgeoise, il les animait du plus ferme esprit scientifique. Il fut un
de ces « chanoines protestants qui, en plein Empire,
sous le ministère de M. Duruy, enseignaient, avec
une entière indépendance et portes ouvertes, la philologie classique et orientale, la philosophie sous
une forme très hardie, l'histoire des religions, la
critique appliquée à toutes les origines de l'histoire
du christianisme et de son développement à travers
les siècles ». Les étudiants affluaient à ses cours de
théologie et de philosophie, et venaient beaucoup le*

1. Toutes ces vieilles institutions, jadis catholiques, devenues protestantes au temps de la Réforme, sont propres
à Strasbourg.

Elles sont étudiées dans la dernière partie de notre volume. (L'âme de l'Alsace : Strasbourg.)

voir chez lui, pour causer et discuter avec ce professeur qui excitait « leur étonnement et leur admiration. » Et ce n'était pas seulement d'études qu'on causait avec lui, mais de politique. Il se désolait quand les jeunes gens ne lisaient aucun journal. Il n'admettait pas qu'on se désintéressât du sort de la patrie, qui toujours le passionna.

Au temps, en effet, où de l'orthodoxie il évoluait vers le libéralisme religieux, il était devenu républicain. Ainsi le voulaient et l'influence de la grande cité démocratique, et son caractère, et celui des hommes de son âge, de ses amis d'Alsace en particulier. « Lorsque se consomma le crime de décembre, raconte-il, nous nous trouvions en pleine jeunesse. Nous n'étions pas des républicains de naissance et d'éducation ; avant 1848, on comptait à peine, en province surtout, çà et là une famille de la bourgeoisie dont le chef fut républicain. Mais nous étions d'ardents libéraux, et si la révolution nous surprit, nous attrista même, parce que nous avions peur du suffrage universel et de son inexpérience, il nous suffit de voir la République assiégée par les hommes de toutes les réactions pour devenir ses adhérents décidés. Elle succomba dans un guet-apens. Ce fut pour nous une douleur si vive qu'aujourd'hui encore le récit de cette nuit, écrit par Victor Hugo, me fait trop souffrir pour que je puisse l'achever [1]. *» Et ailleurs* [2] *il dira : « Je sais*

1. *République française* du 1ᵉʳ juillet 1879 : La prédication républicaine.

2. *République française* du 29 août 1883: Le plan de Bismarck.

*des hommes qui depuis le 10 décembre 1848 jus-
qu'au 4 septembre 1870 n'ont pas goûté une seule
heure de quiétude d'esprit parce qu'à toutes leurs
joies, à tous leurs plaisirs, à toutes leurs pensées
se mêlait plus ou moins vivement l'amertume de
sentir la France aux mains d'un misérable aventu-
rier.* »

*Sadowa fut pour lui et pour ses amis un coup
terrible, plus qu'imprévu, car il continuait de lire
tout ce qui se publiait en Allemagne, d'observer
tout ce qui s'y préparait ; enfin il constatait lors de
ses fréquents voyages dans la Forêt Noire ou dans
la région danubienne que la haine de la France re-
naissait et croissait. Il note tous ces symptômes
alarmants et avec plus d'anxiété encore les négli-
gences impériales au lendemain de Sadowa :* « *A
Strasbourg, le général Ducrot, n'ayant pas assez
d'hommes pour occuper la citadelle que traverse la
route la plus directe conduisant de la ville en Allemagne prenait le parti d'en fermer les portes sous
prétexte de réparations urgentes !* » *Et, analysant
la politique de Napoléon III en 1866* [1], *il ajoute :*
« *Tout cela est affreusement triste. Ma plume fré-
mit d'indignation en traçant ces lignes qui résument
la pire abjection qu'ait connue notre pays... D'ailleurs, c'est alors, je le répète, que notre sort a été
décidé. Nous le sentions vivement, nous que la naissance ou une longue adoption avaient faits enfants
de l'Alsace : nous nous préparions dès lors à un*

1. *République française* du 20 mai 1879 : La politique de
Napoléon III en 1866.

*exil qui nous apparaissait inévitable dans un ave-
nir peu éloigné et qui devait être notre part dans la
rançon douloureuse que la France aurait à payer
au destin pour s'arracher aux impures et mortelles
étreintes des Bonaparte.* »

*Le plébiscite ne pouvait être que la préface du
sanglant conflit, il le combattit. Bien que fonctionnaire, risquant son poste, voire sa liberté, il publia
dans le* Courrier du Bas-Rhin *des articles signés
où il conseillait formellement de voter non* [1]. *Ces
articles lui valurent les acclamations de ses étudiants et ne furent pas sans inquiéter l'Empereur.*

*Mais la guerre vint, et avec elle l'invasion, le
siège, l'occupation, sans parler de la vue des gens
d'outre-Rhin, jadis amicalement reçus à Strasbourg, et qui accouraient joyeux à Kehl, afin de
contempler les ruines causées par leurs obus !* « Convaincu que le temps était passé des études purement spéculatives », *dès le mois d'octobre 1870,
mon père remit sa démission à ses collègues* [2]. *Re-
poussant le poste de 30.000 francs par lequel Bismarck prétendait le retenir, il s'arracha de l'Alsace qu'il ne devait plus revoir....*

*Une vie toute nouvelle, toute laïque, commença
pour lui. Il entra en 1877 à la* République française [3], *au journal de Gambetta. C'était le milieu*

---

1. On lira plus loin l'article qui parut quatre jours avant
l'ouverture du scrutin : « Oui et non ». Nous devons copie
de cet article à la complaisance de M. Rodolphe Reuss.

2. Il rentra plus tard dans l'Université comme bibliothé-
caire, puis conservateur-adjoint, à la Sorbonne.

3. Il dirigeait en même temps le *Courrier Littéraire* (Li-

*qui, sans bruit, soucieux de notre « dignité de vain-
cus », surveillait le plus l'Allemagne, et qui, en
relations suivies avec l'Alsace, croyait travailler
pour elle en fondant solidement la République. Mon
père connaissait personnellement Gambetta depuis
1871, il l'avait vu à Bordeaux ; mais il l'aimait
depuis le procès Baudin. N'est-ce pas M. Gambetta
qui « nous a appris à espérer », à espérer aux heures
troubles de l'Empire finissant, aux jours tragiques
de l'invasion, comme au sombre lendemain de la
paix funeste. Comment a-t-on pu accuser un tel
homme du reniement de sa foi dans les destinées de
la France, de l'abandon des « frères séparés », eux
qui furent sa constante pensée ?*

*S'il crut en « l'immanente justice », il n'ignorait
pas qu'elle devrait son heure à la paix ou à la
guerre et qu'en l'armée pourrait un jour résider
notre suprême espoir. Qui le savait mieux que les
rédacteurs de la République française qui tous les
soirs causaient avec lui ? S'il comptait alléger ou
mieux égaliser les charges militaires, il n'eût consenti « à aucun prix et sous aucun prétexte à laisser
abaisser la France en amoindrissant la qualité du
troupier et la cohésion de l'armée ». Le projet de
trois ans déposé par son « grand ministère » le
prouve. Et ce n'était pas seulement l'ampleur, la*

brairie Fischbacher, Paris, 1876 et 1877). Il le dédia à
M. Charles Boeckel, son ancien éditeur et ami. Il y publia
entre autres études : « L'Allemagne d'après M. Valbert et
d'après M{{me}} de Staël » ; « La guerre de 1870 (Von der Goltz ;
Gambetta et ses armées) » ; « Strasbourg et un professeur
Strasbourgeois (Kuhff ; Les humanités modernes) ».

netteté et la sûreté des vues, la vigueur et la décision de l'homme d'État, qu'admirait en lui mon père, mais l'abnégation totale du patriote, l'« incomparable grandeur » de l'homme, sa puissance de pardon, cette pierre de touche des âmes d'élite. « Il ne savait pas se souvenir des injures. Oublier, amnistier, comme auraient dit les Grecs, c'était chez lui une chose toute simple et naturelle. »

Mon père fit partie du groupe d'amis qui, inquiets, partirent de Paris dans la soirée du 31 décembre 1882, et qui arrivèrent peu après minuit à Ville d'Avray. Gambetta venait d'expirer... Ce fut pour chacun d'eux le plus douloureux chagrin personnel, le plus grand deuil national; c'était pour l'Alsace-Lorraine une irréparable perte ; pour l'Allemagne, une chance inattendue.

Mais la mort crée des devoirs envers ceux qu'on pleure ; on leur doit de poursuivre leur œuvre interrompue. A cette collaboration posthume, mon père consacra le meilleur de ce qui lui restait de forces et de vie. Rédacteur en chef de la République française [1] *(1883-1886) il travailla jour et nuit, écrivant jusqu'à cinq articles dans le même numéro. Quand, en 1886, M. Joseph Reinach* [2] *acheta le journal et en assuma la direction, il y écrivit en-*

---

1. Entré au journal en 1877, il ne tarda pas à y être chargé des grandes campagnes politiques (enseignement laïque, scrutin de liste, campagne d'Égypte). Rédacteur en chef, il mena lui-même toute la campagne en faveur du Tonkin.

2. C'est par ses soins que parut en 1895 : T. Colani, « Essais de Critique historique, philosophique et littéraire ». Préface de Joseph Reinach (Paris, Léon Chailley, éditeur).

core, des articles de politique étrangère signés. La plupart traitent de l'Allemagne et de la Prusse et sont d'autant plus marquants qu'ils s'inspirent de toutes ses études passées, renforcées et précisées par un séjour à Berlin, peu avant l'incident Schnœbelé (16 janvier — mi-février 1887). C'était le moment où Bismarck propageait des bruits de guerre afin d'arracher au futur Reichstag le vote du septennat que lui avait refusé le Reichstag dissous. Tous les journaux officieux de Prusse « parlaient de la concentration très prochaine de l'armée française à la frontière ». Mon père note l'impression que produisent ces bruits à Berlin : « ils ont été pris ici fort au sérieux et ont laissé dans l'opinion un fond d'inquiétude qui, je crois, persistera longtemps. Il importe que l'on soit renseigné en France très exactement à ce sujet. A part les socialistes, tous les partis sont chauvins en Prusse, comme ils sont profondément royalistes. Les libéraux, malgré leurs tendances démocratiques, ne le cèdent en rien aux conservateurs — je ne dirai pas dans la haine de la France, l'expression serait tout à fait inexacte, dans l'absence de sympathie pour notre pays. On ne nous aime pas et on nous craint. A part un seul homme politique, qui, du reste a longtemps habité Paris, je n'ai vu personne encore qui ne se représentât, la France comme à l'affût derrière les Vosges pour se précipiter, quand on s'y attendra le moins, sur la pacifique Allemagne » (Le Temps, 12 février 1887. Lettres d'Allemagne). C'est déjà « l'intoxication » et ce sont les sophismes. Bismarck commencera lui-même la guerre, « une guerre », ajoutent les Prussiens, qui « aura très certainement un caractère défensif, pnisque nous n'attaquerons les Français que parce qu'ils se promettent de nous attaquer ». Ces sentiments à l'égard de notre pays se marquent de diverses manières. Qu'on en juge par le passage suivant, extrait des notes de voyage de mon père : « Marelle... se plaint vivement de l'enseignement du français dans les écoles de garçons et de filles. On a remplacé les professeurs d'origine française (généralement peu instruits) par des indigènes ; mais ceux-ci étant eux-mêmes inçapables de parler ou d'écrire le français sont bien plus incapables de former des élèves. Les jeunes filles de la haute bourgeoisie ne savent plus notre langue comme la savent et la parlent leurs mères et grand' mères. En outre ces professeurs n'aiment pas le français et ils en dégoûtent leurs élèves : on représente notre langue comme pauvre, se prêtant mal à l'expression de pensées un peu élevées et n'ayant qu'une littérature archaïque. « Il ne se publie plus « rien de lisible. » On l'enseigne comme une langue morte, en commençant par le moyen âge, le Serment de Strasbourg ! Cela prouve combien nous avons perdu en prestige, mais cela prouve aussi l'ignorance de nos ennemis. L'ignorance tue les nations ! »

De Berlin, mon père envoya au Temps «des Lettres d'Allemagne » et il commença d'y publier à son retour « Un mois à Berlin ». Il s'y applique à la plus rigoureuse impartialité, comme il s'y exprime avec la plus grande réserve, sûr qu'à ce prix seulement ses études rendraient service à la France.

Mais, le 2 septembre 1888, la mort arrêta ce travail inachevé.

Mon père mourait en cette année 1888 qui vit disparaître et le vieil empereur, et Frédéric III, et qui vit l'avènement de Guillaume II ; mais il avait deviné l'infatuation spéciale du jeune prince ; ayant regardé passer celui-ci à Potsdam, et voyageant dans le même train, il se demandait si « l'histoire vérifierait à son égard un proverbe allemand... qui signifie que toute catastrophe a pour avant-coureur la présomption », et, quelques mois plus tard, il écrivait : « Avec lui la Prusse réalisera son rêve ou bien elle trouvera son Waterloo. » Clairvoyantes paroles du patriote qui ne cessait de penser «à l'ambition césarienne de la Prusse» et au sort de la « province héroïquement fidèle, dont chacun de nous, s'il n'est pas un fils dégénéré du pays de Jeanne d'Arc, peut dire ce que disait de Calais une reine d'Angleterre : « Quand je mourrai, on trouvera son nom inscrit dans mon cœur. »

JEANNE COLANI.

Avril 1919.

1. *Un mois à Berlin : La Cour.*

OUI ET NON [1]

Deux vérités se dégagent de la situation actuelle avec une évidence irrésistible.

La première, c'est que tous, capitalistes et travailleurs, habitants des villes et habitants des campagnes, nous aurions beaucoup à souffrir d'un bouleversement politique.

La seconde, c'est qu'en votant pour le plébiscite, nous laisserons le pouvoir concentré dans les mains de l'Empereur et qu'en votant contre ou, ce qui revient au même, en nous abstenant, nous enlèverons à l'Empereur une part de la souveraineté.

Dès lors, voici la question qui se pose : les conservateurs, c'est-à-dire ceux qui craignent un bouleversement, doivent-ils voter *oui* ou bien *non ?*

Il me semble que les deux ou trois complots qui, dit-on, viennent d'être découverts, jettent, sur cette question, une lumière des plus vives.

Pourquoi les ennemis de l'ordre social ont-ils attenté à la vie de Napoléon III ? Tout sim-

1. *Le Courrier du Bas-Rhin,* 4 mai 1870. (Voir p. 14.)

plement parce qu'en supprimant la personne de qui émanent toute force et toute autorité, ils se rendraient maîtres de la nation.

Donc, si nous votons *oui*, si nous laissons l'Empereur arbitre unique des destinées de la France, nous ne plaçons entre nous et l'anarchie qu'une vie d'homme et nous faisons dépendre nos intérêts les plus chers de la vigilance d'un commissaire de police et de la maladresse d'un assassin. Car, ce sont là, en dernière analyse, les seules garanties de l'ordre social sous un régime personnel.

Pour déjouer les projets des régicides et des conspirateurs, je sais un autre moyen, un moyen infaillible : concentrer le pouvoir, non sur une tête, mais dans une assemblée nombreuse, que ni bombes ni revolvers ne sauraient supprimer ; — ou mieux encore : diviser le pouvoir et le subdiviser à l'infini, si bien que, répandu sur toute la surface du pays, on ne puisse le saisir nulle part pour l'égorger. En dehors du régime parlementaire et de la décentralisation, il n'y a point de sécurité. Le rejet du plébiscite nous donnerait l'un et l'autre.

Le vrai conservateur votera *non*.

Le joueur qui ne craint pas d'exposer sa fortune sur un coup de dés, votera *oui*.

Strasbourg, 4 mai 1870.

T. Colani.

LETTRES D'ALLEMAGNE

Le Temps, 28 janvier 1887.

Il n'y a que deux questions à l'ordre du jour : les élections et la guerre.

Oui, la guerre. On y croit beaucoup. La foule, la « vile multitude », qui contient des hommes d'affaires, des savants, ne met pas un instant en doute les nouvelles des journaux officieux parlant d'une concentration très prochaine de l'armée française à la frontière, et cette foule trouve fort naturel que M. de Bismarck nous envoie une demande d'explications dans le genre de celle qu'il adressa à l'Autriche au printemps de 1866. Les gens vraiment intelligents rient de la crédulité de cette foule. Ils savent parfaitement que nous n'avons aucune envie de nous ruer sur le Rhin ; « mais, disent-ils, la guerre entre les deux pays est inévitable, qu'elle ait lieu dans un mois ou dans dix ans ; les Français ne nous attaqueront que le jour où nous nous serons empoignés avec la Russie. Prévenons-les, car si nous leur laissons le temps d'attendre ce moment, nous serons perdus. Bismarck doit raisonner ainsi, et, dès qu'il aura trouvé le moyen d'amadouer la Russie pour qu'elle ne se jette pas sur la Vistule à l'heure où nous serons engagés sur le Rhin, il commencera lui-même la guerre ; une guerre, ajoutent-ils, qui aura très certainement un caractère défensif, puisque nous n'attaquerons les Français que parce qu'ils se promettent de nous attaquer ». Cette manière de voir est fort répandue parmi les gens intelligents. La plupart, il faut le dire, ne croient pas que l'heure ait sonné de cette guerre défensive ; on est, en effet, très sceptique au sujet de la fameuse nouvelle de l'alliance entre la Russie et l'Allemagne lancée par Blowitz ; on ne croit même pas à un simple rapprochement entre les deux cours [1].

L'autre question, c'est la crise électorale. En dehors des journaux et des réunions fort rares où l'on ne convoque que des amis, il n'y a pas trace de cette crise. Cela se passe toujours ainsi dans ce pays, paraît-il. Il n'y a rien qui tienne lieu d'un forum.

On est assez d'accord parmi ce que j'appelais tout à l'heure les gens intelligents, que M. de Bismarck a cherché un prétexte de dissoudre le Parlement. Il voudrait en finir avec le parti progressiste qui, par son alliance avec le centre, contrecarre tous ses projets. Il va essayer si le suffrage universel ne peut défini-

---

1. Le « contrat de réassurance » avait été signé toutefois en 1884 et fut renouvelé en 1887.

tivement pas lui donner un Reichstag docile.
J'ai vu de vieux libéraux déplorer qu'on ait
donné dans le piège en lui refusant les sept
ans, ce qui lui constitue une plate-forme excellente, puisqu'elle met en jeu le patriotisme,
très susceptible chez une jeune nation. « Notre
parti, disent-ils, aurait dû tout concéder sur ce
projet de loi et résister à Bismarck, sur quelque autre point. »

Il est incontestable que l'opposition a senti
bientôt le terrain se dérober sous ses pieds :
d'un côté elle est attaquée au nom des intérêts
suprêmes de la nation par les conservateurs,
et d'un autre côté elle doit disputer les faveurs
du peuple au parti socialiste, qui déploie son
drapeau : plus d'armée permanente, des mili-
ces comme en Suisse ! Drapeau séduisant s'il
en fut. En vain Richter, à la tête de la gauche
avancée, demande-t-il, promet-il la réduction
du service à deux ans ; il y a de quoi effrayer
les patriotes ; il n'y a pas de quoi attirer les
masses. Quant à l'appel du centre aux pas-
sions religieuses, il ne peut trouver d'écho que
dans certaines contrées. La cause de l'opposition était donc en assez mauvaise voie, lorsque
Windthorst l'a relevée soudain en dénonçant
les projets de monopole de Bismarck et ses
dispositions à remplacer le suffrage universel
secret par quelque institution pareille à la loi
électorale du Landtag (où les députés sont élus
par classes de cens et où l'on vote de vive
voix). Ç'a été un coup des plus droits. Le chan-

celier, comme il le racontait hier, n'en a pas dormi. Il y a de quoi. Un de ses partisans déterminés me disait ce matin : « Avant, nous étions sûrs d'une majorité considérable, à présent, avec ces bruits de monopole qu'on ne peut démentir absolument, nous pourrions bien perdre la partie. »

Ce Windthorst, avec ses soixante-quinze ans, est un homme tout à fait extraordinaire, pétillant d'esprit, malicieux, connaissant toutes les rubriques, un vieux renard. Avec cela, on assure qu'il est sincèrement libéral, parlementaire convaincu. Avant tout, il se dit Guelfe et il lui plaît de voir rétablir le trône des Guelfes ; il est catholique ensuite et ne cessera de lutter tant que l'Eglise ne sera pas entièrement libre ; mais, au fond, il y a, m'assure-t-on, quelque chose qu'il adore plus encore que la maison des Guelfes et la nef de Saint-Pierre ; c'est la discussion, la parlotte, les combinaisons de partis et de groupes. Il y est un joueur de première force ; or on aime toujours les choses où l'on excelle.

Grâce à lui, mais à lui seul (et il a soixante-quinze ans !) le centre et les *Freisinnigen* peuvent s'entendre sur la marche à suivre dans le Parlement et dans les élections. A droite, les nationaux-libéraux ont bien du mal à se mettre d'accord avec leurs alliés les conservateurs ; la question du monopole peut fort bien les brouiller définitivement ; si elle prend, c'en est fait des nationaux-libéraux, qui sont bismarckiens sur le septennat, anti-bismarckiens résolus sur le monopole.

A mon avis, tout ce qui se fait de part et d'autre a en vue l'événement qui ne saurait être fort loin : le changement de règne. Bismarck veut avoir à ce moment un Reichstag tout à sa dévotion. L'opposition cherche : 1° à rendre Bismarck impossible, et 2° à se rapprocher du régime parlementaire autant que la lettre de la Constitution le permet.

Que le prochain Reichstag donne la majorité à l'opposition, — et là-dessus les avis sont fort divisés, — il sera dissous ; le conflit prendra un caractère d'acuité extrême. Si à ce moment l'empereur venait à disparaître, son successeur accepterait-il l'héritage du conflit ? On me l'affirme. Cela m'étonne.

En tous cas, ce qui est certain, c'est que les Français n'ont rien à voir dans cette crise toute intérieure. Nous ne perdrons rien au septennat. Nous ne gagnerons rien au triennat.

Le Temps, 17 février 1887.

. . . .

. . . .

Faut-il, en terminant, vous parler des bruits de guerre ? Ils ont repris de plus belle dans les salons aristocratiques. Les jeunes officiers de la Garde, ont décidé que ce sera dans un mois. Dans un mois le septennat sera voté, suivant toutes les probabilités. Or, le septennat, c'est la paix, a dit Bismarck. Il est vrai qu'on se plaint beaucoup de la lenteur de l'avancement ; une bonne petite guerre aurait donc son utilité. Mais la création de nouveaux régiments produira à moins de frais le même résultat qu'une guerre.

UN MOIS A BERLIN

CHAPITRE PREMIER

Ce que j'y suis allé faire. Importance extrême pour les Français de bien connaître l'Allemagne et spécialement Berlin [1].

Le Français qui, ayant passé quelques semaines à Londres, à Rome ou à Vienne, songerait à publier ses impressions de voyage, se couvrirait sûrement de ridicule, et je crois que l'on courrait à peu près le même danger si l'on se mettait à décrire des capitales un peu plus lointaines, un peu plus exotiques, Pétersbourg, Madrid, Constantinople. En parlant de Berlin, j'ai la conviction, au contraire, de faire une œuvre très sérieuse, qui sera peut-être d'une certaine utilité. Quand je m'y suis rendu cet hiver, ç'a été avec le projet parfaitement arrêté de raconter ce que je verrais. Le hasard a fait que je m'y suis trouvé au moment d'une crise politique : le Reichstag venait d'être dissous et j'ai assisté à la transformation de l'opinion qui devait donner la majorité à M. de Bismarck ; j'ai vu naître et se développer les bruits de

1. *Le Temps,* 1ᵉʳ juillet 1887. Nous réduisons les sommaires et nous y choisissons les titres des chapitres.

guerre ; j'ai constaté l'impression profonde qu'ils ont produite ; j'ai entendu dans les réunions électorales les discours des socialistes, des progressistes, des conservateurs. Tout cela m'a vivement intéressé, mais ce n'était pas pour cela que j'étais venu à Berlin. Au-dessous de l'agitation du jour, je désirais me rendre compte de ce qu'il y a de permanent dans la vie intellectuelle et morale de cette ville. Il n'en est aucune, à cette heure, qui puisse exercer sur les destinées de la France une action aussi grande et dont il nous importe autant de connaître les pensées intimes ; aucune non plus où il nous soit aussi pénible de séjourner et que, par conséquent, nous connaissions aussi mal.

Cette répugnance à revoir le casque prussien, personne ne l'a éprouvée plus que moi. Jadis, j'avais un grand faible pour l'Allemagne. Après y avoir fait une partie de mes études, j'habitai Strasbourg pendant trente ans, jusqu'à la guerre. Il ne se publiait rien d'important dans la langue de Gœthe, en prose ou en vers, en histoire, en politique, en philosophie, en théologie, en géographie, en physique même ou en histoire naturelle, que je n'en prisse connaissance, et maintes fois je profitai de quelques jours de vacances pour parcourir la vallée du Rhin et ses montagnes. Les habitants, malgré certains travers, me plaisaient ; mais depuis la guerre d'Italie, depuis l'avènement du roi Guillaume, je sentis un changement singulier dans toute leur manière d'être : où il y avait eu attraction, il y avait maintenant répulsion. Mon dernier voyage qui me conduisit à Munich, Nuremberg et Francfort, précéda de quelques jours à peine la campagne de Bohême ; après Sadowa, c'était fini : la haine du Français débordait. Puis vint la guerre. Le souvenir des quatre officiers et des soixante soldats que j'eus à héberger n'était pas fait, on l'admettra, pour calmer l'amère douleur du patriote. Quand, la paix signée, je quittai Strasbourg, ce fut avec la pensée que jamais je ne franchirais plus les frontières que nous imposait le vainqueur. Je ne voulais plus le revoir. Si en seize ans j'ai parlé trois ou quatre fois sa langue, c'était avec des Suisses ou des Autrichiens.

Avais-je raison ? Non. Il ne faut point permettre à la rancune même la plus légitime de fausser notre jugement, et nous le faussons lorsque nous refusons d'étudier de près les institutions ou les hommes qui sont des facteurs importants de l'histoire contemporaine. Si ces hommes sont des ennemis ou tout au moins de rudes concurrents dans le combat de la vie, nous nous plaçons à leur égard, par cette ignorance voulue, dans un état d'infériorité dangereux. Nous ne les connaîtrons jamais trop bien. Voir l'Allemagne dans ses journaux et ses livres, comme je continuais à le faire depuis 1871, cela ne suffit pas ; il faut la voir de nos propres yeux, chez elle, dans sa vie publique et dans sa vie privée, dans ses écoles et dans ses usines, dans ses brasseries et dans ses églises. Il faut la voir surtout dans la métropole, qui certes n'est pas encore sa capitale au même sens que l'est Paris pour la France, mais qui tend de plus en plus à le devenir et qui le deviendra sûrement si l'immense travail de centralisation impériale ne vient pas à être interrompu. Il faut voir Berlin. Nous autres Français, nous y allons fort peu. La liste des étrangers qui sont descendus dans les dix ou douze principaux hôtels se publie chaque matin: on peut la parcourir pendant une semaine, deux semaines, sans y rencontrer le nom d'un seul de nos compatriotes. Infiniment peu y viennent pour leurs affaires, aucun pour son plaisir. Nous devrions y aller par curiosité, pour nous instruire. L'Allemagne est-elle en réalité aussi formidable qu'elle nous apparaît? Après nous avoir vaincus sur les champs de bataille, elle déploie sur les marchés du monde une activité qui émeut toutes les nations commerçantes. Est-elle donc douée d'une force vitale irrésistible? Il semble qu'il ne peut y avoir pour nous de question plus intéressante, plus inquiétante, et qu'elle vaille bien la peine d'un voyage de quelques semaines. On n'en reviendra peut-être pas avec une réponse très nette, mais on emportera du moins une impression vivante qui a bien sa valeur. Il n'y a rien de tel que la connaissance personnelle des gens à qui l'on a affaire.

Voilà ce que je me disais depuis quelque temps lorsqu'un jour l'occasion se présenta pour moi d'entreprendre ce voyage. Je la saisis avec empressement et je débarquai à Berlin vers le milieu de janvier.

Il faut bien définir dans quel état d'esprit je partais : je n'ai rien oublié des tristesses de 1870 et je ne ferme les yeux ni sur les difficultés de l'heure présente ni sur les périls d'un avenir peut-être très prochain; mais je me suis promis à moi-même que je ne me laisserai pas aveugler par la politique de sentiment, que je ferai tous mes efforts pour voir les choses telles qu'elles sont, que je ne chercherai point à découvrir les défauts plutôt que les qualités, que je reconnaîtrai loyalement tout ce qui pourra m'apparaître de bon. . . . . . . en un mot, que je m'appliquerai à une impartialité absolue. Cela n'est pas facile, mais, le dirai-je? je m'en crois capable. D'un autre côté, je ne me sens aucune propension à l'engouement.

Ce qui m'a singulièrement encouragé dans mon impartialité, je tiens à le dire sur-le-champ, c'est l'accueil que j'ai rencontré partout. Les savants, les hommes d'affaires, les personnages politiques, les membres de l'aristocratie, auprès desquels j'avais des lettres d'introduction, m'ont reçu avec une grande bienveillance et m'ont ouvert des portes qui restent généralement fermées devant les touristes. Les autorités municipales m'ont fourni des renseignements précieux sans que je fisse valoir d'autre titre que celui de voyageur français ; ma carte de visite était ma seule légitimation. . . . .

. . . .

. . . .

Je n'ai pas la sotte prétention d'avoir découvert ce que d'autres n'auraient pas vu. Mais il résulte, je crois, des explications qui précèdent qu'avant de visiter Berlin je connaissais bien la vieille Allemagne, et d'ancienne date, puis, qu'à cette préparation se joignait une disposition d'esprit assez favorable à une observation impartiale. Et maintenant, ce que j'ai observé, je vais le dire en toute sincérité.

CHAPITRE II

La physionomie de la ville [1].

Les Berlinois sont très fiers de Berlin, et je
le conçois ; dès le premier aspect on reconnaît
une ville grande, belle, riche.

Elle a doublé d'habitants depuis une vingtaine d'années. A l'époque de Sadowa, elle en
comptait 650.000 ; le recensement du 1er décembre 1885 lui en donne 1.315.297, et ce
chiffre est sans aucun doute fortement dépassé
à l'heure présente. Plus l'empire se développe,
attirant à lui les forces vives des divers Etats,
plus sa capitale grandit. Vienne a cessé d'être
la seconde des métropoles du continent ; c'est
Berlin qui prend rang aussitôt après Paris, à
une longue distance, il est vrai. Paris, d'ailleurs, a gagné, lui aussi, en ces vingt dernières
années, plus d'un demi-million d'âmes, surtout si l'on tient compte de ces vastes faubourgs
qui se nomment Saint-Denis, Perret-Levallois,
Neuilly, Boulogne, Vincennes, séparés arbi-

1. *Le Temps*, 4 juillet 1887.

trairement de leur ville par la zone des fortifications.

La plupart des habitants de Berlin n'y sont
pas nés : sur 13.000 mariages célébrés en un
an, il n'y en a pas 1.500 entre Berlinois et Berlinoises d'origine. Ces immigrés, vous montrant des quartiers immenses grands comme
Auteuil ou Passy, vous disent, non sans une
pointe d'orgueil : « Quand je suis venu m'établir ici, on n'apercevait à la place de ces rues
populeuses que des marais ou des jardins. »
N'allons pas comparer le rajeunissement prodigieux de Paris sous l'administration de
M. Haussmann. Nos rues nouvelles traversent
généralement de vieux quartiers, de sorte que
le Paris d'autrefois et le Paris moderne se coudoient et se mêlent partout. C'est même ce qui
en fait l'originalité. A Berlin, au contraire,
tout ce qu'il y a d'ancien est concentré en trois
arrondissements sur vingt et un : ils ont remplacé jadis deux villages de pêcheurs, l'un situé
dans une île de la Sprée, comme notre Cité,
c'est Berlin proprement dit ; l'autre dans les
marécages de la rive gauche, c'est Cœln —
deux noms slaves, paraît-il. Jusqu'au premier
roi de Prusse, Frédéric I*ᵉʳ, qui en reconstrui-
sit le château, ces trois arrondissements furent
toute la ville : ils couvrent à peine un carré
de 1.200 mètres. Frédéric I*ᵉʳ et son fils (le
père de Frédéric II) y ajoutèrent la célèbre
avenue *Unter den Linden* avec les quartiers de
la *Friedrichstadt*, qui, tracée à l'équerre s'étend

entre la vieille cité et le *Thiergarten*, le bois de Boulogne berlinois. La ville se trouvait ainsi doublée : d'un côté la bourgeoisie, le commerce ; de l'autre la noblesse et le monde des fonctionnaires ; entre deux, la cour. On en resta là, ne faisant autre chose que de combler peu à peu les vides, jusqu'en 1840, où s'élevèrent quelques faubourgs ; mais la grande impulsion, je le répète, date de Sadowa. Au Sud, au Nord, à l'Est, à l'Ouest, on vient de bâtir des maisons par milliers : de 1875 à 1884, par exemple, 6.400 ayant façade sur la rue. Vers le milieu de ces dix ans, il y eut un temps d'arrêt, mais la spéculation n'a pas tardé à repartir. Le chiffre suivant peut en donner une idée : par an, une maison sur dix change de propriétaire ; dans certains quartiers, c'est même une maison sur cinq.

Si j'en juge d'après des plans très récents, la plus grande longueur, de même que la plus grande largeur de Berlin est actuellement d'environ 6 kilomètres. Prenez un plan de Paris : supprimez tout ce qui est à l'est des boulevards Saint-Michel, Sébastopol et Strasbourg ; supprimez aussi tout ce qui dépasse au Nord une ligne allant de la gare de Strasbourg à la Porte-Maillot, et vous aurez une vue assez exacte de l'étendue actuelle de Berlin. On y compte plus de 20.000 maisons estimées à une valeur moyenne de 200.000 francs.

C'est vaste et c'est riche.

Ainsi que dans toutes les grandes villes, sauf

Marseille, les gens qui sont à l'aise s'établissent de préférence à l'Ouest. Il y a là, tout le long du Thiergarten, des villas avec jardins qui rappellent Passy, et puis, derrière ce rideau, car ce n'est guère qu'un rideau, des maisons de luxe habitées principalement par les hauts fonctionnaires portant la qualification de *Geheimrath*, « conseiller intime », titre honorifique, sorte de décoration parlée : c'est le « quartier des *Geheimraethe* ». Ils ont, en effet, abandonné au commerce la *Friedrichstadt*, de même que chez nous les familles riches ont émigré des boulevards vers les Champs-Elysées. Entre ce West-End, comme on le nomme aussi par analogie avec Londres, et les nouveaux quartiers construits à la périphérie pour les ouvriers, on n'aperçoit pas de différences à première vue. Les façades sont ici et là également somptueuses. C'est au centre, dans le vieux Berlin, que l'on trouve encore des bicoques ; aux extrémités, dans les faubourgs, on jurerait, d'après l'apparence, qu'il n'y a que des palais.

La grande plaine d'Europe qui commence en Picardie pour continuer à travers l'Allemagne et la Russie jusqu'aux monts Ourals n'a presque pas de carrières de pierre. La brique s'impose à Berlin comme à Lille. Mais Lille est assez rapproché des Ardennes pour en tirer un peu de pierre de taille qui se combine admirablement avec la brique : nous en voyons des exemples à la place des Vosges et à la Bibliothèque nationale. A Berlin, on ne fait guère cette dépense pour les maisons bourgeoises. Elles sont construites exclusivement en brique ; seulement on recouvre la brique d'un ciment ou stuc, que l'on trouve dans les environs, à bas prix et en qualité excellente, ainsi que nous trouvons le plâtre à Paris. Il a sur le plâtre l'avantage de résister longtemps aux influences atmosphériques, et il ne se travaille pas moins facilement. Il se prête à toutes les moulures imaginables. Les architectes berlinois en abusent. Ils ornent une façade avec un excès de mauvais goût qui m'a souvent indigné. S'ils y mettaient un peu plus de mesure, ils obtiendraient de très bons effets, auxquels leurs confrères de Paris ne peuvent atteindre qu'avec des dépenses énormes.

Ils ont le tort aussi d'adopter presque universellement le style italien, qui vraiment jure avec leur climat. Vues de la rue, toutes les maisons ont l'air d'avoir, non un toit, mais une terrasse ; où va donc la neige en hiver ? Je ne sais rien de plus déplaisant que ces contrastes entre les nécessités d'un pays et le genre d'architecture qu'on lui impose. Peu de jours après mon arrivée, un froid très vif qui régnait depuis des semaines fit place au dégel en une seule nuit ; les façades se couvrirent d'un givre qui reproduisait en glace tous les enjolivements empruntés à l'Italie. C'était à la fois comique et lugubre.

Soyons juste : avec la vue des toits on supprime également la vue déplaisante des cheminées. Lorsque la cheminée n'est pas un motif sérieux d'ornementation, ainsi qu'elle l'était dans le style français jusqu'au xviiᵉ siècle ; lorsqu'elle n'est que la prolongation toute nue d'un mur de refend surmonté de tuyaux de poêle aux formes souvent tourmentées, comme à Paris, c'est, à mon avis, fort laid. Cela ne se voit pas à Berlin. Est-ce le couronnement de la terrasse qui cache les tuyaux, ou bien peut-on se contenter dans ce pays-là d'une cheminée moins haute qu'ici ? Et, en ce cas, est-ce parce que le vent d'ouest souffle plus rarement, ou bien parce que le combustible dont on se sert exige moins de tirage, ou encore parce qu'on y sait mieux organiser ce tirage ? Je l'ignore, mais le fait est qu'en se promenant dans les rues, la nuit, on ne voit pas le ciel coupé par des tentacules fantastiques qui se dressent au-dessus des maisons.

L'architecture berlinoise présente un autre avantage encore sur la nôtre, grâce à un règlement très libéral de la police. J'ai ce règlement sous les yeux : « Les bretèches (ou fenêtres en saillie) sont permises dans les rues ayant plus de 15 mètres de largeur, à condition que ces fenêtres ne commencent qu'à 3 mètres au-dessus du trottoir ; elles pourront avoir, suivant les cas, jusqu'à 1 m. 30 de saillie et occuper le tiers de la façade. » Rien n'est plus gracieux, au dehors, que ces sortes de tourelles, généralement peu larges, et, au dedans, elles donnent

à un salon beaucoup de lumière et de gaieté.
C'est là que se tiennent de préférence les dames
berlinoises. Un grand nombre de maisons ont
deux bretèches à travers tous les étages. Mais,
il faut bien l'avouer, plus il y en a dans une
rue, moins elles sont agréables à habiter ; in-
volontairement on s'épie de l'une à l'autre. Le
promeneur ne s'en plaint pas, toutefois ; elles
coupent l'uniformité des longues lignes droites.

En somme, et tout bien considéré, les façades sont belles. Çà et là on aperçoit une maison
de banque construite en pierre de taille massive, ce qui doit donner, je pense, une idée de
la solidité de l'institution. Les édifices municipaux récents, tels que les écoles et l'hôtel de
ville lui-même, puis quelques églises, les labo-
ratoires universitaires, les gares du Métropolitain montrent la brique nue, toute rouge, rom-
pant ainsi avec la tradition du stuc, qui tient
toujours plus ou moins du colifichet.

Les rues sont très larges ; je parle, bien entendu, des nouveaux quartiers. On voit que
lorsqu'ils ont été tracés, les terrains n'avaient
pas encore une bien grande valeur. Ce qui fait
paraître ces rues plus larges encore, c'est que
les maisons n'ont pas généralement une hauteur exagérée. On commence maintenant seulement à leur donner quatre étages au-dessus
du rez-de-chaussée ; en immense majorité elles
n'en ont que trois. Il est vrai que ces étages
sont plus hauts de plafond qu'à Paris. Il est
vrai aussi qu'un assez grand nombre de mai-

sons, dans les rues commerçantes surtout, ont une sorte de sous-sol qui prend jour au niveau de la rue ; il sert généralement de boutique à des fruitiers et à des cabaretiers ou de loge au concierge.

Mais si la plupart des rues sont plus larges que les nôtres, il faut dire aussi que Berlin ne peut opposer à notre avenue de l'Opéra et à nos grands boulevards que *Unter den Linden*, ce qui est peu, décidément. Il a son Thiergarten tout près, puisqu'il l'enveloppe dans la moitié à peu près du contour, tandis que notre bois de Boulogne touche seulement par trois ou quatre portes à une partie de Paris peu habitée, mais Berlin ne possède ni un jardin du Luxembourg, ni un jardin des Tuileries, ni les Champs-Elysées, ni le parc Monceau, ni nos jolis squares. Son *Lustgarten* n'est un jardin que de nom, son *Castanienwald* est tout à fait insignifiant, et la place de Leipzig, comme celle de Belle-Alliance, a des plantations si maigres et si raides qu'elles peuvent à peine passer pour un ornement. Berlin n'offre nulle part ce délicieux mélange de monuments et de feuillage qui, chez nous, fait l'enchantement du mois de mai. Il n'a pas non plus nos quais incomparables, et les eût-il, que la vue des eaux noires et stagnantes de la Sprée blesserait la vue. Il n'a pas nos ponts de l'Alma, de la Concorde et des Beaux-Arts, notre pont Neuf, notre pont de Sully, notre pont d'Austerlitz, qui chacun présente, en amont comme en aval, une vue dont

on ne se lasse ni par le soleil ardent, ni sous
les sombres nuages que chasse la tempête de
l'ouest. C'est beau toujours, admirablement pittoresque. Ah ! comme on en jouit lorsqu'on revient de cette capitale du Nord si proprement
construite et si monotone !

Voilà bien le mot : le pittoresque manque
totalement à Berlin. A l'exception d'une église
de très peu de valeur, on n'y trouve pas, pour
ainsi dire, même dans la vieille ville, un seul
pan de mur antérieur à la royauté, remontant
par conséquent à plus de deux siècles ; ou, du
moins, ce qui est un peu antérieur a été boule-
versé par des reconstructions partielles. C'est
la mode à Berlin, comme dans d'autres pays
monarchiques, de remanier les moellons lorsque
vient un roi qui ne partage pas les goûts de ses
prédécesseurs. Je pourrais en citer de nombreux exemples. Le plus connu est celui du
château royal, qui a été retouché à plus d'une
reprise et parfois de fond en comble, suivant
les caprices des princes et aussi les caprices
des architectes. Cette énorme masse grisâtre,
qui mesure 200 mètres de long sur plus 100 de
large, est franchement laide ; ses deux cours
intérieures sont plus sombres et moins élé-
gantes que celles de la Sorbonne ; les murs
ont des fissures. C'est un palais fort négligé,
quoique toutes les fêtes de la cour se donnent
dans ses vastes salles. Et pourtant nul autre
édifice de Berlin n'a autant de caractère. Je
dirai même que c'est le seul qui en ait, le seul

qui commande l'attention et vous laisse une impression. On y sent une pensée, quelque chose de raide, de lourd, de brutal, mais non sans grandeur.

Quant au palais habité par l'empereur ce serait un hôtel bien plus simple que la plupart de ceux des Champs-Elysées, si on n'y avait ajouté un péristyle, disons le vrai mot, un porche, qui empiète sur le trottoir. Que cette simplicité chez un tel souverain inspire le respect, ce n'est pas moi qui y contesterai. MM. Grover Cleveland et Jules Grévy sont infiniment mieux logés que l'empereur Guillaume 1ᵉʳ, dont les fenêtres donnent directement sur la rue et qui n'est séparé d'une auberge que par un mur mitoyen. L'hôtel du prince impérial n'est guère plus remarquable au point de vue de l'architecture. Et j'en dis autant, sans exception, de tous les « magnifiques palais » que Bædeker signale des deux côtés de l'avenue *Unter den Linden*. Elle est longue d'un kilomètre, et même de 1.500 mètres si l'on compte à partir du château royal jusqu'à la porte de Brandebourg ; pour une ligne droite c'est fort beau, car nos Champs-Elysées ne mesurent pas plus de 2 kilomètres, des chevaux de Marly à l'Arc de Triomphe. Elle a une largeur de 60 mètres, ce qui est à peu près le double de l'avenue de l'Opéra. Malgré cela il m'est impossible de lui trouver grand air. Est-ce parce que ses quatre rangées d'arbres, tilleuls et marronniers, sont bien chétives ? Non, c'est le tout qui manque de style. Berlin possède ailleurs des façades bien plus belles. Puis il y a, ici, trop de cabarets. Les trottoirs sont trop étroits. Bref, l'avenue n'a de remarquable, à mes yeux, que ses dimensions. La place de Paris, qui la termine ne supporte pas la comparaison, fût-ce de loin, avec la place Vendôme. J'avoue à ma honte que la porte de Brandebourg elle-même, cette imitation des Propylées, me laisse absolument froid : je me souviens de notre Arc de Triomphe. Le quadrige de la Victoire qui la surmonte . . . . ne me transporte pas non plus d'enthousiasme, malgré la correction du dessin : c'est très maigre. Mais je trouve superbe le monument de Frédéric II, à l'autre bout des Linden, juste sous les fenêtres de l'empereur. Il est admirablement campé sur son cheval ce prince en qui l'esprit des Hohenzollern s'allia d'une manière si étonnante à un autre esprit bien difficile à définir et surtout à reconnaître dans son origine : peut-être le tenait-il de son aïeule l'électrice de Hanovre, l'amie de Leibnitz, fille de cette palatine qui, issue de Marie Stuart, remplit d'une sorte de poésie romanesque les premières années de la guerre de Trente ans. L'artiste (c'est Rauch) a bien rendu ce qu'il y avait à la fois de raideur et de fantaisie chez son héros, et les cavaliers qui s'élancent des quatre coins du piédestal personnifient avec une grande intensité de vie l'entrain diabolique que le vieux Fritz avait communiqué à toute son armée. Ce monument, splendide page d'histoire, est à mon avis la chose de beaucoup la plus belle qu'il y ait à voir à Berlin.

Les édifices des deux musées, avec leurs colonnades grecques, ont dû coûter cher ; mais ces copies de l'antiquité ne sont que jeux d'esprit, et les jeux d'esprit en pierre de taille me paraissent manquer de charme. Les arts qui peuvent le moins se passer de sincérité sont, je crois, ceux qui emploient des matériaux massifs. A Berlin, comme du reste à Munich, on semble l'oublier bien souvent. Je n'aurais pas cru cependant, si je ne l'avais vu, que l'on pût, en se torturant l'esprit, imaginer quelque chose d'aussi saugrenu que le *Siegesdenkmal*, élevé, à côté du Thiergarten, en souvenir des campagnes de Danemark, de Bohême et de France. Depuis le socle jusqu'aux ailes de la Borussia, qui plane au haut de la colonne, tout est grotesque dans l'ensemble comme dans les détails.

Mais, je tiens à le dire, quand ils ont un monument sérieux à construire et qu'ils se mettent bien en face du problème à résoudre, sans rechercher une originalité prétentieuse, ni copier le passé avec servilité, les artistes berlinois arrivent à des résultats extrêmement remarquables. Je citerai le Musée des arts industriels, qui me paraît tout bonnement un chef-d'œuvre en son genre.

Je me résume : si Berlin est une belle ville, c'est aussi une des villes d'Europe les moins pittoresques : rien ou presque rien n'y captive le regard.

*
* *

Les édifices [1] constituent le squelette d'une ville ; ce qui donne à cette ville une physionomie propre, c'est la rue, la rue vivante, animée. Et, de nos jours, la rue ne comprend pas la chaussée seulement, comme dans le *Tableau de Paris*, de Mercier ; elle ne s'arrête même pas, dans la plupart des villes, au trottoir, une des plus heureuses innovations de ces cinquante dernières années ; elle s'annexe aussi, pour ainsi dire, les boutiques, cafés et restaurants. Si l'on veut se rendre compte de l'importance de ces lieux publics pour la décoration de la rue, il suffit de se rappeler combien était gai le côté gauche du boulevard des Italiens avec ses échoppes, peu dignes pourtant de ce quartier, et combien il est maintenant sombre et morne, le soir, avec le magnifique palais du Crédit Lyonnais qui les a remplacées.

Les boutiques de Berlin, dans les quartiers riches, ne manquent pas d'élégance. Les étalages, faits avec goût, mettent bien en vue la valeur de la marchandise. Il faut en prendre notre parti : nous n'avons plus le monopole du savant rapprochement des couleurs qui se font valoir l'une l'autre, ni de l'heureuse construc-

1. *Le Temps*, 27 juillet 1887.

tion des lignes, qui flatte et fixe le regard. Il existe ailleurs qu'à Paris des commis coloristes et dessinateurs. On m'assure toutefois que les commerçants de Berlin manquent encore un peu de savoir-faire et qu'il leur arrive, par exemple, de cacher au fond de leurs magasins des articles bien plus beaux que ceux qu'ils exposent. Craignent-ils de les défraîchir ? Cela se pourrait, car je dois dire qu'en général, ils en sont restés aux petites boutiques de deux et trois fenêtres de façade, au commerce spécial, qui n'ose se risquer à accroître ses faux-frais. Les essais d'entreprises plus grandes sont rares ; tous n'ont pas réussi, et aucun n'approche, même de loin, de ce que nous voyons à Paris. C'est là un fait important au point de vue de la prospérité économique de Berlin, et j'aurai à y revenir. Pour le moment, je ne parle que du coup d'œil, que je trouve très satisfaisant. Il est même une dépense de luxe sur laquelle les boutiquiers de Berlin ne lésinent pas : beaucoup prodiguent le gaz et plus encore l'électricité.

Ces riches boutiques égaient, outre un ou deux coins de la vieille ville, la rue de Leipzig, qui, parallèle à l'avenue des Tilleuls, forme la grande artère menant au « quartier des Conseillers intimes », et puis la partie de la *Friedrichstrasse* qui relie perpendiculairement ces deux voies. Le point culminant est à l'intersection de la *Friedrichstrasse* et de l'avenue ; on y prend la *Kaiser-Gallerie* ou *la Passage*. Pour l'orientation, *la* Passage rappelle le passage des Princes, entre la rue Richelieu et le boulevard, mais la galerie de Berlin est deux fois plus longue, deux fois plus large, trois fois plus haute. En fait de constructions analogues, Paris est fort en retard, pour la simple raison que Paris a commencé avant les autres villes et que depuis bien longtemps il n'a plus rien tenté. Dans la *Kaiser-Gallerie*, on trouve de très belles boutiques, excessivement chères (je l'ai appris à mes dépens), un grand café et le musée Grévin berlinois ou *Castan's Panopti-kum*. On s'y promène . . . . au milieu des curieux qui admirent à l'entrée du musée deux groupes en cire, de grandeur natu-relle, représentant, non sans esprit, des scènes du bon vieux temps ; mais, trait caractéristique, aucune personne de la haute société ni, par conséquent, aucun officier ne se laisse aperce-voir : le bon ton ne permet pas de traverser *la* Passage.

Tout près de là s'ouvre une *conditorei* ou pâtisserie, fréquentée, au contraire, par le meilleur monde, par des femmes surtout, qui, le jour, s'y reposent de leurs courses en cau-sant, parcourant des feuilles illustrées, pre-nant du chocolat, mangeant des gâteaux. C'est, ou peu s'en faut, le dernier établissement de ce genre. Il en existait plusieurs autrefois, et c'est là que l'on venait lire les journaux. On préfère maintenant les cafés « à la mode de Vienne », car il serait trop désagréable de dire à la mode de Paris ». Trois ou quatre, fort considérables, sont abonnés à une multitude de gazettes imprimées dans toutes les langues possibles. L'un d'eux en tient environ deux cents, et parmi elles une feuille japonaise. Ses deux salles superposées, assez petites, très basses, ornées de fresques qui ont quelque mérite, surtout la série qui commente les Géorgiques, sont remplies matin et soir d'hommes et de femmes appartenant à la bourgeoisie. Mais ces cafés, pas plus que les innombrables brasseries, ne donnent vraiment sur la rue. Ils y ont rarement une entrée, et, s'ils y prennent jour, ils ont soin de baisser les stores, le soir, comme si leurs hôtes ne voulaient pas être vus du dehors. Ils ne contribuent donc pas à égayer la rue, comme le font les boutiques. Les étalages de boutiques ne débordent pas d'ailleurs sur le trottoir, et les cafés, on le devine, n'ont pas ces « terrasses » que nous apprécions tant. La rue en est d'autant plus large, géométriquement parlant, mais en réalité d'autant plus étroite, puisque ses limites ne vont pas se perdre dans des rez-de-chaussée, à moitié ouverts. C'est déjà le Nord bien clos et bien raide.

Restons donc sur le trottoir, désigné ici sous le nom assez bizarre de « montoir des bourgeois » (*Bürgersteig*).

On ne voit pas les mêmes attitudes ni la même démarche et l'on n'entend pas les mêmes sons à la Canebière et aux Quinconces, dans les allées de la Croix-Rousse et dans les faubourgs de Lille ; entre Berlin et Paris la différence doit être bien plus sensible encore. Ce qui me frappe d'abord, c'est le calme, presque le silence. Aux heures mêmes où certaines rues sont, je ne dis pas encombrées (cela n'arrive que bien exceptionnellement), mais très fréquentées, on n'entend presque aucun bruit. Il n'y a pas de camelot vous offrant, vous imposant sa marchandise en vous déchirant le tympan. A Paris, je les maudis souvent de bon cœur ; à Berlin, ils me manquent. Vers huit heures du soir seulement, on entend çà et là des hommes qui annoncent paisiblement la feuille démocratique du soir : *Neuste ! neuste !* (Dernières nouvelles) ! Le reste de la journée, rien, pas même des marchandes des quatre saisons avec leur évent, qui jette une si jolie tache au milieu de nos rues.

Quant aux personnes qui circulent sur les trottoirs, elles ne vont ni vite ni lentement. Je ne puis pas dire qu'elles ont l'air affairé, j'oserai moins encore prétendre qu'elles flânent. Pourtant j'ai vu des flâneurs « Sous les Tilleuls ». Ce sont des étudiants qui vont et viennent devant le palais de l'empereur, deux à deux ou par petits groupes, pendant que leurs professeurs débitent, juste en face, dans le palais de l'Université, de savantes leçons. Tous portent leurs rubans distinctifs en sautoir et le petit bonnet à la visière atrophiée comme les ailes devenues inutiles de l'aptéryx. Les uns ont l'air gauche, naïf, le regard ou niais ou

inspiré : ce sont les théologiens, les philolo-
gues, en un mot les futurs pasteurs et professeurs ; leur flânerie ne dure pas longtemps, ils
retournent à leur cours. L'ayant payé, ils en
veulent pour leur argent. Les autres se donnent des airs de mousquetaires de la reine, éta-
lant de hideuses balafres qui vraiment ne font
pas honneur à leurs chirurgiens ; je vois parmi
eux des visages boursouflés, abêtis ; ce sont,
paraît-il, des fils de famille qui fréquentent
l'Université uniquement pour y perdre quelques années. C'est de tradition. Faut-il approu-
ver cette tradition ou la blâmer ? Je constate
pour le moment que le trottoir des Tilleuls
gagne un peu d'animation et de couleur à la
présence de ces étudiants, débris, je le crains,
d'un monde qui s'en va, et qui attire d'autant
plus l'attention.

Il s'y rencontre d'autres flâneurs encore, des
ouvriers assez nombreux, en chômage volon-
taire ou non. Ils marchent isolément, font
quelques pas, puis s'arrêtent devant une boutique. Ou bien ils stationnent en groupes si-
lencieux au milieu de l'avenue, sous les arbres.
Ils s'ennuient et ils sont mécontents. Je ne
leur trouve pas une mine bien rassurante. On
me dit qu'ils sont capables, sans motif appa-
rent, de sortir de leur engourdissement pour
un mauvais coup. Quelques jours avant mon
arrivée, l'un d'eux a jeté un pavé dans la fenêtre de l'empereur, uniquement pour attirer
son attention sur les gens qui meurent de faim.

N'allez pas les traiter de démocrates-socialis-
tes ! Dès qu'approche l'heure de la garde mon-
tante, les uns se précipitent au devant du dé-
tachement que précède la musique, les autres
se massent devant le cabinet de l'empereur
Guillaume. S'il est en état de se lever, de s'ap-
procher de la fenêtre, de se laisser entrevoir
à travers les rideaux, c'est un grand contente-
ment ; s'il se montre tout à fait et qu'il salue,
c'est un délire qui, je vous assure, n'a rien de
factice. Ces ouvriers en chômage, à qui se
joignent toujours quelques bourgeois passant
par là et bon nombre de provinciaux, sont
vraiment heureux : leur misère a été traversée
par un rayon de lumière, ils l'ont vu, *lui*. Et
ils reprennent leur marche sans but.

Dans ce rassemblement quotidien, il y a toujours quelques bonnes d'enfants ou nourrices,
qui ont ici, comme ailleurs, pour devoir pro-
fessionnel d'aller et de venir d'un pas mesuré.
Si à Paris certaines familles nobles tiennent à
exhiber des Bretonnes dans leur costume provincial, les Wendes jouissent à Berlin de la
même faveur : elles appartiennent à une tribu
slave qui, au milieu des marais de la Sprée, à
quelque quatre-vingts kilomètres de la capitale de l'empire germanique, a su conserver à
travers les siècles la langue de ses pères, tandis que partout alentour l'allemand envahissait
la plaine immense. Ce sont des femmes vigou-
reuses, petites, trapues, au jupon court et ba-
riolé. Encore un débris d'un monde fossile,

anormal, qui contraste avec l'impeccable correction de Berlin, où tout est grisâtre, rectangulaire, d'une désolante monotonie !

Mais revenons aux Berlinois, qui ne flânent pas, qui vont par les rues vers un but déterminé. Ce but, on sent qu'ils doivent l'atteindre à une heure fixe, et qu'ils se sont mis en mesure d'y arriver sans hâte fébrile, d'un bon pas bien régulier. Leur allure, où la vitesse et la crainte de s'échauffer se maintiennent dans un sage équilibre, témoigne d'une existence qui ne laisse rien à l'imprévu. Ces gens ont je ne sais quoi de paisible, d'assuré, de non inquiet (si l'on veut bien me permettre cette double négation), que j'ai toujours observé chez les personnes dont la vie individuelle est comme absorbée dans un grand organisme, chez les militaires, chez les prêtres, chez les moines surtout. On n'a qu'à remplir machinalement sa fonction propre, sans se demander ce qu'elle produira, puisque des chefs se chargent de toute responsabilité. Ma pensée se reporte vers le Paraguay ; seulement, au lieu des jésuites, mettez un gouvernement très laïque et essentiellement militaire, et au lieu d'un peuple enfant mettez un peuple viril, des hommes forts, intelligents et très instruits. Mais ces hommes se sentent conduits et commandés, et cela leur plaît.

Les femmes elles-mêmes que je rencontre semblent obéir à une consigne. Rarement jolies, plutôt brunes que blondes, mises très simplement, elles vont d'un pas tranquille et ferme, aussi éloigné de la brusque décision des jeunes Anglaises que de la gracieuse fantaisie de nos Françaises. On dirait qu'elles ne se doutent pas qu'on puisse les regarder. Il n'y a aucun risque, elles le savent bien, qu'on les confonde avec les errantes de profession. A Berlin, les unes sont trop effrontées et les autres trop modestes de tenue pour permettre une méprise. Aussi toutes les jeunes filles de la bourgeoisie sortent seules. L'une d'elles, d'excellente famille, ayant entendu dire que cela ne se fait pas à Paris, me demandait d'un ton indigné pourquoi nous autres républicains, qui avons toujours le mot de liberté à la bouche, nous exerçons une pareille tyrannie envers nos filles. « Enfin, dites-moi donc, je vous prie, ajoutait-elle en frappant du pied, si moi je n'ai pas autant de droits à me montrer dans la rue que n'importe quel homme ? Ne suis-je pas son égale ? » Le mot m'a fait réfléchir. Oui, ce sentiment que chacun est sujet et en quelque sorte fonctionnaire de l'Etat relève les individus à leurs propres yeux. De là cette attitude pleine de fermeté que je signalais chez les femmes. Chez les hommes, elle ne va pas sans une certaine raideur, parfois assez déplaisante.

On voit dans les rues peu de soldats, et ces soldats, je dois le dire, ont très bonne façon, malgré les soins excessifs qu'ils donnent à leur chevelure. Ils semblent heureux de porter l'uni-

forme. Un brin de fierté, un brin même d'arrogance ne me déplaît pas chez les militaires ;
je trouve assez juste que des hommes constamment prêts à sacrifier leur vie s'imaginent être
un peu supérieurs.à nous autres gens de plume,
de comptoir ou de bureau. Les officiers de la
garnison de Berlin, du moins les officiers supérieurs et les généraux, ne dépassent pas la
mesure ; ce ne sont nullement des traîneurs de
sabre comme ceux des garnisons d'Alsace-Lorraine. Il faut dire qu'ils appartiennent tous à
la meilleure noblesse, non pas en vertu d'une
loi, mais par la force des choses. On sait, en
effet, qu'en Allemagne il ne suffit pas à un jeune
officier d'une nomination ministérielle pour
prendre rang dans un régiment ; il faut en outre
qu'il soit admis par le vote de tout le corps
d'officiers de ce régiment, comme s'il se présentait au Jockey-Club. Or, la garnison de Berlin est composée entièrement de la garde ; les
officiers de la garde, se considérant comme
attachés spécialement à la personne de l'empereur, excluraient sans pitié tout aspirant ayant
des titres de noblesse incomplets. Il en résulte
qu'au point de vue de l'éducation et des bonnes
manières Berlin n'a guère que des officiers
d'élite..... grands pour la plupart, bien bâtis,
à la figure grave, à la tenue très digne, dans
leur uniforme si simple qu'on prendrait aisément leur capote pour une longue redingote
civile. Les généraux seuls se reconnaissent de
oin au revers rouge. Comme je demeurais très

près du ministère de la Guerre, j'en rencontrais
beaucoup, et ils sont constamment en uniforme,
comme l'empereur lui-même . . . . . .

. . . .

. . . .

. . . .

. . . .

. . . .

. . . .

. . . .

. . . .

. . . .

. . . .

. . . .

. . . .

. . . .

Les officiers de la garde se marient jeunes
sans doute, car à partir du grade de capitaine
on en voit beaucoup qui sortent accompagnés
de leurs femmes. Celles-ci ont, comme leurs
maris, quelque chose de fort distingué, et, par
conséquent, elles ne cherchent nullement à attirer l'attention dans la rue. Ailleurs, je ne sais
trop. Un soir que je dînais dans le hall de mon
hôtel par où l'on passe pour se rendre dans les
salons de fête, j'entends soudain un martelle-
ment des dalles accompagné d'un bruissement
d'étoffes ; je me retourne et j'aperçois une
jeune femme en toilette de soirée qui, suivie
piteusement du capitaine son mari, se rendait
à l'un de ces salons, où son entrée fut saluée

de joyeuses acclamations. De ma vie je n'ai vu démarche plus saccadée, femme plus altière, apparition plus impérieuse. C'était bien la raideur prussienne dans tout son épanouissement.

★
★ ★

J'ai montré la foule des piétons qui circule silencieuse sur les trottoirs, à peu près comme si chacun se croyait dans les rangs. Il faut dire que deux fois par jour, à huit heures, puis à une heure, l'entrée ou la sortie des écoles primaires et des gymnases apporte un peu de gaieté dans la rue. Ils sont gentils, les petits Berlinois, doués de cet esprit éveillé qui distingue les enfants — mais non toujours les adultes — des grandes villes, causeurs, babillards même, dans leur allemand dépourvu d'accent tonique, point batailleurs. Les fillettes, sac au dos et parfois portant en bandoulière une microscopique boîte à botaniser qui renferme, je pense, soit leur ouvrage, soit leur goûter, se rendent à l'école avec plus de gravité que leurs frères : ce sont de petites femmes, prenant des airs moins de coquettes que de ménagères précoces. A part les courts instants où l'on entend le ramage de tous ces oiseaux sortant de leurs volières, la rue, je le répète, semble bien silencieuse à un Parisien.

Nota. — Cette troisième partie a paru dans le *Temps* du 6 août 1887.

Ce calme n'est guère troublé par les voitures. Les rues principales sont bitumées. On
me dit qu'en été ce bitume devient insuppor-
table, quand la chaleur l'amollit et le rend
brûlant. Je le crois, mais je constate qu'il résiste bien mieux que le nôtre, bien mieux que
celui que l'on a établi en novembre dans une
partie de la rue de Rivoli et qui en juin a déjà
disparu. Il est vrai que nulle part les Berlinois
n'ont une circulation aussi active, et c'est peut-
être la principale raison de la durée et de la
belle apparence de leur asphalte. Il a en tous
cas le grave défaut d'être excessivement glissant. A chaque instant un cheval s'abat. Je ne
sais pas le chiffre total de ces accidents, mais
je trouve dans un rapport du corps des pompiers qu'ils ont vingt-trois fois plus de chutes
sur le bitume que sur le pavé, et qu'en moyenne
un de leurs chevaux y tombe pour 142 kilomètres parcourus. Les pompiers de Berlin
conduisent aussi bien que les autres cochers.
Cela ferait proportionnellement quelque chose
comme 80 chutes au moins par jour, rien que
pour notre avenue de l'Opéra ! Mais s'il est
glissant, l'asphalte est peu sonore. Les voitures
y roulent sans jeter dans les airs aucune note
bruyante.

Ajoutez qu'il en roule fort peu. C'est un des
étonnements de l'étranger que le petit nombre
d'attelages de tous genres. En dehors des princes de la famille impériale, des chefs du corps
diplomatique, de quelques hauts fonctionnaires

et de quelques familles très riches, bien peu de
personnes entretiennent un équipage. Quant aux
fiacres, il y en a assurément, il y en a même de
deux classes : ceux de la première assez élé-
gants et presque tous découverts, même par
14 degrés au-dessous de zéro, sont très rares,
ceux de la seconde, affreuses guimbardes qui
semblent venir en droite ligne des « carrosses
à cinq sous » de nos ancêtres, se trouvent à
toutes les stations : la bourgeoisie peut s'en
servir, la noblesse, non. Cela n'est pas de bon
ton, *ist nicht hœfig*. En somme, on prend un
fiacre bien moins souvent qu'à Paris. Les omnibus, condamnés eux aussi par le bon ton, sont
détestables. On en a construit d'après le modèle
des wagons de chemin de fer, sur des roues
basses, ce qui permet d'augmenter la largeur
de la caisse, mais ces roues sont en métal : sur
l'asphalte, on s'en tire tant bien que mal ; sur le
pavé, les pauvres chevaux avancent à peine et
les voyageurs endurent un vrai martyre. Heureusement que Berlin a le tramway, la *Pferdebahn !* Sinon, l'existence y serait terrible pour
les gens qui n'aiment pas à marcher.

La *Pferdebahn* jouit d'une véritable popularité dans toutes les classes, l'ouvrier y cou-
doyant le gentilhomme le plus fier de ses aïeux,
et la plupart des femmes du monde ne se servant guère d'autres véhicules. Et la *Pferdebahn* mérite cette popularité. Elle sillonne la
ville dans toutes les directions, dessert les
quartiers les plus pauvres comme les plus

riches. Si on lui a interdit l'avenue des Tilleuls, on lui permet de passer de deux côtés le long de l'antique château royal. Le système des « correspondances », qui est si bien entré dans nos mœurs, est inconnu à Berlin ; il faut dire toutefois que le tarif étant très faible, on peut généralement se payer deux tramways pour nos trente centimes. Il n'existe pas non plus de bureaux, ce qui constitue une forte économie pour la compagnie, mais donne lieu à plus d'un abus. Tous les 4 à 600 mètres, un poteau planté près du trottoir indique une halte. On se groupe autour de ces poteaux sans numéro d'ordre ; c'est le plus agile ou le plus fort qui part le premier. Le tramway ne s'arrête jamais entre ces haltes, ni pour prendre des voyageurs ni pour en laisser descendre : autre infériorité pour les faibles, les vieillards, les femmes, les enfants. Du reste, la voiture, bien plus légère que la nôtre, puisqu'elle n'a pas d'impériale, roule au grand trot, sans que le cocher s'inquiète beaucoup des accidents qu'il peut causer, et ils sont fréquents ; pourvu qu'il ait averti les passants par la cloche dont il tient la corde de la main gauche, il se croit en règle. Cette cloche, aux sons perçants, qui tinte depuis le matin jusqu'au delà de minuit est à peu près le seul bruit qui retentisse dans les rues de Berlin, bruit singulièrement agaçant.

Et pourtant il y a de la gaieté dans ce mouvement rapide de la *Pferdebahn*, dont les lignes s'entre-croisent à chaque grand carrefour. J'ai

dans les yeux comme une vision de paisibles
fêtes nocturnes, lorsque je me rappelle certaines
soirées de février. Il fait sec et il ne fait pas
froid. C'est entre cinq et six heures. Je sors du
quartier des *Geheimeræthe*, de cette jolie ville
neuve qui rappelle Passy. Me voici sur la place
de Potsdam, où l'on s'embarque pour le Versailles de Frédéric II ; malgré les fanaux élec-
triques on n'y voit pas très clair, si bien qu'il
faut quelque attention pour ne pas être pris
en écharpe par un tramway. Mais cette place,
qui n'est que le croisement de quatre ou cinq
avenues, débouche au square de Leipzig que
traverse la rue de ce nom ; c'est la principale
artère de Berlin. Ici tout est enveloppé d'une
lumière douce et cendrée, sauf deux grands
édifices : le palais où siège le Reichstag et le
ministère de la guerre. Leur masse sombre fait
d'autant mieux ressortir la vie qui déborde à
leur pied. De minute en minute une voiture de
tramway succède à l'autre. Sur les trottoirs je
rencontre une foule animée, joyeuse même, les
jeunes femmes y sont en grand nombre. Elles
reviennent, je pense, de courir les magasins ou
de faire des visites. Elles ont avec elles leurs
sœurs, leurs filles, qui, des serviettes ou des
cartons sous le bras, sortent peut-être d'un cours
de musique ou d'un atelier de dessin. Tout ce
monde, comme dans un salon, cause, se raconte
des histoires, rit de ce rire continu et prolongé
qui semble un ronronnement de plaisir. Et l'on
marche vite. On se hâte de rentrer chez soi,

dans ces charmants hôtels ou dans ces belles maisons à bretèches où la vie de famille s'écoule doucement. Ce sont là les heureux de Berlin. D'autres passants vont, comme moi, dans un sens opposé, de petits employés, des commis, des ouvriers, les humbles, en un mot. Et dominant tout ce monde, celui des pauvres et celui des riches, j'aperçois de ces grandes statures d'officiers qui sortent du ministère d'un pas lent et cadencé. Ils ont la satisfaction d'avoir employé leur journée à accroître la puissance de leur maître et seigneur et ils vont se reposer dans le sentiment de sa force.

J'aperçois d'autres figures militaires, des hommes barbus, d'apparence très robuste, un peu gros, assez vulgaires à tout prendre malgré l'impassibilité de leurs traits et de leur attitude. Les uns sont à pied, les autres à cheval, tous également immobiles : ce sont les gardiens de la paix de Berlin. Vous pouvez leur demander un renseignement : ils vous le donneront sans grossièreté mais sans une ombre de courtoisie. Leur principale fonction est de maintenir l'ordre dans la circulation des rues. N'étaient les accidents que cause soit l'asphalte soit la vitesse excessive de la *Pferdebahn*, ce serait presque une sinécure. Le Berlinois passe pour frondeur, et il peut bien l'être en effet dans ses opinions ; quant à ses actes il ne me paraît pas trouver une sorte de malin plaisir à faire le contraire de ce que lui demande l'autorité. Ce peuple est discipliné. Il respecte la

règle. Mais aussi la règle n'est pas ici une ordonnance de police qui, publiée avec grand
fracas, tombe dès le lendemain en désuétude.
On la lui rappelle fréquemment. Un jour je
sortais de Potsdam ; sur le pont qui commence
au château même, j'avais pris le trottoir de
gauche, non point par hasard mais parce que
j'y voyais mieux, en me retournant, la maison
qu'habita Voltaire. Au milieu du pont, je rencontre un gardien de la paix. D'un ton qui
n'admettait pas la discussion, quoiqu'en termes
polis, il m'invite à prendre le trottoir de droite
« conformément au règlement ». Notez que lui
et moi nous étions à peu près les seuls passants. Le règlement, fort sage en principe,
n'avait pour le moment aucune raison pratique ; mais ce qui est écrit est écrit. Je n'étais
pas venu de Paris à Potsdam pour y réformer la police ; j'obéis donc et me tus sans
murmurer.

Du reste, j'ai l'impression qu'on ne doit
guère avoir envie de discuter en Prusse avec
les représentants de l'ordre public. Ces hommes
barbus paraissent très sûrs de leur affaire. Ils
savent, cela se voit, que s'ils observent ponc-
tuellement leur consigne, ils n'ont rien à
craindre de personne, ni d'un député influent
ni d'un conseiller municipal tracassier. Ils
dépendent exclusivement d'un gouvernement
résolu à les protéger. Cette certitude est une
force, et parfois ce peut être même une force
trop grande. Elle est contrebalancée ici par une

sorte de flegme qui doit rendre les excès de
zèle assez rares. Presque toujours le gardien
de la paix berlinois se tient à son poste comme
un factionnaire sous les armes ; sans parler,
sans causer, ainsi que le font volontiers les
nôtres, sans agir non plus. Il suffit qu'on le
sache là pour que tout se passe « conformément au règlement ».

En cas d'émeute, ne se montrerait-il pas violent et brutal ? C'est une autre question. Je le
décris tel que je l'ai vu, dans ses fonctions ordinaires de surveillant de la circulation dans
les rues.

Une grande fête, comprenant réception, service religieux, dîner, etc., avait lieu au vieux
château royal ; comme c'était un dimanche
après-midi et qu'il faisait très beau, une foule de
curieux s'était assemblée pour assister au défilé
des hauts personnages qui rentraient chez eux.
Moi, ce qui m'intéressait c'était de voir la police à l'œuvre. Il s'agissait de tracer à travers
la foule une voie pour les équipages princiers.
Au début, il y eut de l'indécision dans le commandement : l'officier de paix ne savait trop à
quel endroit il voulait déblayer. Quand, après
deux ou trois ordres et contre-ordres, son parti
fut pris, les gardiens de la paix procédèrent
avec une lente douceur ou une lenteur douce,
comme vous voudrez, sans cris, sans violence.
Il faut dire aussi que les curieux ne mettaient
aucun entêtement à forcer le cordon. Seuls
une douzaine de gamins se poussaient en avant ;

ils attrapèrent quelques injures du meilleur style, et, je crois, deux ou trois taloches. A diverses reprises, des omnibus, de ces lourdes machines sur roues métalliques, eurent à couper et la foule et la voie réservée ; cela se fit sans trop de difficultés et, ce qui était bien surprenant pour un Parisien, sans aucun quolibet. Je ne pense pas du reste qu'à 300 mètres de distance un aveugle se fût douté qu'il y avait là un attroupement d'un ou deux milliers de personnes. On causait sans élever la voix. A peine lorsqu'on voyait venir la voiture de l'impératrice ou celle du Kronprinz (l'empereur était souffrant), la foule accompagnait-elle ses saluts respectueux d'un murmure d'admiration.

Parmi les moyens de locomotion dont disposent les Berlinois, j'aurais dû nommer peut-être le chemin de fer métropolitain. J'en dirai quelques mots, non pour l'étudier comme le ferait un ingénieur, mais pour donner une idée un peu nette des services qu'il est appelé à rendre.

Il faut commencer par dire que Berlin a un chemin de fer de Ceinture, un seul et non deux comme Paris, et que son chemin de fer de Ceinture est un peu plus éloigné que notre Ceinture intérieure, beaucoup plus rapproché que notre Ceinture extérieure. Pour rendre mes explications plus claires, permettez-moi de procéder comme si Berlin était Paris. Mais souvenez-vous bien, je vous prie, que Berlin couvre une surface considérablement plus petite et qu'il n'a pas de fortifications.

Eh bien donc, je prends notre Ceinture intérieure. J'en supprime le raccordement Batignolles-Courcelles. D'autre part, je l'étends un peu à l'Est, de manière à toucher à Ivry, à Charenton, à Saint-Mandé; beaucoup à l'Ouest, de telle sorte qu'à partir de la gare de Courcelles, notre ligne passera à travers Levallois-Perret, puis derrière Neuilly, pour longer la Seine jusqu'au pont de Saint-Cloud, d'où elle reviendra au Point-du-Jour par Boulogne. Tel est à peu près le tracé de la Ceinture berlinoise, si au lieu de Saint-Cloud vous dites Charlottenbourg et Stralau au lieu de Charenton.

Passons maintenant au Métropolitain ou *Stadtbahn.* Il part de Charenton, emprunte la ligne de P.-L.-M. jusqu'à la gare de Lyon (qui à Berlin se nomme gare de Silésie), gagne les quais, les suit jusque près du Châtelet, rejoint la gare Saint-Lazare (elle se nomme à Berlin gare de Friedrichstrasse et dessert les grandes lignes de Hambourg, comme qui dirait du Havre, et de Cologne ou de l'Ouest). De Saint-Lazare, le Métropolitain se dirige droit sur le porte Maillot, touche au Jardin d'acclimatation, puis à la Cascade, et rejoint le chemin de Ceinture au pont de Saint-Cloud.

Quant au mouvement des trains, rien n'est plus simple. Placez-vous à la gare Saint-Lazare. Dans l'espace d'une heure, vous avez deux

trains vous menant au pont de Saint-Cloud ;
l'un revient par la Ceinture-Nord (Neuilly,
Courcelles, La Chapelle, Charenton, gare de
Lyon) ; l'autre par la Ceinture-Sud (Boulogne,
Vaugirard, Charenton, gare de Lyon). Dans le
même espace de temps, vous avez deux trains
vous menant directement à la gare de Lyon et
à Charenton, dont l'un revient par la Ceinture-
Nord et l'autre par la Ceinture-Sud.

Si nous possédions un pareil Métropolitain,
toute notre rive droite serait très rapprochée
des diverses parties du bois de Boulogne : à
Berlin, le bois de Boulogne se nomme Thiergarten. En outre les habitants de la banlieue à
l'est et à l'ouest trouveraient dans ce Métropolitain une voie qui les conduirait rapidement
au centre de la ville. Mais les avantages que
nous en retirerions pour la circulation intérieure seraient peu considérables ; ils le sont
moins encore à Berlin où la voie ne traverse
que sur un faible parcours des quartiers riches
ou commerçants, desservis par trois ou quatre
gares seulement. En résumé, comme chemin
de fer de banlieue c'est une assez bonne ligne ;
comme chemin de fer urbain, il a peu de valeur.

Il en a une très considérable, au contraire,
comme ligne de grand trafic. Les trains de
Cologne, c'est-à-dire de Belgique et de France,
et ceux de Hambourg, débarquent leurs voyageurs au centre de la capitale, tout près des
grands hôtels de l'avenue des Tilleuls, l'équi-

valent de nos boulevards ; il en est de même des
trains venant de Silésie et aussi de la Russie.

On remarquera qu'en transportant Berlin à
Paris, j'ai laissé en dehors du Métropolitain
plusieurs grandes gares. C'est qu'il en est ainsi
à Berlin. Ni la gare de Stettin (c'est le Nord ou
l'Est si vous voulez), ni la gare de Goerlitz
(lisez Orléans), ni celle de d'Anhalt (Montpar-
nasse), ni celle de Potsdam (Sceaux) ne sont
reliées à la *Stadtbahn*. C'est un grave inconvénient. Il est donc possible de faire beaucoup
mieux que le Métropolitain de Berlin, mais le
Métropolitain de Berlin a sur celui de Paris
l'avantage incomparable de fonctionner au lieu
d'exister seulement à l'état de projet repoussé
par la Chambre.

J'ajoute qu'il n'a pas un seul tunnel. Berlin
étant situé dans une plaine absolument plate,
distante de quelques mètres à peine d'une
nappe d'eau, on ne peut y établir que des lignes à ciel ouvert. Dans la traversée de la
ville on ne saurait, d'autre part, sans de graves
inconvénients poser les rails du Métropolitain
à niveau du sol. On l'a donc construit en via-
duc, sur de solides arcades en brique. Aux
endroits les plus favorables ces arcades servent
de boutiques, qui se louent à un très bon prix.
On les recherche surtout pour des brasseries
et des restaurants. Le grondement des trains
au-dessus des têtes des consommateurs n'a rien
de bien désagréable, ainsi que je m'en suis
convaincu par expérience.

CHAPITRE III

Berlin capitale [1].

« Lorsque je suis venu m'établir ici, me disait un professeur, Berlin était une grande ville de province. Il y a de cela vingt-cinq ans. A présent Berlin est une des capitales du monde, *eine Weltstadt*. » Et sa voix s'enflait d'orgueil.

Je voudrais examiner comment cela s'est fait, peut-être même si cela s'est fait aussi complètement que paraît le croire ce professeur, et avec lui presque tous les habitants de la *Weltstadt*.

Berlin passe généralement pour une ville tout à fait artificielle. On en a bien dit autant de Paris. « Paris, si nous en croyons Saint-Marc-Girardin, est une capitale qui pourrait être ailleurs et qui s'est trouvée là par hasard. » Il ne me déplairait pas d'apprendre où Saint-Marc-Girardin apercevait l'emplacement naturel de la capitale de la France. Sur un fleuve, je suppose, car peu de cités consentent, comme Versailles, à souffrir de la soif. La Gironde et la Loire mènent à l'océan, un désert, jadis surtout. Si la France d'Oc l'avait emporté sur la

1. *Le Temps*, 16 août 1887.

France d'Oïl, le Rhône nous aurait donné notre ville maîtresse. L'histoire s'étant déroulée comme l'on sait, et non sans de bonnes raisons, il a bien fallu que nos rois établissent leur capitale sur la Seine, près de l'un de ses confluents, celui de l'Yonne ou de la Marne ou de l'Oise. Paris se justifie donc aux yeux du géographe et, je crois, Berlin aussi dans une certaine mesure ; bien plus, en tous cas, que Marseille où le vieux port, un fiord, attira les Phocéens, tandis que la science moderne, interprétant mieux la nature, eût choisi l'étang de Berre, cette mer intérieure au débouché du plus riche de nos bassins. Berlin est situé sur la Sprée, tributaire de l'Elbe, à l'endroit où l'Oder et l'Elbe se rapprochent le plus. C'est déjà quelque chose. Mais, d'après les géologues, l'Oder, au lieu de se déverser dans la Baltique, coulait autrefois dans le lit actuel de la Sprée, se dirigeant vers le nord-ouest : ses eaux impétueuses ont lavé et raviné sur ce parcours le sable superficiel de la plaine du Nord ; elles y ont mis à nu la nappe souterraine et celle-ci forme maintenant un chapelet de lacs, reliés par ce canal lent et profond qui est la rivière de Berlin. Le chef-lieu de la Marche de Brandebourg se trouve donc sur la route naturelle qui conduit de Silésie à la mer du Nord et sur la route la plus courte allant de Saxe à la Baltique. Ce qui, du reste, a fait choisir le point précis où des Slaves ont élevé la future capitale de l'empire germanique, c'est l'existence d'une île au milieu de la rivière. Et c'est pour cette raison également que Paris a triomphé de ses concurrentes : Montereau, Charenton, Pontoise, Poissy. Il n'en fallait pas davantage au temps de la barbarie ; une île constituait la plus sûre des forteresses.

Une loi de l'histoire veut qu'il soit donné aux riches, comme dit l'Evangile, et que les forts gagnent de plus en plus en puissance. Ilot occupé par des pêcheurs, puis centre d'un commerce de transit où rouliers et bateliers se trouvaient en sûreté, Berlin s'imposait comme centre du pays plat entre Elbe et Oder, la Marche de Brandebourg. Quand, ensuite, les margraves, ayant hérité de l'ordre teutonique sur la Baltique, prirent le titre de rois, leur « résidence » domina tout ce qui s'étend à l'est de l'Elbe, dans la plaine allemande. Elle devint ainsi une grande ville de province, pour parler avec mon professeur berlinois. Voilà en effet ce qu'elle était il y a vingt-cinq ans. Elle devait cette prospérité modeste à son commerce, peu étendu, mais assuré par sa situation géographique, et au séjour de ses souverains qui avaient pris rang parmi les grandes puissances, tout en bas, il est vrai.

Deux causes ont amené, de nos jours, son développement prodigieux. Sadowa et Sedan l'ont érigée en capitale officielle de l'empire restauré. En même temps, la construction des chemins de fer améliorait singulièrement sa situation géographique. C'est dans les pays de

plaine que ces nouvelles voies de transport ac-
quièrent une importance incalculable ; on les
fait passer où l'on veut et l'on peut créer ainsi
des villes qui, pour être totalement artificielles,
n'en sont pas moins douées d'une vitalité in-
tense et durable, ou bien aussi on peut décu-
pler, centupler la vitalité de villes déjà exis-
tantes. Ces chemins, dont on peut presque dire
qu'ils « marchent », marchent, en plaine, où
l'homme les conduit. En Prusse, on les a multipliés au profit du pays en général, mais tout
particulièrement au profit de Berlin.

Lorsque nous jetons les yeux sur la carte de
France, Paris nous apparaît comme placé au
centre d'une toile d'araignée ; toutes les grandes
lignes partent de ce point comme autant de
rayons. C'est une disposition que j'ai entendu
critiquer plus d'une fois sous Napoléon III : on
opposait la large décentralisation de l'Allemagne en fait de chemins de fer. Que les temps
sont changés ! Pour des raisons essentiellement
stratégiques, Berlin est maintenant, lui aussi,
l'araignée à l'affût, au milieu de sa toile de
voies ferrées. Comptons les grandes lignes par-
tant de Berlin :

ligne de Dresde, Prague et Vienne ;
ligne de Silésie et de Hongrie ;
ligne de Posen et de Varsovie ;
ligne de Kœnigsberg et de Pétersbourg ;
ligne de Stettin ou de la Baltique ;
ligne de Hambourg ou de la mer du Nord ;

deux lignes de Cologne, Bruxelles et Paris,
l'une par Hanovre, avec embranchement sur
Amsterdam, l'autre par Magdebourg ;
ligne de Cassel sur Coblentz et sur Francfort ;
ligne de Leipzig et de Munich....

Pour les besoins d'un état-major général
l'outillage me semble assez complet, mais il
est clair que Berlin, en tant que ville, doit en
profiter dans la plus large mesure. Il n'est
aucune capitale en Europe qui soit mieux dotée. C'est à ce réseau, bien plus encore qu'aux
événements politiques, qu'il faut attribuer, je
crois, l'étonnante prospérité actuelle de Berlin.
Par conséquent, suivant toutes les probabilités
Berlin n'a pas fini de s'accroître.

Et pourtant, j'ose dire que cette ville n'est
pas encore une des capitales du monde ; j'irai
même jusqu'à prétendre qu'il s'en faut qu'elle
soit la capitale de l'Allemagne, j'entends la
capitale au point de vue moral, le cœur où
passe et repasse le sang de la nation. Berlin
est restée, à bien des égards, une ville de province.
Quand nous nous promenons dans les rues
de Paris, nous y entendons tous les accents
français imaginables, celui de Belleville et celui de Tarascon, de Lille et de Quimper, de
Caen et de Bordeaux, d'Amiens et d'Aurillac,
le français italien de Nice et le français teutonique d'Alsace, qui nous émeut toujours. Ce

mélange d'intonations, où le méridional tient le haut de l'octave, est un des charmes de notre capitale ; il nous fait sentir à chaque pas que Paris n'est pas une ville à proprement parler mais un résumé de toutes les villes de France, la patrie en raccourci. A Berlin ne vous attendez pas à une pareille variété.

Vous savez que l'Allemagne a deux dialectes principaux, comme la France ; au sud, le haut-allemand, *hoch-deutsch*, d'autant plus rude et aspiré que l'on se rapproche des Alpes ; au nord, le bas-allemand, *platt-deutsch*, idiome sourd, aux syllabes aplaties, qui rappelle le hollandais et un peu l'anglais. C'est le haut-allemand, sous sa forme, il est vrai, la plus adoucie, tel qu'on le parle dans les duchés et dans le royaume de Saxe, qui est devenu la langue littéraire depuis le Thuringien Luther. Berlin est un pays bas-allemand. Dans les écoles, dans les églises, dans les réunions publiques, dans la société en général, on s'applique à la langue littéraire, le *hoch-deutsch*, tout en lui faisant subir, bien entendu, quelques accrocs et en lui imposant l'intonation ou plutôt l'absence d'intonation qui distingue le *platt-deutsch*. Eh bien, en vous promenant, vous n'entendez guère d'autre accent que celui des Berlinois, parlant soit cet allemand littéraire aplati par eux, soit le patois indigène. Sans doute l'accent juif, si traînard avec ses *e* allongés en *eu*, attirera votre attention ; parfois aussi vous rencontrerez des Saxons gazouil-

lant comme à Dresde ; mais le rude parler
bavarois ou le dialecte wurtembergeois, qui
souvent prononce les *s* comme nos Auvergnats,
vous n'aurez jamais la joie de les sentir vous
déchirer les oreilles. Il y a peu d'Allemands
du Sud à Berlin.

L'influence du *platt-deutsch* (preuve certaine
que le provincialisme domine encore) s'étend
jusqu'au Théâtre-Royal. La première fois que
j'assistais à une représentation, on jouait une
comédie de Lessing ; je compris fort bien les
rôles accessoires, mais j'eus une peine extrême
à suivre les deux personnages principaux. Il
faut dire ici à mes lecteurs que, comprenant et
distinguant assez facilement les divers dialectes du haut-allemand, depuis le suisse le plus
rauque jusqu'au saxon le plus doux, je n'entends
pas un mot du bas-allemand et que même mon
oreille n'est guère habituée à la prononciation
du nord. J'en conclus assez naturellement que
les deux acteurs du Théâtre-Royal se permet-
taient un peu trop d'intonations berlinoises. Ayant
demandé à des personnes de ma connaissance
si elles ne le trouvaient pas comme moi, elles
se mirent à rire à mes dépens. Le fait est qu'un
Français qui se mêlait de critiquer la prononciation du *Kœnigliches Schauspielhaus*, c'était
bien un peu baroque. Représentez-vous un Allemand qui trouverait à redire au français de
M. Got ou de Mme Samary ! Je n'avais cependant
pas tout à fait tort, car quelques jours
après, l'intendant des théâtres royaux, person-

nage considérable à la cour, lançait un ukase
pour réformer la prononciation de ses pension-
naires[1]. . . . .

. . . . Mais je ne vois pas
trop M. Claretie interdisant par un arrêté aux
sociétaires du Théâtre-Français d'y importer la
prononciation de Belleville. Ce petit fait démon-
tre, je crois, mieux que de longues statistiques,
que Berlin est encore, malgré tout, une ville de
province.

Des personnes en situation d'être fort bien
renseignées m'assurent que l'action de Berlin capitale ne s'étend même pas sur la Prusse tout
entière. L'ancien royaume de Hanovre est entré
en partie dans l'orbite ; les provinces du Rhin
résistent encore. Placées en dehors des lignes
commerciales qui traversent la Marche, elles
font elles-mêmes leurs affaires. Elles n'ont pas
seulement leur industrie propre, mais leurs opinions politiques, leurs journaux. Profondément
attachées à la monarchie, elles refusent de recevoir, en quoi que ce soit, le mot d'ordre de sa
capitale. L'hôtel où j'étais descendu est très
fréquenté par des familles nobles qui y passent
quelques semaines chaque hiver pour se présen-

1. Ceux de mes lecteurs qui savent l'allemand n'ignorent
pas que le défaut le plus choquant de l'idiome berlinois
c'est le *j* substitué au *g* au commencement comme à la fin
des mots. Le comte Hochberg, l'intendant des théâtres,
proscrit sévèrement et absolument cette substitution ; le *g*
doit désormais se prononcer comme en français dans le mot
gazon. Le comte n'admet que deux exceptions, l'une pour
la syllabe *ig* à la fin des mots et l'autre pour les consonnes
nasales *ng* à la fin d'une syllabe.

ter à deux ou trois des fêtes de la cour. Elles
arrivent de Poméranie, de la province de Prusse,
de la Silésie, de l'ancien Hanovre, quelques-
unes à peine de Westphalie, où il y a tant de
nobles, infiniment peu des bords du Rhin.

Si l'on n'entend guère dans les rues que l'allemand berlinois ou prussien, il va sans dire
que les langues étrangères y retentissent bien
moins encore. Nous avons à Paris de riches
quartiers où l'anglais, parlé par les sujets de
la reine Victoria ou les citoyens des Etats-Unis,
fait concurrence au français ; ailleurs, il est des
rues peu brillantes où l'italien, soit de Naples,
soit du Piémont, est la langue vulgaire. Le russe,
le roumain et l'espagnol frappent çà et là nos
oreilles, et on peut y ajouter parfois le turc,
l'arabe, le chinois et le japonais. Le japonais,
je l'ai reconnu à Berlin et même assez fréquemment ; une ou deux fois l'italien ; l'anglais de
temps à autre, mais cent fois moins qu'à
Dresde, et avec un fort accent nazillard qui fait
penser à l'Amérique ; le français, pas souvent.

.   .   .   .

.   .   .   .

... Il existe une petite colonie de Français ;
je ne parle pas, on le conçoit, de celle qui date
de la révocation de l'Edit de Nantes, mais environ cent cinquante à deux cents de nos compatriotes sont établis actuellement dans la capitale
germanique, pour la plupart des coiffeurs, des
gantiers, des chemisiers ; il y avait un restaurateur, il vient de mourir ; ajoutez-y quelques

jeunes gens enseignant notre langue, ce sont
là des positions modestes. Un seul membre de
la colonie, par ses rapports personnels avec le
monde universitaire et par les relations de sa
famille avec la meilleure société berlinoise,
occupe une place à part ; c'est mon excellent
ami M. Marelle, dont la maison hospitalière
est bien connue des hommes de lettres et des
savants français qui visitent Berlin.

Si j'insiste sur le petit nombre de nos compatriotes, qui paraît vraiment incroyable lorsqu'on le rapproche des dizaines de mille d'Allemands que nous comptons à Paris, c'est pour
montrer par un exemple combien peu les
étrangers sont attirés à Berlin. La plupart des
autres colonies, en effet, ne sont guère plus
considérables. Il y a probablement bien plus
d'Autrichiens ; les Autrichiens ne forment pas
une nation. A mon grand regret, je ne puis
fournir des chiffres précis ; mais je trouve dans
une récente statistique que sur 1.000 hommes
qui se marient à Berlin, il y a 233 Berlinois
de naissance, 700 Prussiens nés hors de Berlin
(les deux tiers viennent d'une autre province
que celle de Brandebourg), 52 Allemands non
Prussiens et 15 étrangers. Il est probable que,
sur l'ensemble de la population, les étrangers
et les Allemands non Prussiens présentent une
proportion un peu plus forte, car beaucoup d'entre eux, restant peu d'années à Berlin, n'ont pas
l'occasion d'y contracter mariage ; la différence
ne doit pas être énorme, à tout prendre, d'au-

tant que le chiffre des mariages est fort élevé dans cette ville, il dépasse de plus d'un tiers la moyenne générale de l'Allemagne. Si donc Berlin s'est accru avec une extrême rapidité, c'est par l'immigration des campagnes de Prusse vers leur capitale ; ni du reste de l'empire ni surtout du reste de l'Europe on n'accourt sur les rives de la Sprée.

Il s'en faut donc que Berlin soit une *Weltstadt* !

Les guerres victorieuses n'ont pas fait, je le répète, de cette ville toute prussienne la capitale morale de l'Allemagne. Elle n'exerce d'influence marquée sur la nation ni en politique, ni en littérature, ni dans les arts. Dans les sciences peut-être bien, parce qu'elle est dotée de superbes institutions universitaires et que tout professeur ambitieux de Tubingue, Heidelberg ou Leipzig, aspire à devenir le collègue d'un Mommsen et d'un Helmoltz. En matière de modes aussi Berlin commence à faire la loi aux petites cours vassales et par elles à la noblesse et à la bourgeoisie allemandes. A cet égard, son action s'étend jusque fort au delà des frontières de l'empire, jusqu'à l'extrême Orient. C'est à Berlin que l'impératrice du Japon commande ses robes de gala ; c'est un fonctionnaire prussien, bien connu à Paris, que son auguste époux à nommé maître des cérémonies et qu'il a chargé, en lui accordant des appointements dignes des Mille et une nuits, d'introduire parmi les *daïmios* une étiquette d'une raideur incomparable. Chacun son goût : Napoléon Ier ne trouvait rien de plus magnifique sur la terre que le baise-main à la cour de son allié le roi de Bavière. Il est curieux que ce soit par cette chose lourdement futile et par les frivolités de la mode que Berlin cherche à s'introduire au rang des « capitales du monde ». L'avenir n'a pas précisément l'air d'appartenir à un cérémonial de cour. Quant à la mode, l'affaire est plus grave : le plagiat y est si facile ! Tenons-nous sur nos gardes.

Ce que Paris a et que Berlin n'aura jamais, c'est Paris, c'est ce ciel où le jour se tamise si doucement, cet air si moelleux, cette banlieue si verte, ce fleuve si gracieux, ces boulevards et ces avenues dont les lignes ont tant de charme, ce mélange de joli et de grandiose qui est unique ; c'est Paris, ville de loisirs et ville de travail, Paris où tout se rejoint par des transitions insensibles, si bien que l'on passe, sans que l'œil soit jamais froissé, des usines aux palais, des quartiers les plus sombres aux plus lumineux. Au moyen âge déjà, un moine italien qui avait étudié sur la Montagne Sainte-Geneviève, s'écriait avec amertume, de retour dans son pays : « Partout la vie est relative ; elle n'est absolue qu'à Paris ! »

L'empereur Guillaume, aidé de M. de Bismarck et du maréchal de Moltke, a installé à Berlin le foyer de la plus forte machine administrative et militaire que le monde ait encore connu ; il n'était pas en son pouvoir ni peut-être dans ses goûts d'en faire le centre de la vie spirituelle de la nation. L'admirable réseau de chemins de fer qui rayonne autour de cette ville n'a guère pu la transformer en une grande cité commerciale ainsi que l'est depuis long-temps Londres et ainsi que le sera de plus en plus Paris avec la Seine canalisée. Les marchandises qui autrefois ne traversaient pas Berlin n'y passent et surtout ne s'y arrêtent pas davantage ; mais ces lignes ferrées ont attiré à Berlin et le travail et l'ouvrier ; ils en ont fait une ville industrielle de premier ordre, la plus grande ville industrielle du continent. C'est sa force aujourd'hui, ce sera peut-être demain sa faiblesse et son péril.

En attendant, le trait caractéristique de Berlin, c'est la juxtaposition d'une ville administrative énorme et d'une ville industrielle plus énorme encore. Cette juxtaposition a quelque chose de heurté, d'étrange, presque de monstrueux.

CHAPITRE IV

La vie municipale [1]. Les services municipaux [2].

Berlin est à la fois le centre d'un vaste empire militaire et une immense cité industrielle, mais Berlin est aussi une « corporation municipale » dont le fonctionnement mérite notre attention. Parmi les problèmes difficiles qui abondent à cette fin du xixᵉ siècle, il faut ranger certainement l'organisation des villes géantes où notre civilisation entasse les habitants par millions. A Londres comme à Paris, on cherche sans beaucoup de succès une solution du problème ; dans la capitale de la Prusse, on estime l'avoir trouvée.

Voici une contradiction singulière : avec notre esprit généralisateur, nous confondons, en France, hameaux, villages, bourgs, villes petites et grandes, dans une notion unique : la commune, et nous imposons une même législation à toutes les communes sur le territoire entier, — à toutes, hormis une, Paris, que nous soumettons à un régime d'exception. La Prusse

1. *Le Temps*, 18 août 1887.
2. *Le Temps*, 3 et 14 septembre 1887.

a une législation particulière pour ses provinces orientales et une autre pour ses provinces
occidentales, une législation spéciale pour ses
agglomérations rurales et une autre pour ses
agglomérations urbaines ; quant à Berlin, elle
ne fait point de distinction, elle lui donne les
mêmes institutions qu'à toutes les villes de
Brandebourg, Poméranie, Silésie, n'eussent-
elles que 2.000 âmes. Comment la Prusse, qui
ne craint pas les choses compliquées et les
catégories multiples, n'a-t-elle pas ressenti la
nécessité de traiter à part la « résidence royale »,
et comment la France, qui aime tant l'uniformité, refuse-t-elle catégoriquement de voir dans
Paris une commune pareille à toutes les autres ? Les deux pays, en agissant comme ils le
font, obéissent, sans doute, à un instinct très
sûr. Je m'imagine que Montesquieu eût pris un
vif plaisir à chercher ici l'esprit de leurs lois,
mais n'étant pas Montesquieu, je me contente
de signaler cette double anomalie apparente,
et je passe outre.

Berlin a un conseil municipal. Ce n'est pas
sans hésitation que je me sers de ce terme, qui
rend assez mal l'expression allemande et peut
prêter à l'équivoque. Il faudrait dire une « assemblée des délégués de la ville », *Stadtveror-
dneten*. Ce serait bien long et bien lourd ; par-
lons plutôt comme on parle à Paris. Ce conseil
est très nombreux, puisqu'il compte cent vingt-
six membres : à proportion, nous devrions en
avoir ici deux cent vingt-cinq.

Que représentent-ils ?

Est électeur et éligible tout « bourgeois ». Peut réclamer le droit de bourgeoisie tout sujet prussien âgé de vingt-quatre ans, ayant son propre ménage (*eigenen Hausstand*), et payant depuis un an 7 fr. 50 d'impôt sur le revenu. La clause du « ménage » exclut, entre autres sujets prussiens, les ouvriers logeant en garni, et il y en a énormément à Berlin. Quant au cens de 7 fr. 50, il nous eût paru bien modéré au temps du roi Louis-Philippe. Mais, sous Louis-Phiilippe, le cens, quel qu'il fût, conférant à tous les électeurs des droits égaux, l'élection dépendait des moins riches d'entre les censitaires ; on est toujours plus nombreux au bas de l'échelle qu'au millieu et surtout que tout en haut. C'eût été un grave inconvénient aux yeux du législateur prussien. Il y a remédié en reprenant une idée de ce vieux roi Servius Tullius dont Tite-Live a fait un si grand éloge. Avant de dresser la liste des électeurs, on dresse la liste des contribuables classés d'après le chiffre de leurs contributions directes de toute nature. Cette liste, qui débute par le plus fort imposé, est divisée en trois parties égales : égales, dis-je, non par le nombre des contribuables, mais par la somme des contributions. Le premier tiers se compose d'un petit lot de millionnaires ou quasi-millionnaires ; le deuxième tiers comprend les fortunes moyennes en quantité moyenne aussi ; le dernier tiers embrasse la multitude des petits bourgeois, des artisans et ceux des ouvriers qui sont assez riches pour se mettre dans leurs meubles. Chacune de ces trois classes élit quarante-deux conseillers. Par surcroît de prudence, la loi exige que vingt et un au moins de ces quarante-deux conseillers de chaque classe soient pris parmi les propriétaires berlinois (*Hausbesitzer*). L'élection se fait publiquement; les « bourgeois », défilant devant le bureau, déclarent à haute et intelligible voix pour quels candidats ils entendent voter. Ajoutons que le conseil ainsi élu est un corps permanent qui se renouvelle par tiers tous les deux ans.

Cette loi nous apparaît comme une sorte de curiosité archéologique qui nous fait presque sourire, comme nous avons souri jadis du casque pointu. En pratique, elle assure complètement la domination de la riche bourgeoisie au conseil municipal.

Nous nous attendons, n'est-il pas vrai ? à ce que le conseil une fois réuni, désigne parmi ses membres un maire et des adjoints qui continueront à siéger dans le conseil, qui le présideront, qui seront censés expédier librement toutes les affaires de la ville, mais qui viendront forcément les discuter en séance dans les moindres détails, et à qui il ne restera qu'à donner leur démission dès qu'ils auront cessé de plaire. Ou bien nous supposons que le gouvernement, ne voulant pas abandonner à un corps élu la direction des affaires de la capitale, en chargera

un fonctionnaire à lui, un préfet qui fera l'office de maire . . . .
. . . .
. . . .
. . . .
. . . .
. . . .
. . . .
. . . .
. . . .
. . . .

A Berlin, en face du conseil municipal, corps permanent, siège un autre corps permanent, une sorte de Sénat, et ce Sénat exerce le pouvoir exécutif dans sa plénitude. On le nomme le Magistrat, au sens collectif du mot; je dirais : le collège des officiers municipaux, car ses trente-quatre membres, qui portent le titre de « conseillers de la ville », *Stadtræthe*, tiennent toutes les charges, remplissent tous les offices de la cité, en dirigent tous les services.

Le Magistrat se compose de deux éléments. Dix-sept *Stadtræthe* ne reçoivent ni traitement ni indemnité : ce sont des citoyens qui, sans renoncer à leurs occupations propres, donnent à l'administration urbaine une partie de leur journée, comme le font chez nous les maires et les adjoints. Elus par le conseil municipal, ils se renouvellent par moitié tous les trois ans. Les dix-sept autres membres du Magistrat, spécialistes de tout ordre, véritables fonctionnaires qui consacrent au service de la ville tout leur temps, sont eux aussi élus ou plutôt engagés par le conseil municipal, mais pour une période de douze années, et ils touchent un traitement. En voici les chiffres : le premier bourgmestre, président du Magistrat et représentant légal de la corporation de Berlin, 37.500 francs ; le deuxième bourgmestre ou vice-président, 12.500 francs ; le premier ingénieur, 12.500 francs ; le premier architecte 18.750 fr. ; les deux directeurs de l'enseignement, l'un 16.100 francs, l'autre 12.500 ; les deux syndics ou chefs du contentieux, 12.500 francs et 10.000 ; ceux qui ne sont pas à la tête d'un service considérable, au moins 7.500 francs, avec une augmentation périodique. S'ils ne sont pas rengagés au bout de leurs douze ans, ils ont tous droit à une pension viagère montant à la moitié de leur traitement ; au bout de vingt-quatre ans d'activité, la pension s'élève aux deux tiers. Les chiffres que j'indique ici et dont je dois la communication à un des *Stadträthe* les plus éminents n'ont rien d'immuable. Ils ne sont pas inscrits dans la loi. Lorsqu'il y a à pourvoir au poste de premier bourgmestre, par exemple, on cherche n'importe où dans le pays un homme ayant fait ses preuves d'administrateur hors ligne et on négocie avec lui ainsi que négocie un chef d'industrie qui veut s'attacher un ingénieur de grand mérite.

Tous les *Stadtræthe*, salariés comme non salariés, ont un double caractère : ils agissent individuellement dans la partie de l'administration qui leur est assignée, et, réunis, ils instituent le Magistrat qui est, je le répète, l'une des deux assemblées représentatives de la cité.

Il importe de bien se rendre compte des rapports existant entre ces deux assemblées. Le Magistrat émane tout entier du conseil municipal ; mais il n'émane pas de la majorité actuelle ; il représente les majorités anciennes ; il est formé, pour ainsi dire, de couches superposées d'âges différents parmi lesquelles les alluvions toutes récentes occupent une place très secondaire. Supposez que le conseil municipal veuille modifier profondément la composition du Magistrat. Au bout de trois ans, il renouvellera en entier la série sortante des membres non salariés, c'est-à-dire le quart de l'assemblée. Quant aux membres salariés, chaque fois que l'un d'eux achèvera sa période de douze ans, il le remplacera. La transformation se fera donc bien lentement et il n'est pas sûr du tout qu'elle se continue, car le conseil municipal, lui aussi, se modifie et avec bien plus de rapidité . . . .
. . . .
. . . .
. . . .
. . . .
. . . .
. . . .

. . . .

. . . .

. . . . Les deux assemblées représentent les mêmes intérêts, elles ont l'une et l'autre une origine purement municipale, mais elles jouissent chacune d'une existence propre et indépendante. Dès lors il faut bien qu'elles cherchent à s'entendre, d'autant plus que, par leur désaccord, elles se condamneraient réciproquement à l'impuissance.

Si l'une est chargée de l'action, l'autre exerce le contrôle.

Le Magistrat, dans ses réunions, travaille à peu près comme chez nous le conseil des ministres : il délibère sur les questions de haute administration et prend des décisions qu'il fait exécuter par ses membres ou ses agents. Les séances du conseil municipal, qui sont publiques, ressemblent à celles d'une Chambre des députés. Le Magistrat s'y fait généralement représenter par quelques-uns de ses membres. Le conseil peut les interpeller. Il peut exiger la communication de toute pièce qui l'intéresse et nommer des commissions d'enquête. Chaque année, le Magistrat lui présente un rapport détaillé de sa gestion. Ce rapport, qui est discuté solennellement dans une séance annoncée plusieurs jours à l'avance, précède le dépôt du budget soumis par le Magistrat au vote du conseil. La compétence de celui-ci, en matière municipale, n'a guère de limites ; mais celles de ses résolutions qui pour être exécutées ne sauraient se passer du concours du Magistrat (et c'est le cas de presque toutes) doivent obtenir l'approbation de ce corps, qui a parfaitement le droit de la refuser et qui en use. Le conseil municipal a cependant quelques attributions spéciales : lui seul, par exemple, prononce l'inscription comme la radiation au tableau des « bourgeois », qui est la liste électorale, et il statue sur la validité des élections.

A la tête des divers services de la ville se trouvent des membres du Magistrat, des *Stadtræthe*, salariés ou non. Ces *Stadtræthe* ne sont pas seuls, toutefois. Ils ont pour collaborer avec eux une délégation, une « députation », comme on dit à Berlin, bref un comité permanent ; il existe une « députation » pour les taxes municipales, une pour les finances en général, une pour les écoles, une pour le gaz, une pour les égouts, etc. On appelle à y siéger, à côté des *Stadtræthe*, un nombre variable de simples « bourgeois », ou bien aussi de conseillers municipaux. Et, notez-le, c'est le conseil municipal qui les appelle les uns et les autres, qui les désigne. Par leur intermédiaire, il prend donc une part très active à l'administration, mais en sous-ordre ; car ces députations ne font qu'exécuter les décisions du Magistrat, ne rendent compte de leurs actes qu'au Magistrat, n'agissent que comme étant les organes du Magistrat. C'est un peu compliqué, et en principe je trouve assez incorrecte la situation de ce pouvoir exécutif à qui ses contrôleurs imposent des agents de leur choix. On dit que Berlin ne s'en trouve pas mal. En tout cas, il obtient ce résultat excellent qu'une foule de citoyens s'occupent presque journellement des affaires de la ville.

Voici qui vaut mieux encore. A côté de ces « députations » qui administrent, on a constitué au delà de cent « commissions » diverses qui, répandues sur toute la surface de Berlin, prennent des informations, instruisent les affaires, apportent aux « députations » et au Magistrat la connaissance des faits locaux sans laquelle il n'y a pas de bonne administration. Plus de 14.000 personnes (je dis bien : quatorze mille) sont ainsi enrôlées. Celles de ces commissions qui veillent à la fréquentation des écoles ou qui visitent les indigents pour renseigner l'Assistance publique comprennent un grand nombre de femmes. A Paris, en dehors des quatre-vingts conseillers municipaux (dont aucun d'ailleurs n'est chargé d'un service particulier, ce qui les amène inévitablement à toucher à tout sans rien approfondir), il n'est pas un seul citoyen appelé ni même autorisé à prendre part aux affaires communales. Il en résulte que nous les connaissons fort peu et que nous nous en désintéressons. Si l'on trouvait le moyen de charger 25.000 citoyens (ce serait la proportion relativement à Berlin), d'une partie du travail que font sans grand enthousiasme les employés des bureaux ou qui même ne se fait pas du tout parce que des employés ne peuvent guère

l'entreprendre, l'esprit public ne tarderait pas
à s'améliorer et ce seraient peut-être bien les
noms d'hommes compétents que l'on verrait
sortir du scrutin municipal.

Les services rendus dans les commissions et
les « députations » de Berlin sont essentiellement gratuits et, de plus, strictement obligatoires. Aucun « bourgeois » ne saurait s'y sous-
traire impunément, pas plus qu'aux charges
de l'Etat, impôts ou conscription. Pendant mon
séjour à Berlin, j'eus connaissance d'une petite
affaire qui fit peu de bruit, mais qui me parut
intéressante. Un chef d'industrie désigné pour
faire partie d'une commission refusa d'y entrer, prétextant l'état de sa santé. Aussitôt le
conseil municipal nomma des experts qui eussent à examiner si cet état de santé le mettait
dans l'incapacité de suivre ses propres affaires ;
en ce cas, on admettrait la légitimité de son
refus ; dans le cas contraire, le conseil aurait à
décider de quelle peine il frapperait le réfractaire ; il pouvait, m'a-t-on dit, lui infliger une
amende s'élevant au huitième et même au quart
du montant de ses contributions communales
et suspendre pendant plusieurs années l'exercice de ses droits de bourgeoisie.

Le gouvernement laisse une très grande latitude aux autorités municipales. Ce n'est pas
qu'il soit désarmé. Il peut dissoudre le conseil.
Les membres salariés du Magistrat n'entrent
en fonctions qu'après qu'il a confirmé leur élection, et si le conseil municipal lui présentait

deux fois de suite un candidat inacceptable, il pourvoirait lui-même au poste vacant en y déléguant un commissaire. De plus, il peut frapper ces *Stadtræthe* de peines disciplinaires et même les destituer, à la suite d'une enquête qui ne leur offre ni plus ni moins de garanties qu'aux fonctionnaires royaux. Mais ces pénalités et cette menace de dissolution qui prévoient des cas exceptionnels ne portent en pratique aucune atteinte à l'indépendance municipale, et elle est vraiment très large. Ainsi, pour les impôts la ville ne peut, à la vérité, en créer de nouveaux ni modifier la base de ceux que la loi l'autorise à lever, mais elle est libre d'en fixer le taux comme bon lui semble ; en d'autres termes, empruntés à notre législation, elle statue souverainement sur le chiffre des centimes additionnels. Dans le cas d'un conflit entre les deux assemblées ou bien entre le Magistrat et le bourgmestre, — et il n'y a conflit que si l'une des parties en appelle formellement à l'autorité supérieure, — ce n'est pas généralement le pouvoir politique, le ministre, ni le préfet qui tranche la question, c'est dans beaucoup de cas un tribunal administratif dont la plus grande partie des membres sont élus par les deux assemblées elles-mêmes.

Avouons qu'il est difficile d'être plus libéral. Ceci demande même une explication.

La loi date de 1853, l'époque réactionnaire par excellence, et elle en tient par toutes ses dispositions sur le cens, sur le privilège des propriétaires d'immeubles, sur la part énorme accordée aux plus fort imposés ; mais dans ses autres parties, concernant l'organisation municipale, elle n'est qu'une nouvelle édition de la loi de 1808. En 1808, on sortait des désastres de Iéna et de Friedland. L'homme distingué qui dirigeait la politique prussienne depuis Tilsitt, le baron de Stein, voulait relever sa patrie, tombée si bas, en la dotant d'institutions qui transformassent les sujets du roi en citoyens. Assez peu enthousiaste toutefois des principes de la Révolution, il ne tenta pas de créer un Parlement, dont son maître, d'ailleurs, n'aurait guère toléré la collaboration, mais il restaura la vieille notion germanique des *franchises* ; s'il ne fit rien pour les libertés politiques, il accorda à la « corporation municipale » de Berlin, comme à celle des autres villes, des prérogatives dont la hardiesse nous étonne. Le roi Frédéric-Guillaume IV, qui avait tant de faible pour le moyen âge et le germanisme, les a respectées au moment le plus critique, et elles subsistent maintenant par la force tout au moins de l'habitude. La commune de Berlin tient donc ses franchises de l'époque où le gouvernement prussien se recueillait modestement, et sa loi électorale du temps où il écrasait durement la démocratie. Le tout produit un effet assez singulier en nos jours d'empire militaire et de suffrage universel.

Les Berlinois aiment leurs institutions, qu'ils déclarent volontiers supérieures à celles de, toutes les grandes cités d'Europe et d'Amérique. On ne peut nier qu'elles fonctionnent très bien. Mais sont-elles assurées d'une longue durée? J'ai cru m'apercevoir qu'il règne à cet égard une certaine inquiétude, si ce n'est dans la population, qui s'en préoccupe peu, du moins parmi quelques-uns des hommes les plus dévoués aux intérêts de la ville. Ils craignent que l'œuvre du baron de Stein ne soit menacée dans un avenir peu éloigné.

Ni le Magistrat, ni le conseil municipal ne font de politique, première condition pour bien gérer les affaires d'une commune; mais il est dans la nature des choses que chaque scrutin ait pourtant un caractère quelque peu politique. On vote pour tel candidat, d'abord parce qu'il a les qualités indispensables à un bon administrateur et puis aussi parce qu'il professe touchant les affaires de l'Etat les opinions qui plaisent. Dans le corps électoral tel que l'a constitué la loi réactionnaire de 1853, la majorité appartient à la bourgeoisie aisée, et cette bourgeoisie (les ministres de Frédéric-Guillaume IV ne l'avaient pas prévu), penche visiblement vers les idées progressistes. On trouve parmi les 126 conseillers municipaux quelques socialistes, car il y a des socialistes riches, et un certain nombre de conservateurs; les progressistes prédominent depuis longtemps et par conséquent ils ont introduit, en majorité, leurs amis dans le Magistrat. Ceux-ci ne paraissent pas abuser de leur pouvoir dans un intérêt de parti. Je les en ai entendu accuser une fois, il est vrai, dans un cercle très conservateur, mais l'accusation a été repoussée sur le champ comme injuste par toutes les personnes présentes. Le premier bourgmestre n'en est pas moins si bien connu lui-même pour un progressiste, donc si mal noté à la cour, malgré sa modération et son impartialité, qu'il n'a pas reçu d'invitation pour les fêtes de l'anniversaire de l'empereur. M. de Bismarck se montre ouvertement hostile aux hommes de la municipalité de Berlin. D'autre part, cette autonomie, ce gouvernement de bourgeois est en scandale à la bureaucratie actuelle, qui, de haut en bas, et surtout en haut, aspire à une centralisation aussi stricte dans les affaires civiles que dans les affaires militaires. On se plaint à l'hôtel de Ville de Berlin de quelques empiètements de cette bureaucratie ; on s'attend à d'autres encore, qui finiront un jour peut-être par une sorte de confiscation générale.

Voilà ce que l'on redoute si le gouvernement de la Prusse reste aux mains des conservateurs. Que la Prusse entre, au contraire, ainsi qu'on le souhaite bien vivement, dans la voie de la démocratie, le suffrage universel remplacera tôt ou tard les électeurs censitaires avec leurs trois classes, d'après la formule de Servius Tullius. Mais les partisans décidés du suffrage universel ne peuvent pas ne pas prévoir qu'à Berlin il enlèverait la municipalité aux pro-

gressistes pour la livrer aux socialistes. Que
feraient les socialistes de cet instrument artis-
tement compliqué où tout est si sagement équi-
libré ? Avec leurs idées simplistes, ils ne tar-
deraient guère à le mettre en pièces.

Je répète ce que l'on m'a dit, ou plutôt, ce
qu'on m'a laissé entendre. Et je comprends ces
craintes. L'avenir ne semble réserver de place
que pour le césarisme ou pour la démocratie.
Or, si le césarisme est l'ennemi des franchises
communales non moins que des libertés politiques, la démocratie n'a guère su jusqu'ici
donner aux grandes villes un organisme via-
ble . . . .
. . . . . . Chez nous on voit, par suite de
je ne sais quel maléfice, s'accroître tous les
trois ans la puissance à la fois et l'intempé-
rance d'une secte [1] que l'on dirait accourue des
antipodes même de ce Paris si gai dans ses
fantaisies, si sceptique jusque dans ses empor-
tements, si incapable de ces véhémences de
conviction qui torturent les étroites cervelles
des fanatiques. Rien ne ressemble moins à Paris que son conseil municipal, et pourtant c'est
Paris qui l'a élu et réélu. Que de mystères encore dans la démocratie ! Combien ils sont in-
quiétants ! Mais, ne l'oublions jamais, il n'est
pire faute que de désespérer de notre peuple
ou de notre siècle.

---

1. L'extrême-gauche autonomiste.

*
* *

Après avoir exposé le mécanisme passablement compliqué de la « corporation berlinoise », je voudrais montrer comment fonctionnent les divers services de la ville. S'il peut être à peu près égal à un grand nombre d'entre nous que les affaires de la commune soient gérées par un maire élu, ou par un préfet, ou par un collège d'officiers municipaux, tel que le Magistrat de Berlin, il ne leur est pas indifférent que la sécurité et la décence règnent sur la voie publique ; que les secours contre un incendie ne se fassent pas attendre ; que les rues soient tenues proprement ; qu'elles soient bien éclairées ; que le gaz arrive dans nos appartements à bas prix, et l'eau en abondance et de bonne qualité ; que des mesures d'hygiène nous mettent à l'abri des infections aussi bien que des contagions ; que nos taxes communales ne montent pas au delà d'un taux raisonnable et que l'on fasse de notre argent l'emploi le plus utile et surtout le plus économique... Pour les habitants des grandes villes, qu'ils soient riches ou pauvres, ce sont là des intérêts de tout premier ordre, supérieurs bien souvent aux questions qui passionnent le Parlement lui-même. Les Berlinois ont-ils à se plaindre ou à se louer de leurs administrateurs municipaux ? Y a-t-il pour nous, dans ce qui

se fait là-bas, des exemples à suivre et peut-
être aussi des fautes à éviter ?

La police, qui répond à la première de toutes
les nécessités dans une vaste agglomération
urbaine, n'est, à Berlin, municipale à aucun
degré et dans aucune de ses parties. L'administration de la police appartient au roi, *die
Verwaltung der Polizei von Berlin ist Kœni-
glich* ; le roi, c'est-à-dire l'Etat, en choisit tous
les fonctionnaires et agents, l'organise comme
bon lui semble, la dirige, la commande. C'est
envers l'Etat exclusivement qu'est responsable
le simple gardien ou le commissaire, ou le préfet lui-même, que l'on désigne sous le titre de
« président de la police ». A la vérité, tout
projet d'arrêté ou de règlement doit être soumis à l'appréciation du Magistrat, dont la compétence est incontestable. Ainsi, l'autre jour,
le Magistrat a été appelé par le préfet de police à délibérer sur des modifications qu'il dési-
rait apporter à la vente de la viande de cheval ; cet exemple, que je choisis exprès, montre
que les marchés eux-mêmes sont dans les attributions de la police royale. Si le Magistrat repousse le projet de règlement ou y introduit des amendements que le préfet ne veut
pas accepter, celui-ci peut porter l'affaire non
devant la justice administrative, mais devant
le gouvernement qui la tranche souverainement. Cela revient à dire que le Magistrat
donne simplement son avis, dont on peut fort

bien ne pas tenir compte. Pendant mon séjour les capitalistes se préoccupaient d'un nouveau règlement sur les constructions, bien plus rigoureux que le précédent; comme il n'était pas applicable aux terrains pour lesquels une autorisation de bâtir avait déjà été accordée, ces terrains venaient d'obtenir du coup une plus-value assez forte, au détriment des autres propriétés non bâties. On voit que ce règlement touchait à des intérêts considérables. Le Magistrat, organe de la Ville, l'avait repoussé haut la main : il n'en avait pas moins été promulgué avec cette formule assez étrange : « L'approbation du Magistrat, qui a été refusée, est suppléée (*ergænzt*) par une décision du président supérieur de la province. »

Il faut dire que si la Ville est exclue de l'administration de la police, la police n'est pas non plus à sa charge. L'Etat en est le maître, mais c'est lui qui en fait les frais. Berlin lui rembourse seulement les dépenses concernant le matériel, qui ne dépassent pas 1.300.000 fr. La contribution de Paris dans les frais de sa police est à peu près quatorze fois plus forte, puisque, tout décompté, elle s'élève à 18 millions.

Je m'entretenais de cette organisation avec un membre du Magistrat qui passe, non sans raison, pour un des plus chauds défenseurs de l'autonomie municipale ; comme je lui demandais si elle le satisfaisait : « Oui, très certainement, me répondit-il. La police, disposant d'un corps armé, rentre évidemment dans les attributions de l'Etat. Les sociétés modernes ne sauraient tolérer de force publique en dehors de celle dont dispose le représentant de l'Etat, le gouvernement. Il peut sans doute déléguer l'administration de la police, ainsi qu'il le fait dans la plupart des villes où la municipalité la gère en son nom et sous son autorité ; mais rien ne l'y oblige, et il n'a certes pas eu tort de la garder pour lui dans sa capitale. D'autre part, la capitale retirant un grand bénéfice de l'ordre qu'y fait régner la police royale, il est de toute justice qu'elle participe aux dépenses. » J'écoutais, un peu surpris et fort content. Il y a longtemps que j'envisage ainsi cette question et que ceux qui attribuent à la commune le droit souverain d'exercer sur son territoire la police ou, comme on disait autrefois, la basse justice me paraissent vouloir nous ramener aux bienheureux temps de la féodalité. On conçoit qu'il ne m'ait pas déplu de rencontrer la même manière de voir chez un autonomiste.

Le personnel de la police berlinoise comprend, outre le préfet, 6 hauts fonctionnaires, près de 400 employés dans les bureaux et les commissariats, puis un fort régiment de gardiens de la paix, *Schutzmænner*, commandé par 1 colonel, 18 capitaines, 138 lieutenants, et comprenant 3.400 sous-officiers et soldats. A Paris le corps des gardiens de la paix a bien moins d'officiers, 68, mais il se compose de 7.600 brigadiers, sous-brigadiers et gardiens.

C'est plus du double de l'effectif de Berlin, tandis que notre population n'est pas tout à fait, à celle de la capitale de la Prusse, comme 2 est à 1, mais bien comme 100 est à 56. Je ne dirai pas, quoique ce soit très vrai, que plus une ville est peuplée, plus l'œuvre de la police s'y complique et dans une proportion qui dépasse de beaucoup l'accroissement arithmétique de la population, mais je rappellerai que la préfecture de police de Paris a pour ressort tout le département de la Seine et plusieurs communes de Seine-et-Oise. L'effectif de nos gardiens de la paix n'a donc rien d'excessif auprès de celui des *Schutzmænner*, même si l'on y ajoute la garde républicaine.

Nos rues, où il y a infiniment plus de vie et de mouvement, ne me paraissent pas, en général, le céder à celles de Berlin en fait d'ordre et de sécurité. Il faut excepter sans doute les manifestations bruyantes, asssez rares du reste, que nous tolérons parce qu'elles font plus de tapage que de mal, et qu'en Prusse on supprimerait rapidement à coups de sabre. La police des mœurs opère aussi à Berlin avec plus de rigueur qu'ici ; cela ne veut pas dire que le vice ne s'y montre pas, ne s'offre pas et que, bientôt après minuit, il ne tienne pas le haut du pavé ; mais il se sent surveillé, ce qui n'est pas toujours le cas chez nous, et il comprend qu'il ne peut dépasser impunément une certaine mesure. On fait par an environ 10 à 12.000 arrestations pour la cause que j'indique,

et là-dessus les deux tiers donnent lieu à des
poursuites judiciaires. La police se montre
également impitoyable envers les mendiants ;
en 1882, elle en avait enfermé 32.800 ; ce
chiffre énorme a diminué depuis. Une répres-
sion aussi énergique suppose un mal social profond, mais elle nettoie à la surface, et c'est là
un avantage fort appréciable. Je viens de dire
qu'en général la sécurité est la même dans les
deux villes : la nuit, dans les quartiers excen-
triques, il se commet pourtant plus de crimes
à Paris qu'à Berlin ; j'en trouve la raison précisément dans le relâchement de notre police
des mœurs ; le souteneur, à qui l'autorité laisse
exercer tranquillement son ignoble métier,
n'hésite guère à y joindre le vol à main armée
et l'assassinat.

Les Berlinois aiment beaucoup à amener la
conversation sur les « horribles scandales » de
nos boulevards, chacun d'entre eux qui est
venu à Paris ayant quelque histoire un peu
grasse à raconter où le vice est toujours français, mais où l'Allemand n'apparaît pas toujours vertueux. En somme, je les crois satis-
faits de leur police, et spécialement de leur
police judiciaire. Ils la disent vigilante sans
tracasserie. Ils vantent ses progrès dans l'art
de découvrir les criminels ; nous n'en disons
pas tout à fait autant de la nôtre. Il y a peu
de temps, la leur ne trouvait les auteurs des
vols qu'une fois sur deux, à présent, si l'on
s'en fie à la statistique, c'est deux fois sur trois.

Quant à la police secrète, qui ne publie pas de statistique, que l'on ne voit pas, mais que l'on sent, tout ce que je puis dire c'est que, de l'avis unanime, elle est fort active. Les chefs des progressistes et des catholiques se savent surveillés de très près. Parmi les socialistes il y a de faux frères qui, pour gagner honnêtement leur argent, dénoncent de temps à autre quelques chefs ; mais les socialistes ont une organisation tellement serrée que, si un traître peut à la rigueur se glisser dans un de leurs petits groupes, il ne saurait guère pénétrer plus loin, jusqu'au centre de l'affiliation, où, du reste, on ne saisira jamais ni registres ni lettres : les socialistes n'écrivent pas. Quant aux étrangers, je leur conseillerai de se tenir sur leurs gardes. Je devais recevoir un journal de Paris chaque matin et souvent des lettres. Les lettres subissaient régulièrement quelques heures de retard, et, chose singulière, le journal aussi était en retard quand il y avait des lettres ; sinon, on me l'apportait dès 8 heures. Notez que le bureau de poste est à l'hôtel même. A mes réclamations réitérées on me répondait que le train de France avait manqué à Cologne la correspondance avec le train de Berlin. Je mis peu de temps à comprendre, d'autant mieux que ces matins-là, comme tous les autres, je trouvais dans les cafés le journal de Paris, qui avait été distribué à l'heure normale. Aussi, dès que, vers 8 heures, mon journal n'arrivait pas, je me disais philosophiquement : « Bon ! il y

aura des lettres pour moi entre onze heures et
midi. » Je ne me trompai pas une seule fois :
c'était réglé comme le mouvement des pla-
nètes. Cela dura deux ou trois semaines, jusqu'au moment où il fut bien établi dans l'hôtel, et peut-être ailleurs, que j'étais un homme
paisible, qui entretenait d'ailleurs des relations
avec des personnages au-dessus de toute suspi-
cion. D'après ce que j'ai entendu raconter, il
serait bien difficile à un journaliste français
de s'établir à Berlin comme correspondant politique, à moins toutefois qu'il ne se défendît
par l'insignifiance même de ses lettres. Outre
les inconvénients que l'on entrevoit, et sans
parler du péril que fait courir à tout étranger
la singulière interprétation du terme de haute
trahison qui est admise en Allemagne, ce correspondant risquerait de devenir à son insu l'organe des bureaux de la presse établis au second
étage de l'hôtel de la chancellerie. Des hommes
d'une surprenante habileté y disposent de
moyens très variés pour accréditer jusque dans
le camp ennemi leurs fausses nouvelles et même
les idées qu'il leur paraît utile de propager. Les
correspondants anglais, bien mieux protégés
que ne peuvent l'être des Français, télégra-
phient au *Times*, au *Standard*, au *Daily Tele-
graph* des renseignements qui traînent partout,
sans intérêt et sans valeur, sauf les jours où ils
s'approprient une communication qui leur arrive toute chaude de la Wilhelmstrasse ; alors,
alors seulement, il y a profit à les lire, car ils

nous apportent les échos du cabinet de M. de Bismarck ou du moins ce que M. de Bismarck veut faire passer pour les échos de son cabinet : la distinction a son importance.

Mais la police royale m'a entraîné bien loin des services municipaux. J'y reviens. Pas tout de suite pourtant.

Le sage autonomiste qui prenait si facilement son parti de voir la police soustraite à l'action du Magistrat se plaignait au contraire à moi avec amertume de ce que le gouvernement avait enlevé aux représentants de la Ville l'organisation des secours contre l'incendie. « Le prétexte que l'on a mis en avant pour justifier cette usurpation de l'Etat, me disait-il, était même des plus blessants pour nous : on prétendait que nous serions incapables de maintenir une discipline sévère parmi nos sapeurs-pompiers ! » Quoi qu'il en soit, le service des incendies est à Berlin, comme à Paris, dans les attributions du préfet de police. Mais il y a cette différence qu'à Paris le corps des sapeurs-papiers est un régiment faisant partie de l'armée ; qu'il se compose par conséquent de soldats en activité qui, au besoin, redeviendraient des combattants ; que ses officiers sont des militaires et non des spécialistes : aussi leur brave colonel pouvait-il dire l'autre jour qu'avant sa nomination il ne savait pas un mot de son service. A Berlin, au contraire, les sapeurs-pompiers sont un corps entièrement civil, qui se recrute parmi les ouvriers spéciaux ayant

satisfait à la loi militaire, et qui a pour chef des
architectes et des ingénieurs. Au lieu de l'uniforme guerrier des nôtres, ils portent un costume qui les fait ressembler quelque peu, je
dois le dire, à des ramoneurs ; il pourrait bien
n'en être que plus avantageux dans leur rude
profession. Ils sont tenus très sévèrement, mais,
comme ce sont des engagés volontaires, la puni-
tion suprême ne peut consister que dans le ren-
voi du corps. Il est donc indispensable qu'ils
s'y trouvent bien.

L'effectif s'élève pour les sapeurs et sous-
officiers au chiffre de 573 avec 10 officiers. A
Paris, nous comptons 51 officiers et 1.693 ser-
gents, caporaux et sapeurs. C'est à très peu de
chose près le triple.

Notre service (personnel et matériel) nous
coûte néanmoins à peu près juste la même
somme que le service berlinois : ici, 2.200.000 fr. ;
là, 2.100.000. On s'étonne au premier abord de
ne rencontrer qu'une différence aussi insignifiante quand, en général, nos dépenses sont,
pour un même personnel, notablement plus
fortes que chez nos voisins. Un peu de réflexion
donne l'explication de cette anomalie. Le soldat se contente très volontiers d'une haute
paye de quelques sous pour passer d'un régiment de ligne au corps des sapeurs-pompiers
de Paris. L'ouvrier, au contraire, ne s'engage,
ne renonce à sa liberté que si on lui offre un
salaire supérieur à celui de l'atelier. Un corps
de sapeurs-pompiers civil (je parle, bien en-

tendu, d'un corps permanent, toujours en fonctions), coûtera nécessairement beaucoup plus cher qu'un corps militaire. Ceux de nos conseillers municipaux qui parlent de remplacer notre régiment par un corps civil peuvent avoir raison en principe, mais ils feront bien d'étudier les ressources du budget de la Ville avant d'opérer cette réforme ; il leur faudrait quatre à six millions au lieu de deux.

L'éloge des pompiers de Berlin n'est plus à faire. Ils passent généralement pour les premiers de toute l'Europe. Leur matériel, qui est excellent, ne vaut peut-être pas mieux que le nôtre, mais ils l'ont acquis bien avant nous, et ils se montrent prêts à accepter toute innovation utile. C'est ainsi qu'avec leurs pompes à vapeur ils lancent, au début de l'incendie, de l'acide carbonique comprimé en attendant la mise sous pression. L'effet, me dit-on, est surprenant. On vante la rapidité de leur apparition sur le lieu du sinistre, et puis l'entente avec laquelle ils attaquent l'ennemi. Ceci est le fait de leurs chefs, qui ont étudié la lutte contre le feu comme les officiers de l'état-major étudient sous M. de Moltke la guerre contre la France ou la Russie, d'après des principes rationnels, scientifiques, sans se fier à l'improvisation du commandement, ni à l'éla i de l'exécution sur le champ de bataille. Je les ai vus éteindre un immense incendie qui avait éclaté dans les étages supérieurs d'un des grands hôtels près de la gare centrale : c'était merveil-

leux de précision. Les habitants de l'hôtel té-
moignaient d'ailleurs d'une telle confiance que
le service des chambres aux étages inférieurs
et de la cuisine au rez-de-chaussée fut à peine
interrompu pendant le combat, qui dura cependant plusieurs heures. Le soir on se pres-
sait dans la salle du restaurant. Quant à la
rapidité avec laquelle les sapeurs-pompiers
accourent au danger (en moyenne moins de
dix minutes et très rarement plus de douze
minutes — temps réglementaire — après que
le feu est signalé), cette rapidité tient à l'intelligente distribution des dépôts et corps de garde
et surtout à l'emploi continuel du télégraphe,
qui, étant commun à la police et au service des
incendies, relie entre elles une foule de stations.
C'est de six à sept cents dépêches qui s'échan-
gent par jour. Tout se centralise ainsi dans le
cabinet du préfet de police : aucune arrestation
ne se fait sans qu'il en soit averti instantané-
ment, aucun feu de cheminée n'éclate sans qu'il
l'apprenne et qu'il apprenne en même temps
si le poste de sapeurs-pompiers le plus proche
a fait le nécessaire. L'œil du maître est partout ;
on le sait et on agit en conséquence. J'ai été
plus d'une fois sur le point de trouver que ce
zèle des pompiers dépassait la mesure. Me promenant dans la rue, il m'arrivait de les voir
accourir avec une ou deux pompes à vapeur et
un vaste matériel ; ils hésitaient entre deux ou
trois maisons, le numéro précis ne leur ayant
pas été télégraphié et rien, ni dans les maisons,

ni alentour, ne trahissant le moindre danger :
point de fumée, point d'émotion chez les habitants. Que se passait-il ? Un rideau avait pris
feu, une cheminée avait flambé, un tuyau de
gaz avait éclaté. Fallait-il donc mettre en mouvement une aussi lourde machine ? Un baquet
d'eau avait peut-être déjà remédié au mal. Oui.
Peut-être. A l'Opéra-Comique aussi, il eût suffi
de quelques litres d'eau lancés au bon endroit.
Mais souvent l'eau fait défaut, ou bien l'homme
de sang-froid qui l'aurait lancée. En matière
d'incendie, on a absolument tort de prétendre
que trop de précaution nuit.

Un détail encore. J'ai dit que la Ville de
Berlin verse, pour ce service, à la préfecture
de police une somme d'environ 2.100.000 francs.
Il est bon d'ajouter que le quart à peu près de
cette somme provient d'une subvention de la
Société urbaine contre l'incendie. C'est une société d'assurances mutuelles et obligatoires
entre tous les propriétaires de Berlin. Elle n'assure que les bâtiments, mais tout bâtiment est
inscrit d'office sur ses registres. On comprend
l'intérêt qu'elle prend à une bonne organisation du service d'incendie ; aussi lui consacre-
t-elle environ le tiers de ses revenus. La prime
d'assurances, qui varie suivant les indemnités
à payer, est généralement pour les risques
simples de cinq ou six pour dix mille. A Paris,
il existe aussi une mutualité, mais elle n'est
pas obligatoire et elle se désintéresse de la
lutte contre le feu.

Et maintenant, passons aux services vraiment municipaux.

*
* *

Berlin remplit toute la largeur de la vallée de la Sprée, dépression presque imperceptible de la plaine allemande. Le fond de la vallée est lui-même parfaitement plat, si bien qu'entre le point le plus bas de la ville et le point le plus élevé, il existe au plus une différence d'altitude de six mètres. A une profondeur souvent moindre que la taille moyenne d'un homme s'étale au-dessous du sol, entre les grains de sable et les infusoires, qui abondent, une nappe d'eau qui baisse en automne pour remonter en hiver. Cette proximité des eaux souterraines exposées à recevoir toutes les impuretés à travers un terrain extrêmement perméable, cette absence presque complète de pente constituent pour une grande cité de détestables conditions hygiéniques. La capitale de la Prusse a mérité longtemps la réputation de localité malsaine, et maintenant encore, après des travaux fort bien entendus, la mortalité y est très supérieure à ce qu'elle est à Paris : en prenant la moyenne de dix années, on trouve que, sur dix mille habitants, il en meurt annuellement vingt-cinq à Paris et trente à Berlin.

Il ne pouvait être question d'y établir, comme chez nous, un immense réseau d'égouts en maçonnerie à haute et large section, où les liquides s'écoulent comme dans une rivière et que des chasses d'eau suffisent à peu près à nettoyer. La municipalité berlinoise y a substitué une « canalisation » (on se sert du terme français) qui se compose essentiellement de tuyaux en grès et qui se ramifie à l'infini pour communiquer avec chaque maison. Tout y aboutit, tout va à l'égout, tout. Des pompes puissantes installées çà et là font constamment le vide dans les tuyaux, attirent la masse liquide, et puis l'envoient sans cesse dans des dépotoires placés au loin en pleine campagne. C'est un drainage pneumatique. Le voyage des matières est rapide, s'il est vrai, comme on me l'a raconté, qu'il dure moins d'une heure, quel que soit, dans Berlin, le point de départ. Rien de malpropre et de malsain ne peut donc séjourner dans la canalisation.

Il faut des années pour installer un pareil drainage. La municipalité y travaille avec un zèle que l'on pourrait dire passionné et qui montre bien la ferme résolution de remédier, sans retard et à tout prix, au danger provenant de l'excessive horizontalité de la ville. On y a déjà consacré près de 100 millions de francs, qu'il a fallu emprunter. Si je ne me trompe, c'est le point faible des finances municipales, car les taxes que l'on fait payer très justement aux propriétaires dont les immeubles sont en communication avec les drains ne montent guère qu'à 2 millions, et il y a lieu d'en défalquer plus du tiers pour l'entretien passablement coûteux des « canaux ». Les arrérages et l'amortissement de l'emprunt retombent donc sur le budget général, c'est-à-dire sur le contribuable. Nous en sommes là du reste à Paris, et dans des proportions plus défavorables qu'à Berlin. Notre réseau d'égout a coûté infiniment plus cher ; il nous rend, à certains égards, moins de services ; il rapporte à la Ville une somme annuelle encore plus insignifiante. Mais quoi ! pour notre génération, la première qui ait compris l'importance incalculable de l'hygiène, il n'est point de dépenses présentant au même degré les caractères de l'urgence comme de la nécessité. On y songeait si peu autrefois, que nous avons eu presque tout à faire ou à refaire.

Le système adopté à Berlin paraît bien être le meilleur, le seul même, que l'on ait pu y introduire. Il ne m'appartient pas de dire s'il conviendrait de se l'approprier ailleurs. Ce que je puis affirmer, c'est qu'il supprime bien mieux que le nôtre les mauvaises odeurs dans les maisons et que l'on ne respire pas là-bas dans les rues les odieuses émanations ammoniacales que nous devons aux usines chargées de transformer chimiquement la matière en question.

Mais où vont, à Berlin, les eaux d'égouts ? Comment les utilise-t-on, comment les détruit-on, une fois qu'elles ont été amenées dans les dépotoirs ? On emploie les mêmes procédés qu'à Gennevilliers : l'irrigation et l'oxydation dans le sol poreux. Seulement, les propriétaires de la banlieue ne paraissant guère disposés à se servir de ces eaux, la Ville a acheté aux environs, vers le Nord et vers le Sud, six grands domaines couvrant 53 kilomètres carrés, où elle essaie la culture intensive. Comme on en est encore aux débuts, il est difficile de dire si elle réussira ; en d'autres termes, si elle retirera de cette culture des bénéfices sérieux sans nuire à la santé de ses ouvriers agricoles. Car ce sont bien des ouvriers qu'elle y entretient, non des fermiers ; elle entend gérer elle-même ses terres.

Il y a là un trait à signaler dans les habitudes administratives de la municipalité de Berlin et, je puis ajouter, du gouvernement prussien. Tandis qu'en France nous répugnons à transformer la commune ou l'Etat en industriel, on se plaît à le faire sur les bords de la Sprée.

Nous concédons nos chemins de fer à des compagnies, dont les intérêts, il est vrai, finissent par s'enchevêtrer si bien avec ceux du ministère des finances, qu'il n'y a plus moyen de distinguer entre leur budget et celui de l'Etat ; sans doute, mais du moins les chemins de fer ne seront pas exploités par l'Etat. En Allemagne, l'Etat rachète une ligne de chemin de fer après l'autre et l'exploite.

A Paris, une compagnie a le monopole du gaz ; elle partage, à la vérité, ses profits avec la commune, de sorte que la commune se trouve avoir des intérêts opposés à ceux des consommateurs : oui, mais du moins la commune ne vend pas le gaz elle-même. A Berlin (on le verra tout à l'heure), elle le fabrique et le vend.

A Gennevilliers, la Ville de Paris met en location le champ qu'elle possède ; dans sa banlieue, Berlin établit un formidable train de culture.

Il se peut très bien que l'on ait raison là-bas et que nous n'ayons pas tort ici, et que cette différence tienne à la diversité des aptitudes et à l'idée que, de part et d'autre, on se fait de l'activité d'un fonctionnaire public. En tout cas, les membres de la municipalité de Berlin trouvent du plaisir à administrer les terres et les usines de la ville et ils le font avec tout le soin voulu. Ce sont d'excellents régisseurs. Je me figure même que l'attrait qu'ils ressentent pour les « députations » ou commissions permanentes provient précisément de ce genre de travaux dont elles sont chargées.

On désigne ces sortes d'entreprises industrielles de la Ville sous le nom de *Werke*, mot qui signifie « œuvres ». Chaque « œuvre » ayant sa caisse propre peut disposer de l'argent qui y entre. Un exemple que je prends non dans le budget de la Ville, mais dans celui de l'Etat, montrera ce qu'un pareil système peut avoir quelquefois d'avantageux. A Berlin, le service qui correspond à notre Dépôt des cartes au ministère de la guerre fait le

commerce de ses publications, et a le droit
d'encaisser et d'employer le produit de ce commerce. Notre Dépôt de cartes, à nous, vend
aussi ses publications, mais le produit en est
versé au ministère des finances, pour s'y
perdre comme une goutte d'eau dans les
trois milliards de recettes. Avec une même
somme inscrite au budget, notre Dépôt est
donc bien plus pauvre que celui de Berlin. Di-
rez-vous que rien ne serait plus facile que
d'augmenter son allocation budgétaire d'un
chiffre égal au produit de la vente des cartes ?
Eh ! non, ce n'est pas facile : ce produit a si
bien disparu que personne n'y croit et que
l'augmentation du crédit paraîtrait un acte de
folle prodigalité. En matière de finances, on
veut voir pour croire. Celui d'ailleurs qui, ayant
vendu, garde l'argent, apporte un peu plus de
zèle à son commerce que celui qui doit verser
l'argent dans une caisse dont il n'apercevra
jamais le fond.

Ici encore je ne dis pas: « hâtons-nous d'imi-
ter ! » car cette méthode a bien aussi ses inconvénients : une extrême complication des écri-
tures, une accumulation de doubles emplois
dans ce budget ; mais j'essaye de mettre en re-
lief ce qui fait que les Allemands la préfèrent
à la nôtre, mon but étant tout simplement de
contribuer, pour ma faible part, à expliquer les
Allemands aux Français : on ne connaît vraiment que ce que l'on comprend.

Les Berlinois administrent donc leurs *Werke*

comme un capitaliste ses terres, ses usines, s'il en possède plusieurs, chacune ayant sa comptabilité spéciale qui viendra ensuite figurer par ses résultats dans la comptabilité générale de la fortune de ce capitaliste.

Enlever les eaux souillées, c'est bien ; mais il faut aussi fournir aux habitants l'eau potable en abondance. Depuis qu'on a établi la « canalisation », la nappe souterraine est redevenue, en bien des endroits, propre aux usages domestiques : elle n'est pas stagnante, car elle s'écoule lentement par son trop plein, la Sprée ; elle est inépuisable ; elle se filtre sans cesse à travers le sable. Dans les parties où le sable lui-même est de nature saine, l'eau des puits ne laisse guère à désirer. J'en ai bu d'excellente au *Pariser Platz*, à côté du Thiergarten ; j'en ai bu de très bonne à deux kilomètres de là, dans l'intérieur de la ville ; mais, à quelques pas du puits où on avait pris celle-ci, il y a un autre puits dont l'eau ne vaut rien. Pour bien des raisons, d'ailleurs, une grande cité ne saurait se contenter d'un système aussi rudimentaire. La municipalité berlinoise l'a compris, et elle a créé un service des eaux que, bien entendu, elle exploite elle-même directement. De sources, il n'y en a pas dans les environs, et, vu le peu de pente de la plaine, il serait difficile d'en amener de loin par dérivation. Il a fallu puiser à une faible distance dans les rivières et les lacs, qui ne sont pas autre chose que la nappe souterraine mise à nu et qui ont malheureusement une température très inconstante. Des machines élévatoires font arriver l'eau dans toutes les maisons abonnées, et presque toutes le sont. On n'a pas creusé de puits artésiens. La part quotidienne de chaque habitant monte à 60 litres, ce qui est extrêmement peu ; à Paris, on nous compte 250 litres et nous trouvons à juste titre cette ration insuffisante. Il est vrai qu'à Berlin on a la ressource des puits particuliers. Il est vrai surtout que les 60 litres que la municipalité fournit aux habitants leur sont livrés à domicile presque en entier ; et qu'elle en garde une très petite quantité pour les services publics, tandis que nos 250 litres servent en bonne partie à arroser la voie publique et à nettoyer les égouts. Voilà précisément l'infériorité de la capitale de la Prusse : elle n'a, pour ainsi dire, pas d'eau pour ses rues [1].

On les balaie la nuit ; celles qui sont en asphalte sont propres, les autres beaucoup moins, ne fût-ce que parce qu'elles sont assez mal pavées, l'avenue des Tilleuls par exemple ; mais on ne les lave les unes ni les autres. Il n'y a pas de ruisseau le long des trottoirs. Vous savez comment nous nous débarrassons de la neige : après l'avoir mise en fusion en y semant du sel, nos cantonniers la délayent au moyen de la lance, et il ne faut plus qu'un léger effort pour la pousser dans les bouches d'égout. Rien de tout cela ne peut se faire à

---

1. On sait qu'elle a depuis remédié à cet inconvénient.

Berlin. Quand j'y suis arrivé en janvier, il restait sur bien des points une neige durcie par le froid et le piétinement des passants et des chevaux. Le dégel étant survenu brusquement, cette masse solide se changea en une bouillie glacée qu'on enleva en la chargeant dans des tombereaux, parce qu'elle aurait engorgé les drains. C'est un peu primitif. En été, on ne connaît d'autre moyen d'arrosage que le tonneau ; aussi je ne doute pas qu'elles n'aient raison, les personnes qui m'ont assuré que leur ville devient inhabitable dès que commencent les chaleurs. Ajoutez que le climat de Berlin est un peu moins pluvieux que le nôtre ; raison de plus pour arroser. Il faudrait que la municipalité doublât, triplât le nombre de ses machines élévatoires. Comme son service des eaux ainsi développé ne lui rapporterait pas un pfennig de plus qu'à présent, et qu'elle est habituée à se placer au point de vue industriel, elle se résoudra difficilement à un tel sacrifice. Le service des eaux lui donne un bénéfice net d'un peu moins de 4 millions ; la ville de Paris retire de sa « régie intéressée » 7 millions et demi ; mais Paris a engagé des sommes beaucoup plus considérables que Berlin dans les frais de premier établissement, et je ne tiens compte de ces frais ni pour Paris ni pour Berlin.

La municipalité berlinoise possède et exploite quatre usines à gaz. Il existe, à côté, une Compagnie anglaise qui jouit du monopole dans certains quartiers, et qui, en échange, verse dans la caisse de la ville environ un demi-million de francs par an. Presque tout l'éclairage public et 75 °/₀ de l'éclairage particulier sont fournis par les usines municipales. L'avantage que la Ville retire de son entreprise, c'est que le gaz qu'elle consomme ne lui coûte rien et qu'elle réalise, en outre, un bénéfice de 6 millions après avoir défalqué près de 2 millions pour les arrérages et l'amortissement du capital. Si l'on tient compte de tous les éléments de la question, on verra que la Ville de Paris, qui n'a fait aucune dépense d'installation, reçoit gratuitement, elle aussi, le gaz qu'elle consomme et en plus une douzaine de millions net. Ce chiffre est en rapport avec celui de Berlin ; seulement les particuliers n'y payent le mètre cube que 20 centimes et nous le payons 30. A la vérité, nos voies publiques sont éclairées par trois fois plus de becs, ce qui dépasse fortement la proportion des deux populations et surtout celle de la superficie des deux villes. Les rues de Berlin, si larges, si spacieuses, paraissent, en effet, à l'exception de certains points favorisés, bien sombres auprès des nôtres.

Je pourrais citer, encore parmi les entreprises de la municipalité berlinoise, les marchés, les halles, l'abattoir, etc. Toutes ces œuvres sont pour la commune une source de revenus. Quand la Ville procède à une de ces créations, elle fait nécessairement un emprunt, mais elle l'inscrit au passif de l' « œuvre » dont la caisse

devra lui verser chaque année les sommes nécessaires aux intérêts et à l'amortissement. Si
la caisse de l' « œuvre » ne le peut, si l'affaire
ne réussit pas, industriellement parlant, comme
c'est le cas pour la canalisation, il va sans dire
que la Ville doit combler le déficit, puisque
c'est elle qui est responsable devant les créan-
ciers. Nous sommes donc en présence d'une
simple fiction, mais cette fiction a pour but et
pour effet de mettre la réalité des choses en
pleine lumière. Le « bourgeois » de Berlin voit
d'un coup d'œil si ses représentants font de ses
deniers un emploi productif ; il le voit pour
chaque « œuvre » ; il sait parfaitement celles
qui sont une bonne affaire et celles qui pèse-
ront plus ou moins lourdement sur le budget
et par conséquent sur lui. Avec un pareil système de comptabilité les dépenses de luxe
deviennent presque impossibles, car, pour peu
qu'elles se répétassent, l'opinion publique, étant
avertie, ne manquerait pas de les condamner.
Sur la dette totale de la Ville, qui s'élève à
environ 200 millions de francs, il n'y a guère
qu'une douzaine de millions non répartis entre
les diverses « œuvres » et incombant directement à la caisse centrale de la commune. A
Paris, nous saurons dans quelques semaines à
quel usage notre conseil municipal destine son
nouvel emprunt ; mais quand les fonds seront
dépensés, rien ne nous en rappellera plus l'emploi. Qui de nous, simples contribuables, qui,
même parmi nos conseillers, serait en état de

dire combien de millions nous avons déjà dépensés pour les eaux, pour les halles, pour les égouts, etc. ?

Si nous jetons maintenant un regard sur le budget général des deux villes, nous voyons les divers services municipaux dotés de part et d'autre dans des proportions qui ne diffèrent pas beaucoup. Retranchant ici et là le service de la dette, ainsi que les contributions de la Ville à l'Etat pour la police et les sapeurs-pompiers, je trouve que Berlin consacre à ses dépenses ordinaires 65 millions de francs et Paris 127. Là-dessus, l'assistance publique entre pour 10 millions à Berlin, 21 millions à Paris ; l'instruction publique pour 10 millions dans la capitale de la Prusse, 25 millions et demi chez nous ; les cultes pour 3.402 fr. 50 là-bas, 14.055 francs. ici, etc. J'attire l'attention de mes lecteurs sur les deux derniers articles. Que de fois on a reproché à notre conseil municipal sa parcimonie à l'égard de l'Eglise, sa prodigalité envers l'école : la municipalité berlinoise, on le voit, n'agit pas autrement. Il est vrai qu'outre les frais réguliers du culte qu'elle prend à sa charge et que j'ai cités, elle accorde parfois une subvention pour la reconstruction d'un édifice religieux ; ainsi en 1885 une somme de 15.000 marks. Quant aux édifices scolaires qui, ni à Paris ni à Berlin ne sont compris dans les dépenses pour l'instruction publique, Berlin n'a eu longtemps que de vieilles maisons aussi incommodes que laides. Le meilleur et le plus grand de ses gymnases ou lycées, au centre de la ville, le *Friedrich-Wilhelms Gymnasium* m'épouvanta quand je le visitai. C'est un établissement royal sans doute, mais la plupart des écoles communales ne valent pas mieux. Depuis quelque temps, toutefois, on est entré dans une voie bien différente. Ainsi j'ai parcouru un splendide groupe scolaire à l'extrémité sud de Berlin, au delà du faubourg ; c'est immense : d'un côté les filles, de l'autre les garçons ; dans une cour très vaste un bâtiment isolé servant de salle de gymnastique, à tour de rôle, pour les deux sexes. L'ensemble, en briques rouges, a fort bon air, et je ne sais rien à Paris qui soit plus riche, plus grand ni plus beau. Voilà donc Berlin, capitale d'une monarchie pourtant, qui se met à construire des « palais scolaires » !

Un mot sur les revenus des deux communes. Des 260 millions qu'il nous faut à l'ordinaire, nous en demandons 138 à l'octroi et 33 à l'impôt direct sous forme de centimes additionnels. Berlin n'a pas d'octroi ou pour mieux dire n'en a plus et fait rendre à l'impôt direct la même somme que nous, soit 33 millions (impôt sur le revenu, sur les loyers, sur les propriétés bâties). Ce n'est pas la moitié de ses recettes, qui s'élèvent à un total de 77 millions. Le surplus provient de sources multiples, et notamment du produit des « œuvres ».

Mais la différence essentielle entre les deux cités, il faut la chercher dans la comparaison

des deux dettes. Là, 200 millions, ai-je dit ;
ici, 2 milliards. Là, il suffit de 12 à 13 millions pour payer les intérêts et amortir rapidement ; ici nous consacrons à notre dette
106 millions par an et l'on nous fait espérer
qu'en l'an 1972 nous ne devrons plus rien, —
plus rien que le nouvel emprunt qui se con-
tracte en ce moment. Je sais bien que la moitié
de cette dette remonte à l'empire et à l'année
terrible, dont il est responsable. Je sais également que Paris est une vieille ville qu'il a
bien fallu et qu'il faut encore reconstruire en
partie, et qu'on ne peut la doter de services
indispensables qu'en les payant bien plus cher
que dans les villes nouvelles, où le terrain est
relativement bon marché .   .   .   .

.   .   .   .

.   .   .   . Le Magistrat de la capitale de la Prusse fait preuve parfois d'un peu
de mesquinerie, car il ne donne pas volontiers
un thaler avant d'avoir calculé en combien
d'années, de mois et de jours il rentrera en
possession de ce capital ; c'est là son   .   .   .
défaut, qui doit sembler du reste à ses électeurs
fort pardonnable, et on ne saurait lui reprocher
ni de fuir le progrès, ...
.   .   .   .   .   . ni de se laisser effrayer par les
anathèmes des docteurs en économie politique.

CHAPITRE V.

**La cour... Le prince Guillaume... Le Kron-
prinz... La princesse royale... Les habitudes
d'économie des Hohenzollern[1].**

Il existe dans la capitale de la Prusse trois
sociétés distinctes et même entièrement séparées : la cour, la bourgeoisie, le monde juif.
On pourrait presque dire trois castes. Et je
laisse de côté les petits boutiquiers et les artisans ainsi que les ouvriers, deux groupes bien
distincts aussi .

La cour se compose d'environ six cents nobles
prussiens, auxquels il faut ajouter deux cents
étrangers appartenant presque tous au corps
diplomatique. Ces huit cents privilégiés, hommes et femmes, ne fraient point avec le reste
du monde, artistes, savants, banquiers, industriels, mais ils sont en communication constante avec les officiers de la garnison, qui faisant partie de la garde, sortent de la vieille
noblesse. J'ai déjà dit que certaines localités
sont *hœfig*, c'est-à-dire peuvent être fréquentées

1. *Le Temps*, 20 septembre 1887.

par la cour, et que d'autres ne le sont pas :
on les reconnaît sur-le-champ, à la présence
ou à l'absence de l'uniforme. Est *hœfig* la *Conditorei* près de « la Passage », n'est pas *hœfig*
« la Passage » elle-même. Distinction pareille
pour le tramway et l'omnibus, pour le fiacre
de 1re classe et de 2e classe, pour le patinage
au *Seepark* et à « l'île Rousseau », deux bassins du Thiergarten. Je pourrais multiplier ces
exemples qui prouvent la préoccupation constante de ne point se mêler à la bourgeoisie.

Un banquier israélite, qui fait sonner très
haut l'intimité, réelle assurément, de ses relations avec M. de Bismarck, est reçu à la cour
parce qu'il a été anobli ; on lui donne même,.
par courtoisie, le titre de baron, auquel il
n'a aucun droit. Mais l'empereur ne le reçoit
pas les jours de grande réunion : l'aristocratie,
qui a le nom juif en horreur, ne manquerait
pas de tourner le dos au richissime banquier
et, d'un autre côté, celui-ci s'offusquerait de
voir le moindre sous-lieutenant, un vrai meurt-
de-faim, prendre le pas sur lui. On compose
donc, les soirs où l'on invite le puissant ma-
nieur de millions, une société toute spéciale,
à son usage particulier, comprenant de très
beaux noms sans doute, mais exclusivement
des personnages à qui il a eu l'occasion de rendre des services d'un certain ordre. Quand
M. de Bismarck veut venir à l'aide de quelque
ami dans l'embarras ou se concilier quelque
adversaire qu'il sait dans la gêne, il le recom-

mande, en effet, à son voisin, le banquier juif, et celui-ci, sans bourse délier, les tire aisément de peine au moyen de participations dans ses opérations de bourse. Le baron compte ainsi beaucoup d'obligés dans les hauts rangs de la noblesse prussienne, et cela se conçoit puisque les revenus de cette noblesse diminuent d'année en année et qu'elle prend de plus en plus les goûts dépensiers qui marquent cette seconde moitié du dix-neuvième siècle.

Le banquier baron fait donc partie de la cour. Il ne risque pas d'y rencontrer les savants illustres dont les travaux constituent encore la gloire la plus solide de l'Allemagne : ces petites gens ne songent même pas à s'y glisser, comme le firent chez nous, du temps de Louis XIV, Racine et Boileau, et à Potsdam, du temps de Frédéric II, Voltaire, La Mettrie et tant d'autres. La barrière est devenue infranchissable, ne s'abaissant devant aucun bourgeois; si ce n'est quelques hauts fonctionnaires rigoureusement classés. Une seule fois par an, la cour se mêle avec le reste du monde, en janvier, au bal de l'Opéra. Tout Berlin s'y précipite pour assister à la « Polonaise » qui ouvre le bal, long défilé de l'aristocratie, la famille royale en tête. Cette année-ci la foule était si compacte que la « Polonaise » ne put s'organiser qu'à grand'peine.

La haute société prussienne a été décrite récemment dans des articles de la *Nouvelle Revue* qui ont fait grand bruit.

On n'a pas cessé d'en parler à Berlin. Je crois résumer l'opinion générale, en disant que les médisances du comte Vasili défient, à peu d'exceptions près, toute réfutation, mais qu'inspirées par un esprit des plus vindicatifs, elles manquent absolument de mesure et d'équité. Qui se cache derrière ce pseudonyme ? C'est avec un véritable acharnement qu'à Berlin on a attribué les lettres de Vasili à un jeune Français qui, après avoir vu de très près la cour de Prusse, est entré dans le corps diplomatique de France. S'il ne les a pas écrites, disait-on, il en a du moins fourni les éléments. Il me paraît qu'on est un peu revenu de cette supposition et que l'on penche maintenant à admettre la nationalité russe du fameux comte. En m'exprimant ainsi, je n'entends pas du tout me prononcer moi-même, je cherche seulement à dégager la moyenne, en quelque sorte, de ce qui m'en a été dit, et l'on m'en a souvent entretenu. On espérait, je crois, qu'en ma qualité de journaliste parisien je pourrais éclairer de quelque lumière nouvelle cette question si ardemment controversée : je l'eusse pu que je me serais bien gardé de le faire.

Parmi les jugements décidément faux du comte Vasili, on m'a cité à maintes reprises celui qu'il porte sur le petit-fils de l'empereur, le prince Guillaume[1]. Il le représente comme un homme des mieux doués, ce qui semble peu

---

1. Le futur Guillaume II.

exact, et comme ayant des mœurs légères, ce que
tout le monde dément. Adoré des très jeunes
officiers, à qui plaisent sa raideur, sa rudesse et
son vif désir de faire la guerre, le prince Guillaume pourrait bien n'avoir pas toute la sympathie des vieux généraux et il ne jouit certes
pas d'une grande popularité en dehors de l'armée. Mais aussi il ne se donne guère de peine
pour la conquérir.

Me trouvant un soir à la gare de Potsdam,
après une longue course dans les parcs et les
palais, je m'aperçus bientôt que notre train
devait emmener quelque haut personnage, une
princesse probablement, à en juger d'après les
préparatifs. A l'heure fixée pour le départ, on
fait monter tous les voyageurs, et nous attendons; nous attendons bien cinq minutes. Notre
train se trouvait sur la seconde voie ; pour y
arriver, il fallait donc traverser la première.
Des ouvriers y jettent un pont, le recouvrent
d'un tapis ainsi qu'un escalier mobile qu'ils appliquent devant la portière d'un wagon. Enfin
un jeune officier apparaît, marchant comme un
automate, les bras collés contre le corps ; il
rend à peine avec dédain le salut cérémonieux
du chef de gare et de quelques autres personnes, franchit le pont et gravit l'escalier mobile,
suivi d'un aide de camp, un homme superbe,
soit dit en passant. Cet officier c'était « prinz
Wilhelm ». Il me revenait à la mémoire certaines circonstances où j'avais vu jadis en public
les jeunes fils de Louis-Philippe (car je suis de

cette génération-là), et je ne pouvais m'empêcher d'établir une comparaison qui n'était nullement à l'avantage de l'héritier de l'empire germanique. Il y a chez ce jeune homme autre chose que l'orgueil du rang ; l'observateur tant soit peu perspicace démêle aisément chez lui une infatuation personnelle qui dépasse de beaucoup la mesure commune. Et assis dans le wagon touchant au sien, je me demandais si l'histoire vérifiera à son égard un proverbe allemand qui hantait mon cerveau et qui signifie que toute catastrophe a pour avant-coureur la présomption. Ce sont les Charles XII qui ruinent l'œuvre des Gustave-Adolphe.

A mon grand étonnement, le père lui-même, le Kronprinz, « notre Fritz », ne semble pas être populaire non plus. C'est comme si le glorieux aïeul avait absorbé à lui seul tout le culte monarchique. Dans une réunion où il n'y avait que des nobles, je l'ai entendu juger avec une extrême sévérité, et ailleurs on en parlait avec bien de l'indifférence. On lui reproche son peu de libéralité, que justifie, je crois, sa situation de fortune. On lui reproche aussi, et c'est ce qui m'a surpris, de se complaire à remettre les gens à leur place. Rencontrant un officier qui avait suivi notre expédition en Tunisie, il lui dit sur un ton un peu goguenard : « Je ne doute pas que vous n'ayez tué beaucoup de lions. — Pardon, monseigneur, répond l'officier en souriant, la chasse était fermée. » (L'expression allemande est plus pittoresque : Nous étions

dans la saison de la protection du gibier.)
« Monsieur, risposte le Kronprinz, je ne vous
permets pas de plaisanter avec moi quand je
vous adresse la parole », et il laisse là son interlocuteur tout abasourdi. Je cherche en vain
quel prince ou quel roi de France se serait
offusqué de la réponse amusante de l'officier
à une question qui évidemment ne voulait pas
être prise au sérieux.

Quant à l'abstention absolue où se renferme le Kronprinz en matière politique, elle
n'a pas toujours existé, mais elle remonte à
une époque déjà lointaine, elle date d'un fait
peu connu en France. Avant Sadowa, à l'époque du «conflit» , alors que le roi Guillaume
et M. de Bismarck étaient engagés dans une
lutte violente avec le parlement, le Kronprinz
prononça à Dantzig, si je ne me trompe, un
discours où il blâmait ouvertement la conduite
du ministre et par conséquent du roi. Peut-
être estimait-il, comme beaucoup d'autres en
Allemagne, que Bismarck menait le pays droit
à une révolution (l'historien Gervinus, d'Heidelberg, l'appelait le Polignac prussien), et
voulait-il sauver, à défaut du roi, la dynastie
et la couronne. Quoi qu'il en ait été des intentions du Kronprinz, le roi, comme son ministre,
se montra exaspéré de ce malheureux discours.
Aussi dès ce jour, le prince royal dut se résigner à un rôle entièrement passif. Il n'aurait
pu rentrer dans les bonnes grâces de son père
et souverain que s'il avait partagé ses goûts

pour les choses militaires; il n'en est rien: dès qu'il peut quitter Berlin, il ôte son uniforme, du moins dans ses appartements. Or, l'empereur n'ignore pas cette déplorable et périodique rechute dans la vie civile, sorte de dégradation morale pour un Hohenzollern.

Je ne puis me défendre d'un sentiment de pitié en présence de cette victime du droit d'hérédité. L'existence du successeur désigné d'un grand monarque cesse vraiment d'être tolérable lorsqu'il arrive à dépasser l'âge mûr et à s'incliner vers la vieillesse. Lui seul parmi les fils d'homme ne peut parvenir à se créer un cercle d'activité sérieuse. Le prince impérial semble supporter cette situation avec une sorte de résignation mélancolique que beaucoup prennent pour de l'apathie et qui peut-être bien n'en a que l'apparence. Ce qu'il y a de certain, c'est qu'il est fort isolé. Il y eut un moment, sans aucun doute, où le parti des nationaux-libéraux, se sentant décidément exclu du pouvoir par M. de Bismarck, mit tout son espoir dans le futur empereur. Ce fut alors par exemple, que M. de Bennigsen se retira de la vie politique, attendant des jours meilleurs. Mais M. de Bennigsen a repris maintenant son siège au Reichstag et il est devenu l'un des chefs de la majorité qui se rallie autour du chancelier. On dirait qu'aux yeux des nationaux-libéraux eux-mêmes, le Kronprinz n'a point d'avenir. De là l'indifférence qu'on lui témoigne très généralement, si j'ai bien

saisi l'opinion publique au commencement de
cette année, alors que je me trouvais à Berlin.
Depuis, on a su le Kronprinz atteint d'une in-
firmité dont nous ne pouvons apprécier la gravité, mais qui en tous cas inquiète l'Europe ;
se passera-t-il pour lui ce qui s'est vu pour son
beau-frère le prince de Galles, à qui il a suffi
de guérir d'une maladie dangereuse pour gagner l'affection d'un peuple qui s'habituait
déjà à le mépriser? J'en doute : il est plus facile de vaincre le mépris que de surmonter
l'indifférence.

Ce n'est pas de l'indifférence, mais de l'hostilité que j'ai cru apercevoir partout à l'égard
de la princesse impériale. Fille d'un homme
qui, au pied du trône de la Grande-Bretagne,
resta le plus chauvin des Teutons, fille d'une
reine qui est aussi une véritable Allemande
par son origine et son éducation, par ses pré-
dilections et ses antipathies, la princesse Victoria passe à Berlin pour une étrangère. On
assure que, parlant des sujets de sa mère, elle
dit : « Nous autres Anglais » . On blâme ses
idées sur la politique, bien trop imprégnées
de l'esprit britannique et, ajoute-t-on, bien trop
arrêtées pour une femme. (Je rappelle ici que
son père, qui passait sa vie à rédiger des « mé-
morandum » sur les questions du jour, lui en
donnait à composer même après qu'elle se fut
mariée.) On critique ses opinions théologiques
car, comme toute protestante instruite, elle
est quelque peu théologienne : c'est, paraît-il,

un rationalisme assez vague, fort répandu en
Thuringe, patrie du prince Albert ; les ortho-
doxes le condamnent comme impie, et les protestants libéraux de Berlin le trouvent dépourvu
à la fois (je cite textuellement) de rigueur
critique et de saveur religieuse. Aimant la
peinture, où elle réussit, et se plaisant à la société des artistes, elle les visite familièrement
en été dans leurs cottages, aux environs de
Potsdam ; cela scandalise la noblesse et effraie
un peu la bourgeoisie. On lui reproche encore,
les uns d'exercer un trop grand empire sur
son mari, les autres de trop se détacher de
lui. Qu'il guérisse ou qu'il ne guérisse pas, on
ne pardonnera pas à la princesse d'avoir hu-
milié la science allemande en recourant soit
aux lumières, soit au charlatanisme d'un spé-
cialiste de Londres. Bref, on parle d'elle comme
de ces personnes à qui l'on attribue tous les
défauts imaginables parce qu'elles ont ce
défaut unique, mais capital de ne s'être pas
fait aimer. Il se pourrait qu'elle fût trop
supérieure à son entourage, qu'elle le sentît
et qu'elle le cachât insuffisamment. Lorsque,
m'informant de ce que l'on pensait des divers
personnages en vue, j'en venais à *Frau Kron-
prinzessin,* on me répondait souvent par un
Nun die ! ... (Quant à celle-là !...) accompagné
d'une moue significative, et c'était tout.

La cour n'a d'autre centre que le vieux cou-
ple impérial : c'est dire que tout s'y passe en
cérémonies officielles fort raides ou en petites

réunions tout intimes et silencieuses. Il n'y a
ni prince ni princesse qui y apporte quelque
animation. Louis XIV et Mme de Maintenon
avaient auprès d'eux la duchesse de Bourgogne,
qui, étant la jeunesse même, égayait et le pom-
peux Versailles et le mélancolique Marly. La
reine Victoria ne se sépare jamais de sa fille et
de son gendre favoris, les Battenberg, qui peuvent bien être médiocrement amusants, mais qui
du moins s'intéressent aux bagatelles, aux on-
dit, aux scandales mêmes de la société. Avec
l'empereur Guillaume, il n'est pas d'autre sujet de conversation que manœuvres et unifor-
mes, et l'impératrice Augusta, dont on connaît
le goût pour les lectures sérieuses, cause peu,
je crois. Ajoutez une étiquette des plus sévères,
n'oubliez pas les habitudes d'économie de la
maison de Prusse, et vous concevrez que la
cour de Berlin n'ait rien de fort attrayant.

Un jour, il y a de cela peu d'années, l'empereur venait de recevoir une pièce officielle
sous un grand pli portant son adresse ; ayant
à envoyer une lettre à un prince de la famille,
il prend la même enveloppe, biffe le mot « Majesté », le remplace par celui d' « Altesse »,
qu'il fait suivre du nom de son correspondant,
et puis, réchauffant la cire de l'enveloppe, il y
applique son propre cachet. Il nous arrive à
nous autres journalistes de procéder à peu près
de la sorte lorsque nous réexpédions à l'imprimerie nos épreuves corrigées. De la part d'un
monarque écrivant à une altesse impériale, cela

ne laisse pas d'étonner. En France du moins, trop de simplicité nous déplaît en haut lieu. On en juge peut-être autrement à Berlin. La personne de qui je tiens cette anecdote s'est fait donner par l'Altesse Impériale l'enveloppe qui a servi deux fois et elle la garde comme une relique des plus précieuses attestant l'esprit d'ordre et d'épargne que les Hohenzollern portent dans les petites choses comme dans les grandes ; c'est cet esprit, dit-elle, qui a fait de leur maison la plus puissante de l'Europe.

Il y a certainement du vrai dans cette appréciation. Montesquieu compare le despotisme au sauvage qui coupe l'arbre pour cueillir le fruit ; rien n'est plus opposé que ce gaspillage à la tradition des autocrates prussiens ; ils ont toujours su ménager l'avenir et obtenir d'importants résultats avec une faible dépense ; ils ont créé la machine gouvernementale qui, en proportion du travail produit, consomme le moins.

On ne peut nier, en outre, que dans leur vie privée, ils ont montré généralement des goûts modestes. Mais il y a des exceptions, des intermittences, des inconséquences. Le premier d'entre eux qui ait porté le titre de roi fut un terrible prodigue, et c'est par réaction que son fils Frédéric-Guillaume Iᵉʳ, le père de Frédéric-le-Grand, poussait l'économie jusqu'à l'avarice. Frédéric II lui-même, qui examinait chaque jour les comptes de son cuisinier et discutait le prix des pâtés d'anguilles, se mit, aussitôt

après la guerre de Sept Ans, à construire le
Nouveau Palais au fond du parc de Potsdam,
affreuse bâtisse comprenant deux cents pièces,
qui engloutit des sommes énormes et ne pouvait être d'aucune utilité à un roi célibataire
qui n'avait pas de cour. Beaucoup de Prussiens
n'ont pas encore pardonné cette folie à leur
héros, et j'ai entendu l'un d'eux soutenir qu'elle
suffit à lui assigner un rang très inférieur à
celui qu'occupera dans l'histoire l'empereur
Guillaume.

Quelque chose de semblable pourrait se reproduire dans un avenir prochain. On s'attend
à voir le successeur de l'empereur Guillaume,
quel qu'il soit, déployer un luxe qui fera de
Berlin la cour la plus brillante de l'Europe,
n'ayant rien à envier à Vienne ni à Pétersbourg.
La tunique des généraux, qui est d'une austérité
excessive, se couvrira de broderies ; on me citait
la grande tenue des nôtres comme un exemple
à suivre et à dépasser. Il y aura du panache
dans la capitale de la Prusse. Il ne faut pas
s'imaginer non plus que tout y soit actuellement d'une simplicité spartiate. Les escadrons
qui remplissent les fonctions de nos anciens
cent-gardes, ne se composent pas seulement de
fort beaux hommes, ils se distinguent aussi par
le luxe de leur uniforme, luxe un peu massif,
d'un goût douteux, mais d'un grand effet. Si
les voitures de gala sont franchement laides
avec leurs couronnes d'or aux quatre coins et
leurs cordons et leurs galons, je crois bien, sans

être carrossier, qu'elles coûtent fort cher. Dans les grandes circonstances, et lorsqu'on veut de l'apparat, on sait donc être magnifique ; le reste du temps, on vit assez bourgeoisement. On fait un peu comme les gens qui, le dimanche, portent de beaux habits. Ces habits deviendront probablement, sous le prochain empereur, plus somptueux encore, et les dimanches se multiplieront ; mais il est vraisemblable qu'à côté de ce luxe il restera toujours une place réservée à la simplicité, à l'économie, à la parcimonie même. C'est, il me semble, dans le caractère de la race . . . .

. . . . . .

La tenue des jours ouvriers ne nuit en aucune manière au prestige de la cour, qui reçoit partout les humbles hommages de la population comme de l'armée. Lorsqu'un équipage très ordinaire appartenant à l'un des membres de la famille souveraine est aperçu à l'horizon, reconnaissable uniquement à la livrée du cocher, de factionnaire qui va et vient devant un corps le garde pousse d'une voix presque lugubre un cri prolongé : *herau...s !* (dehors !) et aussitôt les soldats accourent leur fusil à la main, se mettent en rang ; le lieutenant tire son sabre, commande posément : « Portez arme ! arme au bras ! présentez arme ! » Avant qu'on en soit là, l'équipage a disparu. Le poste n'en reste pas moins immobile près d'une minute encore, car quelque chose de royal a défilé devant lui. Quant aux passants, se rangeant sur le trottoir, ils ont fait face à l'équipage et, dans une attitude que raidit le respect, ils se sont découverts. Une fois sur deux, la voiture était vide; mais la voiture vide n'en représente pas moins la cour, je ne sais quoi d'auguste que l'on s'enorgueillit de contempler.

CHAPITRE VI

D'où vient la division en classes ?
La bourgeoisie... La noblesse[1].

J'ai dit que la société se divise en trois groupes nettement séparés, trois classes, si ce n'est trois castes : la noblesse, qui est admise à la cour, la bourgeoisie, le monde juif. Cette division, on la remarque partout à Berlin, mais on éprouve quelque difficulté à en reconnaître au juste les causes et les raisons.

Abstraction faite de l'hérédité de la pairie dans un petit nombre de familles de la haute aristocratie, qui pour la plupart étaient jadis souveraines, « tous les Prussiens sont égaux devant la loi, ils sont tous également admissibles aux emplois civils et militaires ». Les nobles ne jouissent plus de privilèges politiques ni d'exemptions d'impôts ; les juifs ont passé du régime humiliant de la tolérance à celui du droit commun. En pratique, sans doute, la coutume ancienne l'emporte souvent sur la lé-

1. *Le Temps*, 28 septembre 1887.

gislation moderne. L'israélite, sous un prétexte
ou sous un autre, se voit refuser l'avancement dans la plupart des carrières qui dépendent de l'Etat; c'est à grand'peine, par exemple, qu'il arrive à occuper une chaire de faculté.
La noblesse, à qui était réservée autrefois la
charge glorieuse de commander l'armée, n'a
pas cessé de dominer dans le corps des officiers; elle s'y gère plus ou moins comme la maîtresse de la maison, elle y donne le ton, elle
s'installe dans les meilleurs coins, dans la garde
royale, entre autres, et il n'y a guère qu'elle
jusqu'ici qui pénètre aux étages supérieurs, je
veux dire aux grades élevés. C'est là toutefois
une tradition, et non un droit, une tradition
qui est en train de se modifier par la force des
choses. Le développement excessif de l'armée
exigeant un état-major qui dépasse de beaucoup
le personnel disponible dans la noblesse, il y
a, dès maintenant, peu de salons bourgeois ou
l'on n'aperçoive des photographies d'officiers,
membres de la famille et camarades des gentilshommes au régiment. On ne dit pas qu'ils y
fassent piètre figure.

Ce n'est donc pas dans les lois, dans les
institutions qu'il faut chercher les raisons de
la division des classes; nous n'en trouverons
pas davantage l'origine dans ces différences
d'éducation qui souvent dressent entre deux
parties d'une nation une barrière presque infranchissable. Tel est chez nous le danger que
pourrait créer, dans certaines circonstances, le

partage de la jeunesse entre les écoles du clergé et celles de l'Université. En Prusse, je ne vois rien d'analogue. Un grand nombre de fils de nobles entrent dans les Ecoles de Cadets, écoles militaires où l'on est admis à l'âge de douze ans; mais les fils des commerçants, des industriels n'en sont pas exclus. Je connais personnellement l'un d'eux qui y a placé ses enfants. Les collèges de Berlin comptent des élèves appartenant à des maisons titrées qui s'assoient sur les mêmes bancs que les jeunes israélistes ou bourgeois; les uns et les autres se retrouveront dans les auditoires universitaires. La statistique révélerait sans doute les préférences de telle classe pour tel genre d'école, et j'en citerai plus loin un exemple curieux, mais, en fait général, il n'en est pas moins vrai que les jeunes Berlinois des trois classes reçoivent une même éducation. On ne peut en dire autant de leurs sœurs, pas plus, du reste, que de nos jeunes filles à Paris. Les écoles publiques de filles dites «supérieures» n'attirent que la petite bourgeoisie; la bourgeoisie aisée et les familles israélistes fréquentent les écoles libres; la noblesse recherche certaines institutions placées sous le patronage de l'impératrice ou de la princesse royale.

Il va sans dire qu'on ferait tout à fait fausse route si l'on attribuait à l'inégalité des fortunes le groupement en classes. Les plus grandes richesses se rencontrent chez les fils d'Israël, tandis que les descendants des croisés

s'appauvrissent. Le destin semble avoir confié à
l'Amérique le soin de niveler la société européenne ; au seizième siècle, l'or du Pérou importé
soudain sur le vieux continent a créé la fortune mobilière et remplacé la féodalité, avec
ses servitudes, par l'État moderne avec ses
impôts en argent ; de nos jours, les céréales
du Dakota, inondant nos marchés, ruinent la
fortune territoriale, seule base possible d'une
aristocratie. Cette action de l'Amérique va
supprimer le landlord irlandais ; elle ne tardera pas à entamer les terres substituées des
pairs anglais ; elle met dans une gêne extrême
le *junker* prussien. Celui-ci n'aura bientôt
plus de choix qu'entre la pauvreté noire et
les affaires ; s'il choisit les affaires (et beaucoup le font déjà), il s'embourgeoise. Depuis
longtemps d'ailleurs le bourgeois et le juif
lui achètent ses domaines, se font terriens
comme lui, de sorte qu'ici encore il n'y a plus
guère de différence entre les trois classes de
la société.

Nous ne nous faisons pent-être pas une idée
de l'opulence de certains bourgeois allemands.
Un... Berlinois, voyant que je semblais m'in-
téresser aux choses de l'industrie non moins
qu'à l'enseignement, à l'art et à la politique,
me proposa de visiter avec lui une fabrique
de drap située aux confins de la Prusse et du
royaume de Saxe. Il me prévint que celui des
associés qui nous recevrait est fils d'un ouvrier et qu'il a épousé la fille d'un ouvrier

aussi. Nous le trouvâmes à la gare. Après nous
avoir montré en détail la fabrique, qui, ins-
tallée dans un amas de vieux bâtiments, me
parut pourtant travailler d'après les procédés
les plus nouveaux, il nous conduisit chez lui,
où nous attendait un gracieux accueil de la
part de sa jeune femme entourée de cinq enfants. La maison attira mon attention dès que
nous l'aperçûmes: c'est une assez vaste construction, tout ordinaire, que d'habiles rema-
niements ont transformée en un édifice de
style allemand du seizième siècle. L'intérieur
est une merveille. Le salon, la salle à manger, le cabinet de travail et une demi douzaine d'autres pièces constituent le musée
d'art décoratif le plus complet dans son genre
et le plus riche qu'on puisse imaginer. Meubles, portes, boiseries, plafonds, tout est de
l'époque. Notre hôte l'a acheté dans les diverses contrées de l'Allemagne, en Bohême,
en Flandre, en France, en Italie; un des plafonds, par exemple, provient de Vérone. Une
salle renferme une très grande collection d'armes, dont plusieurs sont d'une rareté extrême.
Ailleurs ce sont des ustensiles et instruments
de toute espèce, ou d'innombrables vaisselles
de prix. Plusieurs des bahuts qui ornent ces
pièces arracheraient des cris d'admiration si
on les exposait à l'hôtel de la rue Drouot. C'est
en moins de dix ans que ce musée a été formé,
avec une entente parfaite et un goût des plus
sûrs, par un homme jeune, si ce n'est un jeune

homme, dont le père avait au début pour tout
capital ses bras et une instruction des plus élé-
mentaires. Les millions sont venus très vite,
et, ce qui me frappe, l'esprit et le goût se sont
affinés non moins rapidement.   .   .   .   .   .

.   .   .   .

.   .   .   .

.   .   .   .

A première vue donc, il semble que tout ce
que la noblesse de Prusse possède de distinctif
ce soit, comme celle de France, des titres, des
parchemins qui, ne répondant à rien, peuvent
encore figurer avec avantage dans des négociations matrimoniales. Mais non, il est un privilège hors de prix qu'elle possède, et qu'elle
possède seule, le droit héréditaire d'être reçue
à la cour. Cela suffit pour lui assurer une place
à part dans la nation. Elle fuit les mésalliances,
qui seraient pour elle une cause de déchéance.
Elle évite même de se rencontrer dans le monde
avec de simples citoyens, car il faudrait les
traiter sur le pied de l'égalité et, en conscience,
elle ne le peut. Ils ne sont pas chair de sa
chair. Que les bourgeois jouissent de la vie à
leur guise, qu'ils aient leurs fêtes, leurs bals,
leurs lieux de réunions ; les nobles auront les
leurs. Je sais, il est vrai, des professeurs qui
sont invités dans des salons aristocratiques ;
j'en sais (ce sont des anomalies) qui reçoivent
chez eux indistinctement des membres de l'une
et l'autre société. Ces exceptions, plus ou moins
nombreuses, ne peuvent que confirmer la règle.

Un fossé profond sépare les gentilshommes des autres sujets du roi.

La noblesse a été très certainement pendant des siècles, et elle est probablement encore, à quelques égards, une force, je ne dis pas pour l'Allemagne, mais pour l'Etat prussien, grâce à des qualités militaires, des vertus mêmes, qui se transmettent de père en fils : l'esprit de discipline...., le dévouement sans bornes au prince en qui se personnifie la patrie. Je ne serais pas étonné toutefois qu'elle devînt avant peu une cause de faiblesse à l'intérieur, comme toute institution qui s'est survécue. Les fils de bourgeois entrent dans les écoles de Cadets ; plus ils y seront nombreux, plus les prérogatives de la noblesse paraîtront inutiles et par conséquent intolérables. Quand on fait porter la moitié de sa charge par le voisin, on n'a pas le droit, en vérité, de retenir les avantages inhérents à cette charge. De même qu'en présence du suffrage universel une aristocratie politique ne peut durer, une aristocratie militaire ne se conçoit pas à la longue avec les énormes armées modernes, où disparaissent fatalement toutes les distinctions de naissance comme de fortune et de talent. Les choses en sont au point que la noblesse n'a plus, en Prusse, d'autre raison d'être que le bon plaisir du souverain, dont l'œil aime à se reposer sur les descendants des vieilles familles, et plus d'autre privilège que de former précisément l'entourage de la personne du souverain.

C'est bien peu, dira-t-on. Oui, à nos yeux de démocrates républicains. Mais dans un pays profondément monarchique, où les passants s'inclinent devant la voiture vide d'un prince, c'est une faveur incomparable ; en tous cas, c'est plus qu'il n'en faut pour exciter la jalousie et se faire haïr. Il est pénible de rencontrer à chaque pas sur son chemin des gens qui ont le droit de se croire supérieurs à tous sans que l'on sache bien d'où leur vient ce droit. Et si leurs prérogatives ont un caractère purement décoratif, elles n'en froissent que davantage, car elles viennent blesser le plus sensible de l'être humain, sa vanité. Aussi, dans la bourgeoisie berlinoise, les femmes m'ont-elles semblé particulièrement irritées contre les nobles, contre les dames de la noblesse, parlant d'elles avec une affectation de dédain qui a son côté plaisant. Mais, en fait de vanité, il n'est guère d'homme qui ne soit quelque peu femme, à Berlin comme ailleurs. N'allez pas supposer que ces sentiments d'hostilité, on les entende exprimer dans les cercles progressistes seulement, où ils s'associent à des opinions démocratiques ; je les ai constatés chez des conservateurs qui, dévoués corps et âme à l'empereur et à son chancelier, ne cachaient point leur antipathie à l'égard des *junker*.

La morgue des *junker* est proverbiale. Ou bien on l'a exagérée, ou bien elle s'est un peu atténuée. Distinguons entre le gentilhomme qui habite Berlin la plus grande partie de l'an-

née et celui qui vit à la campagne, y faisant
valoir ses terres et ne se montrant que rarement à la cour. Celui-ci a des allures extrêmement vulgaires, parlant très haut en public et
en particulier, buvant sec, affichant partout
qu'il n'est pas dans ses habitudes de se gêner.
Il n'a guère que deux sujets de conversation,
les soucis que lui donne son exploitation agri-
cole et ses souvenirs de garnison. Il est assom-
mant. Insolent ? non. S'il se montre grossier,
c'est tout bonnement parce qu'il est grossier
et non parce qu'il veut vous humilier. Nous
avons peut-être aussi en France de ces propriétaires qui, titrés ou non titrés, ont perdu la
dernière trace d'éducation à trinquer avec des
maquignons. La femme du gentilhomme cam-
pagnard de Prusse a plus de tenue que son
bruyant et jovial époux, ce qui n'est pas difficile ; elle a même souvent quelque chose de
tout à fait comme il faut, la ménagère ne mas-
quant pas la châtelaine ; mais si sa dignité lui
ordonne de se redresser, cet air comme il faut
se transforme malheureusement en un air de
majesté altière qui réjouit le spectateur et doit
agacer prodigieusement l'interlocuteur.

On retrouve de cette majesté chez les dames
nobles de la capitale ; elles sont toutefois beaucoup plus femmes du monde, elles ont plus
de nuances dans leur maintien, et lorsqu'elles
veulent être aimables elles y réussissent, non
pas, il est vrai, avec la grâce d'une Parisienne,
mais avec une certaine raideur un peu gauche

qui a son charme. Quant à leurs maris, il y en a,
paraît-il, que rend insupportables leur prétentieuse solennité ; à en juger d'après quelques-
uns de leurs fils, je le croirais volontiers. « La
nouvelle génération est déplaisante ! » s'écriait-
on devant moi. J'ajoute que j'ai vu, au contraire, des personnages haut placés qui ne le
cédaient, je le pense, à aucun représentant des
autres aristocraties européennes, par les qualités naturelles et acquises qui constituent la
vraie distinction. Si la noblesse de Prusse leur
ressemblait généralement, je n'hésiterais pas à
lui reconnaître une supériorité réelle sur la
bourgeoisie, celle-ci étant restée encore très
provinciale, comme nous dirions à Paris. Mais
la noblesse, dans sa majorité, est plus provinciale encore.

CHAPITRE VII

L'antisémitisme... Les israélites [1].

On a beau savoir que l'esprit humain vit de contradictions, il est des cas d'illogisme qui excitent la surprise. Le bourgeois de Berlin s'irrite de l'orgueil des nobles, qui refusent de le traiter en égal, quoiqu'il soit aussi riche qu'eux, aussi instruit, aussi bon soldat, citoyen non moins utile, et il se rencontre avec les nobles pour témoigner un profond mépris au juif, qui n'est à aucun égard leur inférieur. Cette antipathie est à peu près universelle. L'ouvrier la partage; c'est l'unique point qu'il ait de commun avec les conservateurs, et ceux-ci ont même cru qu'ils le gagneraient à leur parti en inscrivant en vedette sur leur programme la persécution du juif. Seuls les progressistes condamnent cette intolérance, d'abord parce que leurs principes, qui ressemblent fort à ceux de 1789, leur en font une loi, et puis parce que la grande majorité des électeurs israélites vo-

1. *Le Temps*, 11 octobre 1887.

tent pour eux. Je dois dire cependant qu'en dehors des conservateurs, personne ne parle de mesures législatives à prendre contre la synagogue pour l'empêcher de croître et de prospérer. On reconnaît, en le regrettant, que de pareilles mesures sont impraticables en plein dix-neuvième siècle et l'on se contente de gémir sur la tache d'huile qui tend à recouvrir l'Allemagne entière ou du moins sa capitale.

A peu près partout où j'ai fréquenté, j'ai entendu la note antisémite. Une dame paraît toute triste et préoccupée. On lui demande quel malheur lui est arrivé. Avec un accent de découragement et de dégoût, elle raconte que depuis hier la maison qu'elle habite est devenue la propriété d'un juif. Et tous les assistants de compatir à sa douleur. Je m'imagine, en effet, qu'il est horrible d'avoir à verser chaque trimestre quelques centaines de marcs entre les mains d'un circoncis plutôt qu'entre les mains d'un baptisé.

Que dis-je, un baptisé ? Le Juif qui se convertit n'en reste pas moins haïssable aux yeux du Berlinois, et ses fils aussi ; à peine les enfants de ses enfants trouveront-ils grâce devant les adhérents d'une église qui eut pour fondateurs des Beni-Israël. Je n'exagère pas ; il me serait facile de citer des chrétiens, même de très bons chrétiens, dont on se détourne et à qui le gouvernement refuse un avancement très mérité, uniquement parce qu'ils sont de descendance juive.

Ce phénomène est d'autant plus surprenant qu'autrefois Berlin se faisait remarquer par l'excellent accueil qu'y trouvaient les israélites. Vers la fin du siècle dernier, le banquier philosophe Mendelssohn, aïeul du grand musicien, était l'objet, dans toutes les classes de la société, d'une déférence allant jusqu'à un pieux respect. Quelques années après, le monde juif attirait les hommes les plus distingués, les deux Schlegel, les deux Humboldt, le diplomate Gentz, le romancier Tieck, le pasteur Schleiermacher. Une des filles de Mendelssohn divorçait et se faisait épouser par Frédéric Schlegel. Le gentilhomme et homme de lettres Varnhagen von Ense était très fier d'obtenir la main de l'aimable et spirituelle Rachel, après qu'elle eut perdu sa jeunesse et ses illusions. La veille de la bataille d'Iéna, la belle reine Louise, ayant aperçu dans la rue Mme Herz, une autre reine de la beauté, qu'elle connaissait de vue, arrêtait son équipage et lui adressait quelques paroles flatteuses. Cette même Mme Herz songea à demander le baptême ; ce fut Schleiermacher, un de ses plus intimes amis, qui l'en dissuada : il trouvait insignifiante la différence entre son christianisme, à lui, et son judaïsme, à elle. Sous le règne de Frédéric-Guillaume IV, frère de l'empereur, les juifs judaïsants commencèrent à être assez mal vus, mais les juifs baptisés jouirent d'une estime particulière. Le roi vénérait le professeur de théologie protestant Neander, qui avait adopté ce nom grec (nouvel homme), lors de sa conversion, et il appela à la Chambre des seigneurs, en l'anoblissant, le juriste Stahl, autre prosélyte, qui avait inventé un système de philosophie à l'appui des idées gothiques de son maître sur l'Etat et la société. L'antisémitisme date du règne actuel. Mais on se tromperait fort, je crois, si l'on en rendait responsable l'empereur ou le chancelier. L'empereur est, à tout prendre, un esprit assez tolérant, assez indifférent à cet ordre de questions, et quant au chancelier, si, comme tous les nobles allemands, il a été habitué dès son enfance à voir dans le juif un être que l'on fouaille sans qu'il ose se plaindre, et si ce mépris est devenu de la haine pendant ses années de Francfort-sur-le-Mein, il ne faut jamais oublier que cet homme est maître de ses préjugés et de ses sentiments. Lorsque les israélites le gênent, il les bafoue ; quand il veut s'en servir, il les caresse. Non, le pouvoir n'a pas inventé l'antisémitisme ; l'antisémitisme est sorti d'une génération spontanée.

Il s'est écoulé, en France, une période très longue entre l'émancipation des juifs, qui date de la Révolution, et leurs grands progrès dans le monde des affaires. Si l'on excepte la maison Rothschild, ce n'est guère que sous le second empire et plus encore sous la République actuelle que ces progrès, devenus gigantesques, ont attiré vivement l'attention générale. Dans l'intervalle, nous avions eu le temps de vaincre nos préventions et de nous accoutumer à traiter les israélites en concitoyens. L'émancipation s'est accomplie en Allemagne bien plus récemment. Quand, peu après, est survenu l'immense développement de la fortune publique, les juifs étaient encore les parias de la veille, et l'on a été à la fois stupéfait et indigné de les voir, en maintes circonstances, l'emporter sur les chrétiens. On les savait, d'ancienne date, excellents banquiers, et on en avait pris son parti ; mais voici qu'ils s'emparent de toutes les branches du commerce et qu'ils y réussissent. Cette concurrence formidable exaspère. On ne peut leur pardonner d'acquérir des immeubles, de se faire propriétaires de biens fonds, d'introduire la spéculation dans l'échange des terrains. Il semble que le sol tout au moins, le sol sacré, devrait être réservé à la vieille population chrétienne, qui l'a conquis jadis sur les païens. Que le juif vive parmi nous, soit! mais qu'il y vive en nomade! Quand cet éternel errant renonce à émigrer de peuple en peuple, qu'il se fixe dans le pays, qu'il s'attache à la terre, qu'il y bâtit, en vérité c'est le renversement de l'ordre social. Et dire que bien des chrétiens en sont réduits à camper dans ses maisons à lui !

L'impopularité des juifs en Allemagne a une autre cause encore que cette basse jalousie greffée sur des antipathies de races et des haines de religions.

Chaque nation s'attribue en propre une certaine vertu. S'il ne faut pas la croire sur parole, vous pouvez être sûr néanmoins que cette vertu a pour elle une signification toute particulière. C'est peut-être à tort que les Anglais prétendent agir toujours par obéissance au devoir, *the ir duty*, même lorsqu'ils s'emparent du bien du prochain, ou que les Français se croient les représentants attitrés de l'honneur ; il est hors de doute, pourtant, que ces deux mots en disent long sur l'idée que Français et Anglais se font de la vie sociale, et il n'est pas moins hors de doute que ceux-ci conçoivent le devoir et ceux-là l'honneur un peu autrement que le reste du genre humain. Les Allemands parlent, eux, de la probité germanique, *deutsche Ehrlichkeit*. Cela prouve-t-il qu'ils apportent dans les relations commerciales plus de probité que nos négociants ? Les hommes d'affaires d'Alsace, qui en ont fait l'expérience, affirment exactement le contraire. [1]. Mais les Allemands ont, ou si vous voulez, ont eu, à l'origine, une notion du commerce qui correspond à la *deutsche Ehrlichkeit* : ils entendent que de part et d'autre on échange des objets matériels, visibles, pondérables. Lisez leurs annonces et vous

1. En fait de probité germanique je glane ceci dans les notes de voyage de mon père : A Berlin, « il n'existe pas de *prix fixe* dans les magasins. Le prix varie d'après l'aspect de l'acheteur. L'étranger bien mis paie fort cher. Si l'on a estimé l'acheteur trop bas et que l'on s'en aperçoive lorsqu'il donne son adresse, on enfle impudemment sa facture. Ainsi le prix d'une pelisse est convenu à 500 marcs. La facture est portée à 650 marcs, parce que l'on a découvert qui est l'acheteur. Sur ses réclamations très vives on s'excuse : il y a eu erreur ; et on lui demande 550 marcs qu'il paie. »

serez frappé du rôle qu'y joue l'adjectif « réel »,
qu'ils empruntent au français ; les vins d'un
restaurateur sont « réels », les articles de nou-
veautés sont « réels », le service dans un hôtel
est « réel », l'instruction que donne un professeur est « réelle », tout est « réel ». Vous sentez
la préoccupation de faire porter l'échange sur
quelque chose de tangible ; et c'est en cela que
réside « la probité germanique ». Or, le juif, précisément, se plaît aux affaires où il n'y a rien
de tangible ; il ne vend pas une marchandise
qui se laisse peser ou mesurer ; il prête son
crédit, il loue son talent d'intermédiaire ; il
est essentiellement commissionnaire ou courtier. L'Allemand a bien de la peine à ne pas
traiter tout ce commerce-là de fantasmagorie,
d'escroquerie, de *Schwindel*.

Quand en Alsace on voyait les juifs se rendre aux foires, sans rien à vendre, sans argent
pour acheter, portant pour tout capital un fouet
autour du cou, signe de leur profession, j'ai
entendu souvent des bonnes gens s'indigner à
la pensée que ces juifs rentreraient chez eux
le soir avec quelques pièces de cent sous « extorquées » aux paysans, Comment extorquées ?
Le paysan en Alsace et dans une partie de l'Allemagne se croit incapable de vendre ou d'acheter à ses voisins une tête de bétail sans un
intermédiaire qui ira de l'un à l'autre pour
faire baisser les exigences de celui-ci et haus-
ser les offres de celui-là. J'ai vu dans une contrée du sud de l'Allemagne deux hommes ins-

truits et intelligents prier un de leurs amis de faire le courtier entre eux pour la vente d'un cheval, et ce courtier, qu'ils nommaient « le juif », prenait comme si cela allait de soi en pareilles circonstances, les intonations, le vocabulaire, les gestes d'un véritable israélite. Vous voyez la contradiction étrange : on ne peut se passer de l'intermédiaire juif, et l'on trouve son métier de courtage immoral, contraire à la probité germanique. Et voici une autre contradiction : quand le juif, renonçant à ce commerce sans marchandises ni capitaux, ouvre une boutique comme le chrétien, on se scandalise de son audace. Qu'il prît un atelier ou qu'il se fît agriculteur, l'indignation ne connaîtrait pas de bornes.

Le nom de juif est lié indissolublement, dans l'opinion des Allemands, au genre d'affaires dont je viens de parler. Le juif est le courtier par excellence ; il est le marchand de crédit, donc l'usurier ; il est le spéculateur, donc le faiseur de dupes qui ruine l'innocent chrétien. Dans l'évolution actuelle du commerce, le courtage tend à disparaître, puisque le consommateur et le producteur se rapprochent de plus en plus et suppriment les intermédiaires ; de ce côté-là, l'israélite a perdu. Mais d'autre part, les opérations à terme se substituent rapidement aux opérations au comptant, si bien que le commerce va se réduire à des paris sur la cote qu'atteindra une marchandise à telle ou telle date ; à ce jeu-là, le juif est passé maître, ayant acquis dans le cours des siècles, grâce à ses persécuteurs, un flair indien d'une finesse incomparable. En fait de divination, il n'a point son pareil en Allemagne pas plus qu'en France.

Aussi les cris des antisémites paraissent-ils l'inquiéter assez peu. Il suit avec calme un chemin qui le conduit à la fortune et qui ne tardera probablement pas à lui assurer, dans l'Etat, une place importante. En 1871, ils étaient 36.000 à Berlin; en 1885, on en compte 64.000, soit près d'un vingtième de la population, et, s'ils sont devenus plus nombreux, ils sont devenus plus riches aussi. Ils continuent à former, comme la noblesse, une nation dans la nation, se mariant toujours entre eux, se soutenant les uns les autres avec une admirable solidarité, conservant leur accent très particulier, leur tournure traditionnelle, leurs qualités et leurs défauts héréditaires. Parmi ces qualités, il faut citer l'intimité vraiment touchante de leur vie de famille, et, tant que leur fortune n'est pas faite, des habitudes d'économie et de sobriété qui expliquent en partie leurs succès. Quant aux défauts, il est certain que, faibles, ils poussent un peu loin l'humilité et que, forts, riches, puissants, ils se plaisent à vivre fastueusement et à faire étalage de leurs hautes relations. Un de leurs banquiers, après m'avoir accablé de protestations de confiance que je ne lui demandais pas, me prie de revenir fréquemment, « mais, ajoute-t-il, venez dans la matinée ; car, voyez-vous, l'après-midi les ambassadeurs des grandes puissances se pressent ici, ne me laissant pas un instant de liberté ». Et il fallait entendre avec quelle emphase il prononçait les mots d'ambassadeurs et de grandes puissances. Ces travers-là m'amusent comme du Molière supérieurement joué ; ils irritent les Berlinois au delà de toute imagination.

Et pourtant cette ostentation est exceptionnelle à Berlin. L'israélite s'y tient sur une réserve que ne connaissent pas ses coreligionnaires de Vienne, par exemple. Dans la capitale de l'Autriche, tous les journaux, si je ne me trompe, sont aux mains de « nos gens », comme se désignent les israélites de langue allemande ; « nos gens » ne possèdent pas, ou, pour mieux dire, ne possèdent plus un seul journal dans la capitale de la Prusse. Ils se sont retirés de la presse, considérant, je pense, qu'avec un chancelier tel que M. de Bismarck, c'est là un jeu où il y a plus de péril que de profit. Mais s'ils n'aiment pas à se mettre en avant, si rendus sages par l'impopularité, ils évitent de faire parler d'eux, ils savent fort bien se défendre à l'occasion. Du côté des progressistes, je le répète, ils n'ont rien à craindre, étant avec ce parti dans les meilleurs termes et, par conséquent, aussi avec la municipalité. Leur ennemi, c'est le conservateur et, tout spécialement, le chef de la Ligue antisémitique, le pasteur Stœcker, agitateur des plus habiles. Lors des dernières élections, les israélites redoutaient ses attaques ; à propos de la loi militaire il n'aurait pas manqué de suspecter leur patriotisme, peut-être même de les représenter comme les agents de gouvernements étrangers. Que faire ? Deux professeurs israélites de l'Université publièrent un manifeste où ils invitaient leurs coreligionnaires à voter pour le gouvernement. Cet appel devait rester sans écho, mais le manifeste pouvait faire fonction de paratonnerre. Il y eut mieux. La caisse du comité conservateur était à sec, ou peu s'en faut, ce qui s'explique par la fortune médiocre de la plupart des nobles et de leurs partisans ; M. de Bleichrœder offrit d'y verser une somme considérable, à la condition formelle que Son Altesse Monsieur le prince de Bismarck imposerait silence au pasteur Stœcker et à sa ligue : le marché fut conclu et exécuté de part et d'autre. Le bruit en courut dans Berlin ; mes renseignements particuliers m'autorisent à croire que ce n'était pas un faux bruit. Il est inutile d'ajouter que les coreligionnaires de M. de Bleichrœder votèrent ensuite comme bon leur sembla, c'est-à-dire pour les candidats progressistes.

Il me paraît que la ligue antisémite va gagner du terrain, car l'opinion publique se montre positivement défavorable aux israélites. Mais, outre l'impossibilité d'inventer une mesure législative qui arrête leur expansion sans revêtir un caractère absolument odieux, leur habileté commerciale qui place de plus en plus en leurs mains la seule force irrésistible de l'épo-

que, le capital, met hors de doute, à mon avis,
que les juifs, après quelques défaites peut-être
douloureuses, sortiront vainqueurs de cette
épreuve et que bientôt même ils auront dans
l'administration et le gouvernement du pays
leur part, une part sans cesse grandissante.

Ils s'y attendent très certainement. J'en découvre la preuve dans la statistique scolaire.
Tandis que la communauté israélite approche
à peine de cinq pour cent de la population totale
de Berlin, j'ai calculé que les enfants appartenant à cette communauté forment sept pour
cent des élèves des écoles primaires supérieures,
douze pour cent, des *Realgymnasium* (qui ré-
pondent à notre enseignement spécial), vingt
et un pour cent des gymnases classiques. Dans
les deux classes que nous nommons la rhéto-
rique et la philosophie, cette dernière proportion, déjà énorme, s'élève encore ; elle dépasse
vingt-huit pour cent. Cela signifie qu'en proportion six fois plus d'israélites que de chrétiens vont jusqu'au bout des études classiques.
On se serait attendu à leur voir rechercher de
préférence l'enseignement des *Realgymnasium*,
ou même des écoles primaires supérieures, qui
préparent on ne peut mieux à la carrière commerciale, et, au contraire, ils choisissent résolument les études qui mènent aux carrières
libérales, où cependant la tradition leur dresse
tant de barrières, et le mauvais vouloir des
autorités leur suscite maint obstacle. Certes,
ils ne l'ignorent pas, et certes aussi ils s'enten-

dent au calcul des chances. Qu'est-ce à dire si ce n'est qu'ils comptent vaincre prochainement ces obstacles, renverser ces barrières ?

Deux peuples se sont distingués dans l'histoire par leur foi en l'avenir : Rome et Israël. Cette foi a donné à Rome l'empire du monde pendant des siècles et elle a tenu Israël debout à travers cent catastrophes qui devaient le pulvériser. Chez les juifs de Berlin, la foi en l'avenir paraît plus vivace que jamais.

CHAPITRE VIII

La vie... La division de la journée...
Le théâtre... Soupers et dîners [1]...

Divisés comme je les ai montrés, les différents groupes de la société n'en mènent pas moins une existence pareille. Il y a peu de rentiers à Berlin. Les nobles remplissent des fonctions à la cour, dans l'armée, dans les administrations civiles. Les bourgeois se retirent rarement du commerce ou de l'industrie après fortune faite ; au lieu de céder leur maison à un fils, à un étranger, ainsi que cela se voit chez nous, ils la gèrent jusque dans l'extrême vieillesse. On travaille donc de haut en bas, mais on veut aussi jouir de la vie ; on gagne de l'argent, mais on le dépense. On amasse peu. A l'exception de l'israélite lorsqu'il en est encore à ses débuts, l'épargne n'est guère le fait des Berlinois, ni peut-être en général de l'Allemand. Ce qui nous fait illusion, c'est qu'il a gardé, sur certains points, des goûts plus

1. *Le Temps*, 19 octobre 1887.

simples que les nôtres. Mais s'il raffine peu sur sa cuisine, il la veut copieuse. S'il mange mal, il boit bien. Si les robes de sa femme manquent d'élégance, l'étoffe en coûte cher. Si un luxe criard n'a pas envahi son appartement, il fréquente beaucoup le théâtre, le restaurant, la brasserie. Si, à la gare, il prend un billet de seconde classe, quand nous en prenons un de première, une fois descendu à l'hôtel ce n'est pas lui qui lésine. Pour peu qu'on ait voyagé en Suisse, où se coudoient toutes les nations, on a dû le remarquer : le Français, l'Anglais se contentent de l'ordinaire ; à l'Allemand il faut des *extra*. Rencontre-t-il des amis, il témoigne de sa joie en demandant la carte des vins fins ; est-il seul, il la demande encore, afin de tromper son ennui. Il jouit auprès des aubergistes alpestres de beaucoup de considération, non pas seulement parce qu'il représente le grand empire (et la hauteur de son verbe le rappelle à chaque instant), mais aussi parce qu'il ouvre largement un porte-monnaie bien garni. Je me souviens du temps où les hôteliers suisses réservaient leur sourire à John Bull, habitué alors à payer sans compter, tandis qu'ils faisaient grise mine à l'Allemand du Nord, tapageur et affamé, disaient-ils, qui n'en avait jamais assez et se plaignait toujours de l'exorbitance des prix. La carte des vins fins le tentait déjà, mais la bourse protestait. Elle s'est arrondie, ce qui permet au voyageur de satisfaire ses goûts de bon vivant.

A Berlin, on les retrouve ces goûts, greffés, comme je l'indiquais tout à l'heure, sur un vieux fond de simplicité bourgeoise. De là certaines disparates qui étonnent l'étranger : il a peine à comprendre ce mélange de luxe et de rudesse, de profusion et d'économie, de bombance et de frugalité. C'est évidemment un état de transition où les habitudes modestes, imposées naguère par le peu d'aisance de la population, luttent encore avec les appétits que surexcite l'enrichissement général.

La journée est divisée tout autrement que chez nous ou, pour parler plus exactement, elle est divisée comme chez nous il y a cent ans : on dîne dans l'après-midi, les négociants à deux heures, les personnages un peu haut placés à trois, les nobles à quatre, quelques-uns même à cinq. Il y a, paraît-il, une tendance à retarder.

Le maintien de cette tradition du xviiie siècle entraîne des conséquences très diverses.

La première, celle du moins qui frappe d'abord l'étranger et très désagréablement, c'est qu'on ne sait trop à quelle heure on peut faire des visites. Avant deux heures, c'est bien tôt ; après six heures, c'est bien tard ; dans l'intervalle, on risque de trouver son monde à table. Il est vrai que l'*Adressen-Buch*, le Bottin berlinois, indique pour chacun l'heure à laquelle il est chez lui, mais ces indications sont parfois bien étranges : deux fonctionnaires pour qui j'avais des lettres de recommandation recevaient en plein hiver « jusqu'à huit heures du matin ! »

Une autre conséquence très grave, sur laquelle j'aurai à revenir, c'est que toutes les écoles sont nécessairement fermées l'après-midi. Mais je ne m'occupe pour le moment que des modifications qu'entraîne dans la vie sociale cette division de la journée. Elle supprime le déjeuner de midi, ce repas qui réunit si aisément chez nous les hommes qui désirent s'entretenir sans perte de temps. Elle supprime aussi presque complètement les invitations à dîner, car après dîner la soirée est trop longue pour la passer ensemble, et la journée trop courte pour retourner au travail, à moins qu'on ne se sépare au dessert même. Le père de famille le sait bien ; à peine a-t-il plié sa serviette que son comptoir le réclame. Mais, dînant si tôt, il soupera. C'est le seul moment de la journée où il verra tranquillement les siens à table, si toutefois il ne va pas s'attabler ailleurs, dans un lieu public, dans un cercle, chez des amis. Rien n'est plus fréquent ; en ce cas, que reste-t-il de la vie de famille ? D'autre part, on le comprend, une invitation pour la soirée implique nécessairement une invitation à souper.

Le souper se trouve être ainsi, à Berlin, le repas de société, le repas d'apparat. Se récrier sur l'abondance qui y règne, la comparer à la tasse de thé que nous offrons à nos hôtes et en conclure que les Berlinois sont des Gargantuas, c'est ne tenir aucun compte de la division de la journée... Je ne prétends pas cependant que les Berlinois sont de petits mangeurs. Comme tous les peuples du Nord, ils ont l'estomac aussi exigeant que robuste, et, soit dit en passant, il me semble que, depuis une trentaine d'années, Paris a remonté de quelques degrés vers le pôle.

. . . .

Dîner, comme nous le faisons, vers sept ou huit heures, c'est se rendre la fréquentation du théâtre bien difficile. On y arrive tard : aussi nos directeurs font jouer d'abord un lever de rideau, pour laisser au public le temps de garnir les banquettes ; et on y arrive dans un état physiologique où l'âme éprouve un peu de peine à s'ouvrir aux jouissances de l'art. M. Sarcey l'a démontré trop souvent et trop éloquemment pour que j'insiste. Les Berlinois ignorent ces inconvénients. Leurs spectacles commencent dès six heures et demie, à sept heures tout au plus ; mais, à ce moment-là, on est déjà loin du dîner. On est donc frais, dispos, prêt à écouter avec une attention qui tient du recueillement. Voyant ces salles pleines avant le lever du rideau, et pourtant silencieuses, ces physionomies où se lit une vive curiosité, si ce n'est déjà un véritable enchantement, je me disais que les acteurs allemands ne connaissent pas leur bonheur. Ils n'ont pas à s'imposer à force de talent, il leur suffit de ne pas trop désappointer le spectateur, qui ne demande qu'à se croire satisfait. Il s'at-

tache, du reste, moins au jeu des acteurs qu'à
la pièce elle-même. Si elle l'amuse, si elle le
touche, il applaudit. Au sortir d'une détestable
représentation de *Mina von Barnhelm*, pièce
de Lessing, si bien classique qu'elle figure
au programme de nos élèves de quatrième,
j'entendais dire derrière moi: *Reizend! in
der That reizend!* Qu'est-ce donc qui avait
paru si « charmant » ? Je le compris bientôt :
l'histoire romanesque mise en scène, l'aventure de cette jeune fille riche et noble qui
court le monde après son fiancé, et de ce fiancé
qui, ayant perdu sa fortune et s'estimant atteint
dans son honneur militaire, refuse d'associer
à son existence celle qu'il aime. *Reizend! in
der That reizend!* C'étaient des femmes, vous
le devinez, qui rentraient chez elles, avec cette
douce impression d'avoir vu, pour la vingtième fois, je pense, Tellheim obtenir sa réha-
bilitation et Mina triompher, par une ruse inno-
cente, de l'indomptable orgueil de son héros.
On les laissait parfaitement heureux, grande
consolation pour les cœurs sensibles.

Les femmes, les jeunes filles de la bourgeoisie fréquentent beaucoup le spectacle, s'y ren-
dant sans cavalier, presque toujours par groupes de deux ou trois. Au parquet du Théâtre
Royal, où la place coûte 5 francs, je les ai vues
bien plus nombreuses que les hommes. Leur
mise est très simple et leur attitude on ne saurait plus convenable. S'il se glisse parmi elles
quelque brebis galeuse, elle se garde bien de

s'afficher par une toilette éclatante. Il semble que les théâtres soient des annexes de la maison que l'on habite.

On en compte à Berlin bien près de trente, mais la plupart ne dépassent pas le niveau de nos cafés-concerts, et ce n'est pas à eux que s'appliquent les observations qui précèdent.

Trois seulement peuvent avoir de l'intérêt pour l'artiste ou le lettré. C'est d'abord l'Opéra et le Théâtre-Royal, subventionnés l'un et l'autre par la cour et placés sous la direction d'un haut fonctionnaire. Les deux salles sont proches voisines. Celle qui est destinée à la musique étant la plus vaste, il arrive parfois que l'intendant royal y fait représenter les drames exigeant une mise en scène considérable et qu'il relègue, ce soir-là, les chanteurs et l'orchestre dans la petite salle. Ainsi pour la *Jeanne d'Arc* de Schiller, j'ai dû prendre un billet à l'Opéra. La troisième salle appartient à une entreprise privée. Le nom qu'elle a choisi : *Deutsches Theater*, indique sans doute l'intention de devenir, comme notre Théâtre-Français, la première scène littéraire de la capitale. Je n'y contredis pas ; il y a là, du moins, une troupe dont le jeu m'a paru bon, et même, par moments, excellent. Bien des Berlinois n'y mettent jamais les pieds ; vous ne devineriez pas pourquoi ? C'est qu'on y rencontre beaucoup d'israélites.

Il faut signaler encore une troupe nomade qui, pendant mon séjour, avait un assez grand succès : celle des *Meininger* ou gens de Meiningen. Le duc qui est à la tête de l'état minuscule de ce nom et dont le fils, soit dit entre parenthèses, a épousé une fille du Kronprinz, a la passion du théâtre. Il a réuni un certain nombre d'acteurs qui ne sont pas sans mérite comme ensemble, quoiqu'aucun d'eux ne s'élève au-dessus d'une honorable médiocrité. Mais les frais de cette troupe, malgré l'absence de toute étoile, dépassant de beaucoup les ressources du duc, il a eu l'idée originale de la faire voyager chaque année pendant plusieurs mois, afin que l'argent gagné dans cette tournée lui permette de l'entretenir chez lui le reste du temps. Les « gens de Meiningen » sont connus et bien accueillis dans toute l'Allemagne, à Berlin notamment. Le prince Guillaume ne dédaigne pas de les honorer de sa présence. Comme au *Kœnigliches Schauspielhaus* et au *Deutsches Theater*, ils jouent la tragédie, le drame et la comédie.

Des trois c'est, à mon avis, le Théâtre-Royal qui a le moins de valeur. A part quelques rôles secondaires, convenablement rendus, tout y est à la fois guindé et lâché. Cela semble contradictoire, mais je ne puis définir autrement le jeu d'acteurs qui ne se montrent pas naturels un seul instant dans une soirée, et qui pourtant manquent totalement de tenue. Pendant la moitié d'un long dialogue, j'ai vu l'actrice nous tourner le dos comme si elle cherchait les spectateurs dans les coulisses, et vraiment je ne pouvais lui en vouloir, car, lorsqu'elle regardait de notre côté, l'expression de son visage n'avait pas le moindre rapport avec les paroles qu'elle débitait. J'aime autant Guignol. Et je vous répète que j'ai vu sortir de ces représentations des spectateurs enthousiastes ! C'est qu'en effet ils y vont ainsi que les enfants à Guignol, avec candeur et naïveté. Les acteurs, s'en apercevant bien, jouent en conséquence, sans aucun souci de l'opinion des connaisseurs, qui ne sont pourtant pas rares à Berlin. J'en sais plus d'un.

L'Opéra est bon, bon dans l'ensemble, comme les Meininger, et sans étoiles. Cela coûte beaucoup moins, et l'on obtient ainsi un genre de supériorité qui se conserve aisément par cette force si puissante en Allemagne : la tradition. A côté des grands maîtres internationaux, si je puis ainsi dire, à côté de Wagner, qui ne rencontre ici aucun détracteur, on donne des œuvres toutes modernes, ayant un goût de terroir germanique très prononcé. Ceux de mes lecteurs qui habitaient Strasbourg en 1863 ou 1864 se souviennent probablement d'une petite aventure de théâtre qui excita la curiosité. Un élève de la Faculté de théologie protestante, M. Nessler, ayant composé un opéra-comique, *Fleurette*, dont le sujet était emprunté à la jeunesse d'Henri IV, obtint d'être joué plusieurs fois sur la scène municipale. On y applaudit une musique gaie, fraîche, d'inspiration tout allemande. Renonçant aux études bibliques, l'auteur se rendit à Leipzig, où il fit de grands progrès dans son art. Ses œuvres comptent maintenant parmi les plus populaires au delà des Vosges. Chaque soir on donne dans une demi-douzaine de villes au moins son *Trompette de Sæckingen*, qui revient fréquemment aussi sur l'affiche de l'Opéra de Berlin. Je l'ai entendu. C'est toujours la musique de *Fleurette*, juvénile encore quoique plus savante, facile, constamment gracieuse, parfois ravissante, mais sans grande originalité. On y trouve des scènes bruyantes, des chansons à boire, des duos d'amour et surtout un air extrêmement langoureux qui exprime la douleur de l'amant forcé de renoncer à son rêve : *Es wære zu schœn gewesen !* « c'eût été trop beau ! » Il n'y a pas de dames ou de demoiselles allemandes tant soit peu « musicales », comme on dit là-bas, qui ne le roucoulent. Le genre étant donné, elles pourraient choisir plus mal.

Si l'Allemagne moderne produit encore des opéras, elle apparaît d'une étrange pauvreté en littérature dramatique. Lorsqu'on parcourt les affiches de tous les théâtres de Berlin, qu'y trouve-t-on ? Des farces, généralement aussi stupides que grossières ; des opérettes empruntées presque sans exception à notre répertoire ; des comédies du Palais-Royal ou des Variétés, non pas adaptées, mais traduites littéralement avec toutes leurs allusions parisiennes ; des pièces allemandes remontant au commencement de ce siècle ou même au siècle dernier, qui ont sans doute de la valeur, mais rarement assez

pour être revêtues de cette patine classique
que prennent seules les œuvres coulées en
bronze et qui les rend immortelles. Les pièces
modernes de quelque importance, on peut les
chercher en vain sur ces affiches pendant bien
des jours.

J'en ai vu une dont la joyeuse bonhomie m'a
amusé, et qui était d'ailleurs très bien jouée
par les acteurs du *Deutsches Theater*. Le docteur Klaus, principal personnage de la comédie de ce nom, médecin bourru mais bien-
faisant, répare rudement les sottises que l'on
commet autour de lui. | L'attention s'éparpille
un peu, car elle se porte tour à tour sur la
nièce, qui s'est mal mariée ; mais, rassurez-
vous, on corrigera son mari ; sur le domestique,
personnage de la plus réjouissante pédanterie
qui, s'étant fait passer pour le docteur, s'imagine avoir empoisonné son unique client ; sur
la fille enfin, une Gretchen accomplie. N'allons
pas commettre la balourdise de prendre cette
Gretchen — elle se nomme, je crois, Emma —
pour un portrait ; c'est une charge, mais la
charge d'un être réel, la petite Allemande sentimentale. Écoutez l'histoire de ses fiançailles.
Un soir que l'on doit aller au bal, on attend en
vain le père, retenu auprès d'un malade, lorsque le domestique annonce un étudiant qui
vient quelquefois dans la maison. Fatiguée par
l'attente, la mère ne tarde pas à s'endormir
dans son fauteuil. L'étudiant s'en aperçoit, un
étudiant sérieux, s'il vous plaît, correct dans

toute sa personne, portant lunettes, préparant son dernier examen de droit, un futur fonctionnaire de la chancellerie. Timidement il rapproche sa chaise de celle d'Emma ; plus timidement encore, après quelques propos insignifiants, il bégaie : « Ma-de-moiselle Em-Em-ma, permettez, permettez-vous que je vous-vous-vous ai-aime ? » Ravie, mais modeste, timide elle aussi ; mais moins que l'autre, elle murmure : « Je veux bien. » Et les voilà très embarrassés, ne sachant que se dire. « Partez ! — Oui, mais d'abord un baiser. — Oh !... eh bien ! oui, mais un seul... sur le front... à l'instant où vous refermerez la porte. » Ainsi fait, la mère se réveille. Ils se considèrent désormais comme fiancés, à l'insu de tout le monde. Cela arrive en Allemagne. Or Emma, qui voyant combien son père est esclave de sa profession, l'avait prise en horreur, découvre subitement, un beau jour, qu'il n'y en a pas de plus sublime et elle se jure de n'épouser jamais qu'un médecin. Le fiancé survenant tout juste, elle lui demande à brûle-pourpoint de changer de carrière, de passer le mois prochain des examens de médecine et non de droit. Et comme il fait quelque difficulté, elle rompt avec lui ; victime de la lutte entre l'amour et le devoir, elle ne peut prendre sur elle de « violer un serment qu'elle a prêté en une heure d'une solennité inoubliable ». Cette pompe de sentiments dans un milieu très prosaïque produit un effet des plus drôles. La salle rit à se tordre ; chacun songe évidemment aux Emma de sa connaissance.

Le spectacle finit à dix heures. Que faire maintenant ? Souper, cela va sans dire, et même de très bon appétit, puisqu'on a beaucoup ri ou pleuré, ce qui creuse l'estomac. Mais la famille bourgeoise prend généralement son souper plus tôt. Si l'on rentre le demander aux domestiques, on mettra tout sens dessus dessous. Le plus simple est d'entrer dans un restaurant. Et voilà comment certains restaurants de Berlin sont, de dix heures à minuit, pleins d'animation.... La carte, qui ne comprend guère que des mets assez légers, est satisfaisante. Aux heures du dîner, au contraire, les restaurants n'ont rien d'attrayant. J'en ai visité un grand nombre, depuis les plus riches, sans en excepter un, jusque bien au delà du point où commencent les simples gargotes. Celles-ci sont au-dessous de toute description, quant à la qualité des mets ; les maisons chères sont médiocres. Partout, on dîne à prix fixe, et à peine a-t-on la faculté de choisir parfois entre deux plats. Un Viennois, débarqué de la veille, étant venu me voir, s'écria dès les premiers mots d'un ton pénétré : « Ah ! monsieur, quelle cuisine ! quelle cuisine ! » Je pus, sans hypocrisie, compatir à sa douleur. Il y a une trentaine d'années, un Anglais me disait : « Que peut bien être, d'après vous, l'abomination de la désolation dont il est fait mention dans le prophète Daniel ? — Mais, lui répondis-je, ce doit être, je pense, la statue d'un roi de Syrie

érigée comme idole dans le temple de Jéru-
salem. — Oh ! non, non, reprit-il ; l'abomination de la désolation, c'est la cuisine allemande ! » Il exagérait, le digne homme, et il
commettait, en outre, un anachronisme inexcu-
sable aux yeux de quiconque est pénétré de l'esprit de la critique moderne. Sans entrer dans
de longs détails, je dirai toutefois que les *chefs*
n'ont à Berlin ni le génie ni la tradition de leur
art. J'ose même ajouter que leur matière première me semble laisser à désirer.....

CHAPITRE IX

Au bal des artistes dramatiques. [1]

. . . .

Me trouvant un jour à l'ambassade de
France, j'y vis arriver deux chanteurs de
l'Opéra, en habit noir et cravate blanche, qui
prièrent Son Excellence de prendre des billets
pour le prochain bal des artistes dramatiques.
On m'expliqua que les artistes dramatiques de
toute l'Allemagne ont une caisse de retraites
et de secours mutuels très florissante, et que
le bal qu'ils donnent à Berlin, chaque hiver,
est une des fêtes les plus gaies de la saison.
Il fallait y assister. La famille..... voulut bien
m'inviter à me joindre à elle ; j'acceptai, car
dans une réunion de ce genre l'étranger isolé
risque fort de s'ennuyer mortellement, surtout
quand c'est sous Louis-Philippe qu'il était un
jeune homme.

Le bal se donnait dans le hall du Central-
Hôtel ; l'immense parallélogramme avait été

1. *Le Temps,* 26 janvier 1888.

divisé en trois parties égales : celle du milieu réservée à la danse, les deux autres occupées par des tables que l'on avait retenues presque toutes pour la soirée entière. Il s'agissait, en effet, de souper, vous le devinez. Je crois bien que plusieurs groupes commencèrent par là ; les autres ne tardèrent guère, et toute la nuit on se fit servir des mets et des rafraîchissements variés. Quoique formellement interdite, la bière entra bientôt par contrebande ; mais il fallut en offrir un très bon prix pour vaincre la résistance des *Kellner*, et je vis clairement que ce n'est point par économie que le Berlinois la préfère à toute autre boisson, le champagne excepté.

Les théâtres se ferment très tôt, les artistes, hommes et femmes, firent leur entrée vers onze heures. La circulation devint difficile autour des tables : dans la partie réservée, le bal s'ouvrit par la « polonaise ». Ce n'est pas une danse, c'est un lent et majestueux défilé en courbes serpentines. A la tête du cortège, l'intendant général des théâtres royaux, petit homme assez chétif, accompagnait une actrice colossale, bien bâtie, mais aux traits singulièrement masculins. Elle passe à Berlin pour une beauté. J'en conclus que c'était un vrai Prussien, cet original Frédéric-Guillaume Ier, qui n'apercevait rien de plus admirable dans la création que les grenadiers de six pieds cinq pouces, pourvu qu'ils fussent larges en proportion. Après la « polonaise, » on dansa, on polka,

on valsa une dizaine de fois. A la suite d'une
assez longue pause, un nouveau défilé en ara-
besques capricieuses inaugura la seconde partie du bal qui se termina vers cinq ou six
heures du matin, m'a-t-on dit, par un galop
infernal.

La bourgeoisie riche, venue soit par couples,
soit en famille, prédominait visiblement dans
la salle ; elle était comme chez elle. Les femmes appartenant à la noblesse ne condescen-
dent pas à se mêler à cette foule ; il se peut
qu'elles prennent des billets, mais elles n'ont
garde de s'en servir. Leurs maris, toutefois, et
leurs fils ne partagent pas absolument ces scrupules, quand il s'agit de plaisir. Outre les
membres de diverses ambassades, on me montra quelques représentants des familles les plus
illustres de Prusse : le comte Herbert de Bismarck, entre autres, se faisait remarquer par
sa gaieté. L'uniforme était extraordinairement
rare, non que les officiers eussent revêtu un
costume civil — ils ne l'oseraient, — mais la
plupart vivant uniquement de leur solde, les
25 francs que coûte l'entrée dépassent leurs
moyens ; on me l'a affirmé, et le fait est d'autant plus à signaler que la garnison de Berlin
et des environs appartient tout entière à la
garde royale.

Si la partie féminine du grand monde avait
dédaigné d'honorer le bal de sa présence, le
demi-monde en était sévèrement écarté par les
organisateurs eux-mêmes : chaque billet porte

la signature de l'un d'eux au-dessous du nom
du souscripteur, et cette signature paraît établir
une responsabilité sérieuse.

Quand je dis qu'on avait fermé les portes au
demi-monde, je prévois bien un sourire quelque peu moqueur : les actrices de Berlin, de-
mandera-t-on, sont-elles toutes des vertùs ?
Franchement, j'en doute. A un comptoir, où se
faisait une vente au profit de l'œuvre, j'obser-
vais une très jeune personne dont les manières
n'avaient rien de bien édifiant ; un Berlinois
de ma connaissance me confia que la réputation valait moins encore que les manières. De
même qu'il y a sur nos scènes des personnes
fort honorables et d'autres qui le sont très peu,
on distingue donc dans les théâtres de Berlin
des vierges sages et des vierges folles. Ce n'est
pas sur ce point, ou du moins ce n'est pas là
essentiellement que je trouve une différence
entre les deux villes. Mais à Berlin, et l'on
peut dire dans toute l'Allemagne, les comédiens n'ont plus à souffrir des préjugés, reste de
l'ancienne excommunication, que les plus distingués d'entre eux parviennent seuls à vaincre chez nous. Les gens de théâtre ayant cessé
d'être exclus de la société, frayent avec la bourgeoisie, non pas dans les coulisses ou dans les
lieux publics, mais dans l'intérieur des familles,
non pas avec les hommes uniquement, mais
avec les femmes, non pas les grands artistes seulement ou les artistes des grands théâtres, mais tous ceux qui ont quelque valeur.

Aussi leur tenue, sauf certaines exceptions, ressemble à peu près à la tenue de tout le monde. Il se peut d'ailleurs que la morale y gagne en une assez large mesure.

Plusieurs fois dans la soirée, des actrices dont la toillette était d'une simplicité surprenante, venant à passer auprès de nous, échangèrent des saluts avec les dames que j'avais le plaisir d'accompagner. Des acteurs, qui font partie d'un cercle que fréquente le chef de la famille, s'assirent un moment à notre table. C'étaient d'aimables compagnons, exempts de cette fatuité encombrante qui distingue le cabotin. Ils cherchaient peu à se faire valoir. Quand on leur dit que j'habite Paris : « Ah ! Paris ! s'écrièrent-ils, comme vous devez trouver tout ici mesquin, ce bal, par exemple, — et puis nos théâtres ! » J'avais quelque raison de croire la modestie à peu près bannie d'Allemagne depuis une quinzaine d'années, et voilà que c'est chez des comédiens berlinois qu'elle s'est nichée !

A Paris, dans toute fête donnée par les artistes dramatiques, la presse occupe une place considérable. Si les journaux du boulevard y sont fortement représentés, les feuilles les plus sérieuses y envoient au moins un ou deux rédacteurs. On a aidé à organiser la réunion, on l'a recommandée au public, on en rendra compte, et d'ailleurs il règne une sorte de camaraderie entre les artistes, hommes ou femmes, et beaucoup de critiques de théâtre ou de chroniqueurs. Je demandai à voir, au bal du Central-Hôtel, les représentants de la presse berlinoise. En cherchant bien, on me découvrit un romancier qui jouit en ce moment de quelque renommée et, par conséquent, de quelque prospérité. Cela se reconnaissait à ses bagues nombreuses et grosses, et à sa raideur digne d'un haut fonctionnaire. Mais de journalistes, il n'y en avait pas, à moins qu'ils n'eussent réussi à se cacher, avec une humilité qui n'est guère dans les traditions de notre corporation.

La presse de Berlin en est encore à la période de la gravité. Je doute qu'elle se croie un quatrième pouvoir dans l'Etat, qui peut-être bien, d'ailleurs, n'en compte pas trois autres ni même deux autres, mais il est incontestable qu'elle pontifie, disons mieux : qu'elle professe. Elle a les allures de l'enseignement allemand. Ses articles politiques rappellent les *vorlesungen* de certains *privatim-docentes* qui, pour attirer les auditeurs, entremêlent à un lourd exposé scientifique des affirmations audacieuses, des paradoxes, des sophismes et quelques malices plus grossières que mordantes à l'adresse de leurs adversaires. L'ensemble est éminemment pédantesque. A part deux ou trois journalistes du parti progressiste (j'en citerai un plus tard) tous ont du plomb dans leur plume. Rien de vif, d'alerte, d'incisif, pas même dans la polémique ardente des mêlées électorales. Quant au genre *chronique*, il est totalement inconnu: Est-ce un mal? Est-ce un bien? Il me suffit de

constater le fait. Le *reportage* n'a pas non plus
traversé le Rhin. La critique théâtrale existe sans
doute, mais elle procède un peu autrement
qu'au *Temps* ou au *Journal des Débats* : c'est
une simple distribution de bons points et de
mauvaises notes aux auteurs et aux acteurs,
sans discussion littéraire (car il me semble
que l'évocation de quelque prétendue règle immuable ne saurait en tenir lieu) sans étude
morale non plus, bref, sans aucune espèce de
vues originales. C'est aride et sec comme les
articles de bibliographie dans les revues allemandes consacrées aux sciences ou à l'érudition.
Aussi, désigne-t-on couramment sous le même
nom savant de *recensionen*, comme qui dirait
« censures », ces articles de bibliographie et
ces comptes rendus de théâtre.

En résumé, le journalisme n'est une carrière
à Berlin que pour un petit nombre de personnes qui sont des employés dans un bureau de
rédaction plutôt que des écrivains. Dépourvus
d'individualité, ils disparaissent dans la foule.
Je ne pouvais donc rencontrer au bal des artistes dramatiques cette nuée de sémillants repor-
ters et chroniqueurs qui, chez nous, voltigent
autour des héroïnes de la fête. A Berlin, on l'a
vu du reste, la fête n'a pas d'héroïnes.

Ce que je viens de dire de la presse et de sa
gravité peut me servir de transition pour passer de ce bal, qui n'avait vraiment rien de fo-
lâtre, à une réunion extrêmement sérieuse.

CHAPITRE X

Nos dîners mensuels et les Vereine allemands. A la société philosophique [1].

Depuis la fondation de la République, nous avons multiplié en France, et surtout à Paris, les réunions périodiques, les dîners mensuels où s'assiéent des hommes venus de la même province, ou bien partageant les mêmes goûts pour les arts ou exerçant la même profession. En Allemagne, ces réunions périodiques sont infiniment plus nombreuses encore. Elles constituent de véritables associations (*Vereine*) qui, parfois, s'étendent sur tout le territoire de l'empire et souvent au delà. Quand on s'est affilié à une de ces associations dans une ville, on est de droit membre de l'association dans toutes les autres villes où elle a des annexes. Ceci facilite singulièrement le déplacement et l'émigration des jeunes Allemands. En arrivant, par exemple à Paris, ils retrouvent sur-le-champ un milieu pareil à celui qu'ils ont quitté à Berlin, à Dresde, à Munich, à Stuttgart : les per-

1. *Le Temps*, 31 janvier 1888.

sonnes sont autres, mais les goûts et les usages
sont exactement les mêmes. Ils ne perdent pas
un seul jour à chercher une pension, un café,
une brasserie, et à faire choix de camarades.
Tout est préparé, tout les attend. Je suis très
frappé des avantages qu'offre ce genre d'institutions pour l'expansion de la race germanique.

Mais voici une seconde différence entre les
réunions d'hommes en Allemagne et les nôtres.
Nous aimons peu les règlements ; le formaliste
teuton croit ne pouvoir s'en passer. Dans nos
dîners mensuels, nous nous en remettons au
hasard pour improviser des sujets de conversation : l'Allemand fixe à l'avance son ordre du
jour. Je sais une association dont l'amusement
est le but unique. On y soupe gaiement et on
y boit sec ; on y fait des folies jusqu'à quatre
heures du matin : mais tout est prévu : un
membre, désigné depuis un mois, doit faire une
conférence « humoristique », quelque chose
d'analogue à un article du *Punch*, bien plus
long toutefois, car il parle au delà d'une demi-
heure ; un autre membre, désigné aussi, doit
répondre en « blaguant » ce conférencier ;
après quoi, seulement, chacun sera libre de se-
couer les grelots à sa guise. Il paraît que c'est
charmant, et je le crois volontiers. Ma bonne
étoile ne m'a pas conduit dans une réunion de
ce genre. Au lieu d'hommes sérieux faisant cor-
rectement des folies, j'en ai vu qui traitaient
gravement de graves questions.

Voici, par exemple, la Société philosophique. Elle se réunit l'après-midi dans un restaurant de troisième ordre. Au moment où j'eus l'honneur d'y être introduit, on avait dîné depuis longtemps, et l'un des membres avait même terminé la lecture d'un mémoire très volumineux, m'a-t-on dit, sur la philosophie de l'histoire : c'était, je crois, un exposé critique des divers systèmes. La discussion venait de s'engager entre une vingtaine d'hommes assis à une table longue et étroite, ayant leur président à l'une des extrémités. L'un deux, qui avait la parole, ne tarda pas à se lever pour partir, continuant son discours jusqu'à la porte : c'était un octogénaire tout au moins, vigoureux encore, quoiqu'il s'appuyât pesamment sur une canne. Le regard me parut remarquablement vif, la parole limpide. J'appris que j'avais sous les yeux le professeur Michelet, dernier survivant des disciples immédiats de Hegel, esprit très net, écrivain distingué, libéral incorrigible. Aussi le gouvernement lui a-t-il toujours refusé une chaire de titulaire, le laissant indéfiniment dans la situation précaire et subordonnée d'agrégé de Faculté, comme nous disons en France. M. Michelet, de quatre ans seulement plus jeune que l'empereur Guillaume, appartient au « Refuge », étant l'arrière-petit-fils d'un protestant de Metz, qui, dans les premières années du dix-huitième siècle, vint s'établir à Berlin et y fonda, avec un de ses compatriotes et coreligionnaires, une fabrique de soieries.

En écrivant ces lignes, j'ai sous les yeux sa généalogie, comme toutes celles du « Refuge » berlinois [1]. Fait curieux, sa mère, son aïeule, sa bisaïeule descendent, elles aussi, de huguenots, soit de Lorraine, soit du Dauphiné, et Mme Michelet a la même origine. Le sang français s'est conservé très pur dans cette famille comme dans plusieurs autres, mais vous y chercheriez en vain un reste d'amour pour l'ancienne patrie. Malgré les guerres de Napoléon Ier, il en existait encore quelques traces il y a une vingtaine d'années. Un de nos diplomates, qui remplissait les fonctions de consul à Stettin peu de temps avant 1870, m'a raconté qu'à peine installé il reçut la visite d'un négociant portant un nom français : « Vous êtes donc un de mes nationaux ? — Non, je ne suis pas Français, je suis Bourguignon ; oui, Bourgignon, et je ne manque jamais de rendre visite au consul qui représente ici le pays de mes ancêtres. » C'était touchant, mais cela ne se fait plus.

Les ancêtres de M. Michelet me font oublier les discussions de la Société philosophique, dont il fut jadis un des fondateurs et dont il est encore un des membres les plus actifs.

Le président ne tarda pas à donner son opinion. Jamais encore je n'avais entendu un Allemand parler à la fois avec autant de volubilité

---

1. *Stammbaüme der Mitglieder der franzœsischen Colonie* (Généalogie des membres de la colonie française), par le docteur Béringuier. Berlin, 1887.

et de clarté ; des mots heureux, de courtes cita-
tions en grec, en latin, en anglais, en français,
des comparaisons empruntées aux sciences de
la nature, des épisodes brefs et intéressants,
faisaient que l'orateur échappait, malgré l'incroyable rapidité de son débit, à la monotonie
qui enveloppe presque tous les discours de ses
compatriotes. Par moments, il s'en fallait de
peu qu'il ne s'élevât à l'éloquence. Presque pas
de gestes, mais un regard perçant, une physionomie aux traits accentués où il me semblait démêler des traces de sang sémitique.
C'est le docteur Lasson, professeur agrégé, lui
aussi, quoiqu'il ait dépassé la cinquantaine.
On le trouve, en haut lieu, trop avancé, probablement ; il n'a cependant rien d'un révolutionnaire et je le rangerais plutôt, en politique comme en religion, parmi les conservateurs
libéraux.

En l'écoutant, je sentais se ranimer en moi
un monde d'idées qui, après avoir longtemps
ébloui mon esprit, s'y était éteint peu à peu, —
cette vaste philosophie hégélienne que j'ai tant
étudiée il y a quarante et quelques années. Nous
éprouvons la même sensation lorsque nous re-
voyons soudain un paysage qui fut familier à
notre jeunesse. Chaque thèse, chaque raison-
nement m'apparaissait comme une vieille connaissance. Quoi donc ! tout cela existe encore ?
J'y apercevais bien, il est vrai, les traces du
temps. Au lieu de cette rude parole de Hegel
qui, à ce que l'on raconte, n'achevait, dans ses

cours, aucune phrase et procédait par des séries de substantifs privés de verbes ; au lieu de ce style hirsute qui, ayant passé dans ses livres, m'avait retenu souvent des heures entières sur une page, j'entendais un langage élégant et poli. L'argumentation était émoussée. Les thèses avaient si bien perdu leur raideur qu'elles avaient pris quelque chose de la souplesse des lieux communs. C'était, relativement à l'hégélianisme primitif, ce que les écrits des vulgarisateurs, les Babinet, les Figuier, les Flammarion, sont aux calculs d'un Leverrier.

Avec l'approbation de presque toute l'assemblée, M. Lasson exposait la doctrine de l'évolution physique et intellectuelle de l'univers en vertu d'une force immanente, l'Idée, qui nous fait décrire, fût-ce à notre insu, l'orbite d'un progrès sans fin. La foi en l'Idée, moteur de l'évolution, est l'axiome sur lequel repose l'Ecole, et il ne paraît pas qu'elle la laisse mettre en discussion. On fit deux ou trois allusions, pleines d'un suprême dédain, à Darwin dont les vues, disait-on, prouvent une absence complète d'esprit philosophique. Le reproche est certes fondé. Si Darwin ne s'est pas occupé du système de Hegel, il connaissait le Français Lamarck et, parlant de lui, il s'écriait : « Le ciel me préserve de ses sottes erreurs et de sa *tendance à la progression.* » Darwin est donc bien l'ennemi ; mais a-t-on raison de le dédaigner comme on le fait à la Société philosophique de Berlin? On ne trouve pas l'ombre d'une métaphysique dans sa doctrine de la variabilité des espèces par l'action des milieux; mais il s'agit précisément de savoir si cette doctrine ne rend pas toute métaphysique et inutile et impossible. Or son influence s'étend partout et partout elle bat victorieusement en brèche la foi en l'Idée, la foi au progrès. Ayant eu le .... plaisir de m'entretenir avec M. Lasson, je ne fus nullement surpris de l'entendre se plaindre que cette foi faiblît en Allemagne, principalement chez les jeunes gens. On ne voit plus que le fait, et l'on ne songe plus qu'à tirer parti du fait. Les hommes d'Eglise eux-mêmes, qui portaient naguère si haut le renom de la théologie allemande, avec ses hardies rénovations spiritualistes du christianisme, renoncent à la science, n'ont plus de souci de ce qui est vrai, s'en tiennent piteusement au terre-à-terre de la vie pratique... Eh ! . . . monsieur, il y a là-dessous, croyez-moi, l'influence de Darwin, l'homme des faits, l'ennemi de l'Idée. Cet anglo-saxon domine toute cette fin de siècle, ayant d'ailleurs pour éminent collaborateur, il n'est que juste de le reconnaître, le plus *matter of fact mind* des hommes d'Etat, votre grand-chancelier, qui subordonne sans cesse l'Idée, le droit, les consciences, les sentiments aux appétits du plus fort : 1866 et 1870 ont tué la poésie en Allemagne, et qu'est-ce que votre philosophie idéaliste, si ce n'est un poème?

Je n'ai jamais assisté à une discussion entre

philosophes sans qu'ils en vinssent au chapitre d'Aristote *De forma et figura*, édition Poquelin. Il m'est bien permis de le dire à moi qui fus aussi, jadis, membre de la confrérie. Avec le mépris que l'idéalisme a toujours professé à l'endroit du commun des mortels, M. Lasson avait affirmé que les individus ne comptent pas, à moins que l'Idée ne se soit incarnée en eux pour marquer une phase nouvelle de l'esprit : les hommes de génie, un poète tel que Gœthe, un musicien tel que Mendelssohn, un peintre tel que Cornelius, ont une valeur propre, tandis que, nous, nous sommes de simples exemplaires de l'humanité, identiques les uns aux autres, ainsi qu'un chien est identique à un autre chien. Légère rumeur. Un membre de la Société maintient énergiquement que son camarade à quatre pattes n'est pas absolument identique à tout représentant de la race canine, qu'il a son caractère à lui, qu'il est bien un individu ; et il en conclut que, tous, nous sommes plus et mieux que de simples exemplaires. C'est ainsi qu'à propos de caniches je vis renaître, à Berlin, la grande question des universaux, ce tourment des esprits à la fin du moyen âge.

CHAPITRE XI

Au souper des économistes [1].

Mon ami M. Marelle, qui avait eu la bonté
de m'introduire à la Société philosophique,
voulut bien aussi me conduire à la *Volkswir-
thschaftliche Gesellschaft*. Cela signifie « Société
d'économie politique », et correspond à notre
Dîner des économistes. La plupart des membres appartenant au monde des affaires, on se
réunit le soir, dans un très bon hôtel, d'ailleurs.
Nous étions nombreux, environ cent cinquante.
On s'assit comme dans une salle de cours, sur
des bancs, faisant face au conférencier ou, ainsi
qu'on dit ici, au rapporteur, dont le discours
devait fournir la matière de la discussion. Vu
la composition de l'assemblée, je m'attendais à
entendre traiter quelque sujet précis et d'une
importance pratique : la réforme de l'impôt
sur les sucres, dont on se préoccupait beaucoup à ce moment, ou bien aussi la question
de l'alcool, ou celle des droits protecteurs

1. *Le Temps*, 2 février 1888.

réclamés par l'agriculture, ou encore les charges énormes du service militaire. Je m'abusais.
On examina les limites de la compétence de
l'Etat et des droits de l'individu, sujet magnifique, mais d'une ampleur désespérante. Cette
réunion avait lieu une quinzaine de jours après
la brusque dissolution du Reichstag ; les membres de la société appartenaient tous, ou peu
s'en faut, au parti progressiste, c'est-à-dire à
l'opposition la plus décidée, et à ce moment
critique ils ne trouvaient rien de plus urgent
que de débattre un point de doctrine abstraite !
L'orateur lui-même, le docteur Rommel, avait
été membre du Reichstag dissous et il allait
se représenter devant son collège électoral. Il
évita, dans sa conférence, de faire allusion à
l'événement du jour ou à sa situation personnelle. Maladif, cela ne se voyait que trop,
ayant en toute sa personne quelque chose de
distingué, de grave et de doux, il exposa dans
un langage un peu terne, des idées sages, modérées, à égale distance du socialisme et d'un
individualisme excessif. L'auditoire resta froid
et aucun des hommes d'affaires ne se mêla à
la discussion, ainsi que je l'avais espéré. Un professeur et puis un homme politique, le docteur
Barth, parlèrent seuls. (Soit dit en passant,
le titre de docteur ne désigne pas généralement un médecin ; c'est un grade académi-
que, presque toujours des Facultés des lettres
et des sciences, qui s'obtient avec la plus
grande facilité et que l'on prend simplement

pour avoir un titre, car il en faut un en Allemagne, un titre indiquant que l'on a fait des
études dans une haute-école.) Le docteur Barth,
qui siégeait lui aussi au Reichstag dissous et
dont la réélection paraît assurée, est un très
jeune homme qui, rédacteur au journal de
M. Richter, se distingue de ses confrères de
la presse berlinoise par sa verve et ses saillies.
Démocrate ardent et batailleur, ses amis lui
ont donné le surnom de Hussard progressiste.
Un voyage qu'il venait de faire en Amérique
avait exalté encore son libéralisme. Il attaqua
allègrement les idées trop modérées de son
ami le docteur Rommel. Sa thèse, à lui, est
bien simple ; liberté sans bornes de l'individu,
réduction de l'Etat aux fonctions strictement
indispensables. On ne saurait imaginer une manière de voir plus opposée à la politique de
M. de Bismarck. Mais je ne sais si l'ombre de
Laboulaye lui-même n'eût pas frémi en enten-
dant des aphorismes tels que celui-ci : « Toute
loi est mauvaise, oui, nécessairement mauvaise,
par cela déjà qu'elle est une moyenne. Elle ne
convient qu'aux cas répondant à cette moyenne,
et il n'en existe probablement pas un seul ; ils
sont tous au-dessus ou au-dessous. La loi ne
peut donc s'appliquer qu'en violant la justice ».
En d'autres termes, n'est-ce pas ? la loi est un
vêtement de confection qui ne va parfaitement
bien à personne ; parmi les acheteurs de la
Belle-Jardinière, aucun n'a juste, en longueur,
en largeur, la taille prévue par le coupeur. En

résulte-t-il que la confection soit un mal? Non,
elle est imparfaite, voilà tout. Et la loi aussi est
imparfaite, cela est connu depuis que les hommes vivent en société. Pourquoi dire qu'elle est
mauvaise? Par pur amour du paradoxe, comme
Proud'hon qui, voulant effaroucher le bourgeois et tirer un pétard, s'écriait que la propriété est un vol. Le paradoxe, figure de rhé-
torique pleine de charme pour un lettré dont
elle aiguillonne la pensée, ne laisse pas d'être
dangereux pour un public d'illettrés dont il
fausse l'esprit. M. Barth a un collège électoral
composé à peu près exclusivement d'ouvriers;
s'il leur parle ce langage, c'est fâcheux, à
mon avis. Voyez d'ailleurs l'inconséquence :
les ouvriers, tous socialistes d'instinct, si ce
n'est de conviction, applaudiront à outrance
ce paradoxe, parce que la loi est, à leurs yeux,
l'ennemie, l'arme du patron. Et pourtant il
n'est pas de proposition qui condamne plus
nettement le socialisme ou l'intervention de
l'Etat, de la loi, dans l'ordre économique. Au
fond, les progressistes et les socialistes sont
aux antipodes les uns des autres, quoiqu'ils
fassent souvent cause commune. Il y a là une
équivoque peut-être inconsciente, dont les progressistes ont profité jusqu'ici et qui finira par
se retourner contre eux. Mais je serais bien
surpris si le docteur Barth ne jouait un rôle
considérable le jour où l'Allemagne traversera
une crise révolutionnaire : c'est un tempérament d'agitateur.

La discussion étant épuisée, tout l'auditoire se leva ; quelques hommes de service entrèrent et, en moins de cinq minutes, la salle de cours était transformée en une salle à manger où l'on nous servit un copieux souper. J'eus pour voisin de table un publiciste qui connaît à fond la question des alcools et qui voulut bien, avec une grande amabilité, me l'expliquer au point de vue prussien. Mais les toasts ont commencé. Ils sont nombreux ; et vraiment j'ai peine à comprendre que des hommes sérieux, qui se rencontrent tous les mois, puissent trouver plaisir à s'envoyer les uns aux autres des bouffées d'un encens aussi lourd. Le docteur Rommel reprit la parole, en réponse à un toast, si je ne me trompe ; il le fit avec un genre d'esprit qui n'est pas le nôtre, mais que pour ma part j'ai fort goûté. J'avais entendu que ses amis concevaient des craintes au sujet de sa réélection par la ville de Stettin. « Laissez-moi, dit-il, vous raconter, messieurs, une anecdote. C'était en 1848, Berlin s'étant soulevé, le général Wrangel, vieux sabreur, rassemblait quelques régiments pour réduire les insurgés. Le conseil municipal de ma ville natale lui signifia que, s'il exécutait son projet, les Stettinois s'empareraient de sa femme, qui était dans nos murs, et la mettraient à mort. Le général n'en continua pas moins sa marche et entra dans Berlin. Lorsque le surlendemain il reçut une lettre de sa femme lui annonçant qu'elle se portait le mieux du monde, le vieux grognard s'écria avec dépit : « Décidément on ne « peut pas se fier aux Stettinois ! » Et vous, messieurs, vous répétez à l'heure qu'il est ce propos ; vous aussi, vous croyez qu'on ne saurait compter avec mes compatriotes. C'est une erreur, messieurs, et je vous l'affirme : Décidément, en peut se fier aux Stettinois. »

M. Rommel fut vivement applaudi. Malgré l'absolu désintéressement avec lequel je suis les affaires intérieures de l'Allemagne, j'ai éprouvé quelque plaisir, je l'avoue, — un plaisir littéraire, vous le comprenez, — en apprenant, trois semaines plus tard, la réélection de M. Rommel. Il me semblait qu'il l'avait bien méritée avec son anecdote à la Société des économistes [1].

1. Ici s'arrête ce travail inachevé. (Voir p. 19.)

11

LE CRÉPUSCULE D'UN LONG RÈGNE.

UN RÈGNE DRAMATIQUE.

L'AUBE D'UN RÈGNE FATAL.

LA QUESTION D'ALSACE-LORRAINE.

LE CRÉPUSCULE D'UN LONG RÈGNE.

Le trône de Prusse [1].

En l'an 98 de la Révolution française, il n'y a plus que deux monarchies dans la chrétienté, la Russie, la Prusse. En dehors de Pétersbourg et de Berlin, il y a des rois, il y a des empereurs, il y a des impératrices, mais ces personnages, tout en jouissant d'une certaine influence dans les conseils de leurs ministres, ne gouvernent pas et administrent moins encore : au lieu de commander, ils font de la diplomatie à l'intérieur.

Seuls le tsar Alexandre et l'empereur-roi Guillaume sont de vrais souverains. Le premier nous apparaît comme un pontife dont la volonté n'a d'autre limite que la religion même dont il est le représentant, la foi mystique de quatre-vingts millions d'hommes en sa personne sacrée. Le second a bien en face de lui un ou deux Parlements, et il est lié par des Constitu-

1. *La République Française*, 8 juin 1887. Contrairement à l'ordre chronologique, nous plaçons cet article en tête : il servira d'introduction à cette seconde partie du livre.

tions écrites, mais ces Parlements n'ont pas le
droit de lui imposer des ministres et ces Cons-
titutions écrites lui confèrent, avec des pou-
voirs illimités, le commandement de tous les
corps d'armée, de toutes les divisions, de toutes les brigades, de tous les régiments de la
plus grande armée qui ait encore manœuvré
sur la terre, et elles remettent entre ses mains
la direction de toutes les affaires civiles de la
Prusse et d'une partie toujours croissante des
affaires civiles des autres Etats germaniques.

Et ce n'est point là une fiction. L'empereur
est le premier fonctionnaire de l'empire. S'il
lui a plu de se décharger sur M. de Bismarck
de la politique étrangère et aussi de la politique intérieure, mais en en conservant la direction suprême, il est, dans toute la force du
terme et avec toutes les charges inhérentes à
ce rang, son propre généralissime. Or le vieux
maréchal de Moltke l'a dit avec raison : « La
Prusse et l'empire n'existent que par l'armée. »

En agissant ainsi, l'empereur suit la tradition de sa maison . . . .
. . . .
. . . . S'il existe une nation prussienne, c'est la maison de Hohenzollern qui l'a
faite, et si l'Allemagne a trouvé son unité, c'est
qu'il a plu au roi de Prusse de l'établir à son
profit.

Nulle part l'action d'une famille n'a été aussi
constante et aussi décisive. Nulle part donc la
personnalité du souverain n'a une importance

égale. D'un autre côté, une pareille tradition s'impose aux personnages que le hasard de l'hérédité appelle au trône. Ils ne sont pas libres de s'en affranchir absolument. « Cette famille, disent les Prussiens, a fait nos institutions à son image ; mais nos institutions façonnent à leur tour la famille et la jettent dans un moule qui est le même pour tous les individus. »

Jusqu'à un certain point, cela est vrai. Ce qui n'est pas moins certain toutefois, c'est que depuis Frédéric II, pour ne pas remonter plus haut, les princes qui ont occupé le trône de Prusse ont présenté des différences notables et que l'on observe même chez eux une sorte d'alternisme fort curieuse ; tout roi de valeur a pour successeur un personnage fort médiocre. Après Frédéric II qui, par ses talents militaires, par son habileté d'administrateur, par sa constance indomptable, a placé la Prusse au rang des grandes puissances, vint son neveu Frédéric-Guillaume II, un des personnages les plus ineptes de son temps. Il a laissé la Prusse déchoir si rapidement que sous son fils Frédéric-Guillaume III la seule journée d'Iéna suffira pour le mettre à la merci de Napoléon. Mais Frédéric-Guillaume III, sans avoir aucune qualité brillante, est un homme à qui ne manque ni l'énergie ni l'adresse ; . . . .
. . . . et au règlement des comptes, à Vienne il saura doubler ses Etats. Son fils aîné est ce pauvre Frédéric-Guillaume IV, le moins militaire des hommes,

lui, roi de Prusse ! il acceptera chrétiennement à Olmutz la plus sanglante des humiliations ; avec un peu plus de méchanceté, Schwarzenberg conduisait son empereur à Berlin. Depuis un quart de siècle, c'est le fils cadet qui règne...

Et après lui ?

L'Europe suit avec une extrême curiosité ce qui se passe à Berlin entre d'augustes malades et leurs médecins. Dans cette curiosité il n'y a ni malveillance ni sympathie, il faut le dire. Personne ne désire que les mauvaises nouvelles qui circulent de plus en plus soient vraies ; personne n'éprouverait de chagrin si elles se confirmaient. Mais on sent que le sort de la Prusse peut dépendre d'un refroidissement ou d'une opération chirurgicale, et le sort de la Prusse est un facteur de premier ordre dans les destinées de l'Europe.

Du reste, on a l'impression qu'en aucun cas il n'y aura à Berlin de changement immédiat dans la politique. D'abord cette politique est si nettement orientée depuis de longues années qu'il n'est pas possible de l'en faire dévier par un brusque coup de barre. Et puis elle est et restera incarnée quelque temps encore dans la personne de M. de Bismarck, quoi qu'il arrive.

Que le vieil empereur atteigne et dépasse même la date fatidique qu'on prétend avoir été fixée à sa vieillesse, ou que son fils soit appelé à monter sur le trône avec ses goûts un peu timides, dit-on, avec un certain penchant vers les idées libérales, ou bien que ce soit le fils du fils qui succède bientôt au vieillard, ce prince aux allures raides et impérieuses, qui est l'idole de tous les traîneurs de sabre — le chancelier restera au palais de la Wilhelmstrasse [1]. Voilà le fait certain. La confiance dont jouira le chancelier sera accompagnée, sans doute, de plus ou moins de sympathie : il n'est pas homme à s'inquiéter des sentiments qu'il inspire.

Mais le chancelier lui-même, tout robuste qu'il est, compte parmi les septuagénaires. Après lui, il n'y aura plus que le roi, l'empereur, soit un homme d'âge mûr et d'esprit modéré, soit un homme jeune et ardent. Et, je le répète, en Prusse, le souverain fait l'armée, l'armée fait la nation. C'est le roi qui a tenu tête à l'Europe pendant sept ans ; c'est le roi qui a été responsable d'Iéna ; c'est le roi qui a vaincu à Leipzig ; c'est le roi qui s'est aplati à Olmutz ; c'est le roi qui a triomphé à Sadowa et à Sedan.

Qui sera et que fera le prochain roi de Prusse ? Question redoutable pour le monde entier.

1. Personne ne croyait que le futur Guillaume II oserait renvoyer Bismarck.

Allemagne et Prusse[1].

Toute la presse française et étrangère s'est occupée du discours prononcé par M. de Bismarck, vendredi dernier, au Reichstag. On en a remarqué surtout la note mélancolique : « Je suis vieux, souffrant ; la meilleure partie de ma vie est indissolublement liée à la création de l'empire ; et le seul souci que j'ai encore dans ce monde c'est de laisser à mon successeur l'empire fortement constitué ; mais je ne puis dissimuler mes appréhensions pour l'avenir. » Et plus loin il va même jusqu'à se demander, en termes à peine voilés, s'il n'a pas commis une faute ; s'il n'en a pas fait commettre une à son roi, en travaillant à l'unité politique de l'Allemagne. C'est là, à mon avis, le point le plus curieux de cet étonnant discours. M. de Bismarck suppose qu'un jour un des rois vassaux de l'empire désire s'affranchir, et non-seulement il ne parle pas de réduire par la force le prince rebelle, mais il envisage ce schisme comme une occasion qui permettrait au roi de Prusse de reprendre, lui aussi, son indépendance gravement atteinte par « les sacrifices qu'il a faits à la communauté ». Le chancelier n'attendra même pas que d'autres mettent l'empire en pièces ; dès maintenant il

1. *La République Française,* 1ᵉʳ avril 1886.

compte agir, en sa qualité de ministre prussien, comme si l'empire avait cessé d'exister : « Si vous repoussez encore mes projets de lois, dit-il aux représentants de la nation allemande prise dans son unité, il ne restera au roi de Prusse qu'à chercher dans la Chambre prussienne un appui qu'on lui refuse ici. » Ce n'est pas, du reste, à la séance de samedi que l'on s'est aperçu pour la première fois que M. de Bismarck, dégoûté des institutions de l'empire, favorise le retour à l'autonomie des divers Etats et pratique la politique flétrie naguère sous le nom de « particularisme. »

Au fond, voilà vingt ans, depuis Sadowa, qu'il existe un prodigieux malentendu entre M. de Bismarck et la nation allemande. La nation allemande, dans ses classes instruites, y compris même la plus grande bourgeoisie, soupirait après la reconstitution de son unité, qui, mettant fin aux mesquineries des petites cours, des petits Etats, des petites armées, des petites administrations, avec leurs innombrables abus, rendrait à ce grand pays la liberté de ses mouvements et la position qui lui revient dans les affaires européennes. Cette aspiration vers l'unité se confondait, comme en Italie, avec des tendances démocratiques et une prédilection marquée pour le gouvernement parlementaire. Ainsi qu'il arrive toujours, les victoires des Allemands leur firent oublier pour un temps leurs revendications libérales, et quand le trône impérial fut restauré à Versailles au profit des Hohenzollern, M. de Bismarck apparut à tous comme le Messie prédit par les prophètes, l'homme en qui s'incarnait le rêve germanique. C'était là une erreur profonde. M. de Bismarck est tout ce que l'on voudra, excepté un fanatique de l'unité allemande ; pour M. de Bismarck, l'Allemagne ne compte guère plus que toute autre nation ; elle est, aux mains de ce terrible joueur, une carte qui peut faire gagner la partie, mais elle n'est pas l'enjeu qu'il s'agit de gagner. M. de Bismarck est Prussien, et non Allemand. La grandeur de la Prusse, l'hégémonie des Hohenzollern dans le monde, tel est son but unique, auquel il est prêt à tout sacrifier, à commencer par l'idéal des poètes, des professeurs et des journalistes, *des Deutschen Vaterland*, la grande patrie du Teuton. S'il a créé l'empire, c'est que l'empire lui semblait le meilleur moyen de doubler la puissance de la Prusse ; dès que l'empire se trouve être, au contraire, une entrave au développement de cette puissance, l'empire n'a plus qu'à disparaître. De dix ans plus jeune, M. de Bismarck en eût pris gaiement son parti, car à cette restauration du moyen âge il eût substitué n'importe quel arrangement de sa façon. « Nous en savons plus d'un ! » A soixante et onze ans, quand on est souffrant, quand on a usé par le travail une santé superbe, on comprend qu'il est trop tard pour réparer son erreur, et l'on en éprouve une douloureuse déception. A peine aura-t-on le temps de fausser les institutions impériales pour les empêcher de produire toutes leurs conséquences fatales et la plus fatale de toutes : « la domination d'une majorité parlementaire, la responsabilité ministérielle ».

Les Allemands croyaient que l'empire absorberait la Prusse ; M. de Bismarck ne créait l'empire que pour permettre à la Prusse d'absorber l'Allemagne.

Il réussit tant que la nation fut ivre de gloire militaire ; mais lorsque les idées libérales reprirent peu à peu le dessus dans les esprits, le Reichstag se jeta nécessairement dans l'opposition ; or, le Reichstag politiquement parlant, c'est l'Empire tout entier, car le Conseil fédéral qui lui est superposé est tout simplement la vieille Diète de Francfort, moins l'Autriche. M. de Bismarck a donc échoué, et son successeur échouera bien plus sûrement encore : tant que l'Allemagne sera représentée par une Assemblée parlementaire, elle résistera à la Prusse.

Est-ce à dire que les idéalistes l'emporteront et que la Prusse sera un jour subordonnée à l'Allemagne ? Mais qu'est-ce donc que la Prusse ? Un simple terme de géographie administrative auquel rien de réel ne répond : le Bavarois existe, le Souabe existe, le Saxon existe ; le Prussien n'existe pas. Et pourtant la Prusse est quelque chose de très réel, de très vigoureux, de très puissant, d'absolument réfractaire à toute transformation intérieure. C'est le territoire, quel qu'il soit, parfois très petit, parfois très vaste, des Hohenzollern. Les Hohenzollern, avec leur foi en leur destinée, leur raideur protestante et militaire, leur esprit de suite et d'économie, leur administration sévèrement paternelle, leur politique à la fois pédante et rusée, leur ambition sans scrupule, leur dévouement sans bornes à la grandeur de leur maison, l'ardeur enfin à servir cette cause qu'ils inspirent à leurs agents, les Hohenzollern ont fait la Prusse, lui ont imprimé leur caractère, leurs qualités et leurs défauts ; ils sont la Prusse elle-même. Or, l'Allemagne n'a pu fonder son unité que grâce à la Prusse ; elle n'a pu établir l'empire qu'en le confiant aux Hohenzollern. C'est bien de cette race irréductible que l'on peut dire : *Sit ut est, unt non sit.* L'Allemagne transformera-t-elle cette dynastie en une royauté parlementaire ?

L'avenir le dira, un avenir prochain peut-être. Les ombres s'allongent, la nuit ne va pas tarder à venir pour des noms qui ont rempli la terre de leur éclat. Que se passera-t-il après que Bismarck et son maître « couvert de gloire »[1] auront disparu ? Et, dites-moi, que se passerait-il en Angleterre si le « grand vieillard » et celle qui règne depuis un demi-siècle quittaient ensemble la scène du monde ?

1. C'est la traduction d'un épithète prussienne.

Les confessions de M. de Bismarck[1].

Lorsqu'on veut porter un jugement tant soit peu sérieux sur un discours du chancelier impérial, il est bon d'en attendre le texte complet. A vrai dire il ne prononce pas de discours, mais des monologues, où sa parole livrée à tous les hasards de l'improvisation ne suit aucun ordre appréciable, parce qu'elle a pour but bien moins de persuader que d'exprimer les sentiments d'une âme impétueuse. Aussi les résumés que nous transmet le télégraphe ne font-ils la plupart du temps que reproduire quelques propos énergiques ou humoristiques qui ne rendent pas toujours bien justement la pensée dominante.

Lundi dernier, nous l'apprenons maintenant, M. de Bismarck n'a pas seulement prononcé la fin du Kulturkampf; il a révélé à ses auditeurs stupéfiés que l'auteur du Kulkurkampf ce n'est pas lui ; qu'il s'y est à peine associé ; qu'il n'entend pas en assumer la pleine responsabilité ; qu'il n'y a jamais vu qu'un moyen de satisfaire momentanément sa haine contre certains groupes politiques ; que ce but n'ayant pu être atteint par ce moyen, il ne voit aucune raison de ne pas l'abandonner.

Ce n'est pas lui qui tenait le portefeuille

---

1. *La République française*, 16 avril 1886.

des cultes lorsqu'a commencé la lutte contre
l'Eglise catholique, et il n'était pas non plus
président du cabinet prussien. Sans doute on
s'imagine généralement qu'il est tout-puissant
et que rien ne se fait sans lui ; c'est une erreur
profonde. Le Kulturkampf a été entamé pour
ainsi dire à son insu. S'il y a pris part, c'est
en vertu de la solidarité ministérielle, ou,
comme il s'exprime en son langage familier,
par « esprit de camaraderie ». Il ne pouvait
pourtant pas abandonnner d'excellents collègues. D'ailleurs, à cette époque le temps lui
manquait tout à fait pour se rendre compte des
fameuses lois de mai : il ne savait trop ce
qu'elles contenaient.

Depuis, ayant des loisirs, il a eu le temps
de les étudier, et elles ne l'ont pas satisfait.
M. de Bismarck dit là-dessus des choses très
justes, que les catholiques de France feraient
bien de méditer, car elles marquent nettement
la différence qui existe entre les lois de mai
et nos lois sur les cultes. Celles-ci, telles
qu'elles sont appliquées du moins, ne s'occupent
en rien des affaires intérieures de l'Eglise, pas
plus de sa discipline que de sa doctrine, pas
plus de la nomination de ses desservants que
de l'éducation donnée aux séminaristes. Sur
tous ces points, l'Eglise jouit chez nous d'une
liberté illimitée. Les lois de mai, au contraire,
interviennent dans les études des futurs ecclé-
siastiques comme dans les nominations des
prêtres, avec la pensée très arrêtée de subs-

tituer chez le clergé l'esprit prussien à l'esprit ultramontain. Elles poursuivent la chimère d'un clergé national. Tout cela paraît maintenant à M. de Bismarck à la fois impossible à obtenir de l'Eglise et d'une importance fort secondaire pour l'Etat.

Il y a treize ans, il n'avait aucune notion précise de l'œuvre à laquelle il s'associait par camaraderie. Il avoue du reste (et remarquez, je vous prie, combien depuis quelque temps ses discours, ses monologues, prennent l'allure de confessions) que la camaraderie seule ne l'a pas entraîné. Il en voulait alors mortellement, comme il en veut encore, d'une part, aux Guelfes, aux partisans du roi de Hanovre et, d'autre part, aux Polonais. Or les Polonais ont pour allié dans leur province le clergé catholique, et le chef des Guelfes, M. de Windthorst se trouve être, par un étrange hasard, un fervent catholique. En frappant sur les prêtres on frappait sur ces Guelfes maudits et sur ces Polonais exécrés. Ce sont-là les deux considérations qui gagnèrent, il y a treize ans, à la cause du Kulturkampf le cœur de M. de Bismarck. Il le déclare expressément.

Au risque de paraître ridiculement naïf, je dirais que, pour ma part, je crois à la sincérité de cette confession étrange. Elle me soulage. Jamais jusqu'ici je n'avais pu comprendre par quelle aberration le chancelier avait lancé l'empire naissant dans cette lutte contre l'Eglise, où il devait nécessairement échouer.

Autant on est certain du succès, lorsque, lui laissant toute son autonomie, on ne lui demande que le respect des lois de police, autant on est sûr de se préparer une défaite lorsqu'on entend la réformer. J'ignore si l'Eglise est capable de se modifier, de se transformer ; mais je sais bien que c'est folie au pouvoir laïque de s'imaginer qu'il y peut quelque chose. Maintenant que nous apprenons de M. de Bismarck lui-même qu'il s'est lancé dans cette aventure par pure légèreté, pour satisfaire des haines presque personnelles, on voit clair dans cette période de son histoire qu'il vient de clore si brusquement.

Ses haines sont-elles assoupies ? Oh non ! mais, pour mater les Polonais, il s'est avisé d'un autre moyen : « Le *Mammon*, dit-il, le dieu de l'argent dont parle l'Evangile, va faire ce que n'ont pu faire les lois de mai. » On va les exproprier pour établir dans leur province l'unité nationale au profit de la race allemande.

Quant aux Guelfes, c'est plus compliqué.

Un membre de la droite à la Chambre des seigneurs, ayant prétendu que l'Etat, l'Etat prussien, avait plus souffert du Kulturkampf que l'Eglise, M. de Bismarck a bondi. Quoi ! l'Etat prussien a souffert ? Où voyez-vous cela ? Ai-je jamais eu en face de moi un Landtag plus docile, plus charmant ? Les conservateurs alliés à mes bons amis les nationaux-libéraux y constituent une solide majorité qui me suivra partout et notamment dans la cessation du Kulturkampf. Et, abordant alors une idée qui le hante, il a opposé à ce tableau idyllique de la Prusse le spectacle misérable que présente l'empire avec son Reichstag. C'est l'empire, a-t-il dit, qui a souffert énormément du Kulturkampf. Ce Kulturkampf a fourni aux Guelfes l'occasion de former un parti très nombreux en groupant autour d'eux tous les catholiques mécontents. Et la formation de ce parti, soutenu par tout ce qu'il y a de méprisable, les Polonais, les socialistes, les gallophiles alsaciens-lorrains, a permis aux hideux progressistes de prendre le dessus au Reichstag. Le progressiste, le démocrate parlementaire, voilà l'ennemi. Il ne compterait pour rien sans la présence du centre ultramontain, et ce centre ultramontain c'est le Kulturkampf qui l'a produit.

M. de Bismarck espère, sans aucun doute, qu'en se réconciliant directement avec l'Eglise il réduira le centre au néant et, par suite, les progressistes à l'impuissance. On verra.

En attendant, il résulte des aveux de M. de Bismarck, que ses adversaires le battent avec ses propres armes, — que depuis treize ans il fait fausse route, — qu'il est cause lui-même de l'insuccès de l'empire.

M. de Bismarck et le Reichstag [1].

. . . .

Cette victoire brillante (aux élections) ne laisse pas de revenir fort cher, puisque M. de Bismarck n'a su la remporter qu'en employant des moyens extrêmement dangereux : il a permis, il a sollicité l'intervention du Saint-Siège [2] dans les affaires intérieures de l'Empire, jusque dans les questions d'organisation militaire, et, en outre, il a perdu en un jour, aux yeux des nations comme des gouvernements, sa solide réputation de protecteur de la paix publique. L'Europe ne croit plus en lui aveuglément. La diminution du prestige au dehors est-elle suffisamment compensée par l'accroissement de pouvoir en Allemagne ? Qui ne désirerait savoir ce qu'en pense le chancelier ? Aucun « correspondant spécial » n'en recevra jamais la confidence. — « Dès que j'aperçois un journaliste, disait-il l'autre jour, je passe la main sur ma tunique pour vérifier si elle est bien boutonnée de haut en bas », — et il n'est même pas certain que dans les longues insomnies où il se trouve seul en face de son œuvre et de son am-

1. *La République française* du 3 mars 1887.
2. On sait que Bismarck avait demandé à Léon XIII de conseiller aux catholiques de voter pour lui, ce qui lui donnerait le septennat militaire, garantie de la paix, prétendait-il.

bition, il ait toujours assez de sang-froid pour en dresser, à son propre usage, un bilan bien net. C'est un politique assurément, un très grand politique, mais c'est aussi un violent qui se laisse souvent entraîner par la passion bien plus loin qu'il ne voudrait et ne devrait... ...

A Aix-la-Chapelle ou à Berlin ? [1]

Il est nuit. On ne voit pas le fond du souterrain ; l'œil se perd dans les arcades qui fuient au loin. Un personnage revêtu d'un long manteau se croise les bras ; il relève la tête et s'écrie :

Le pape et l'empereur sont tout.....
Seuls, assis à la table où Dieu leur sert le monde,
Tête à tête ils sont là, réglant et retranchant.

. . . .

Ils font et défont. L'un délie et l'autre coupe.
L'un est la vérité, l'autre est la force.....

Qui parle ainsi ? A en croire Victor Hugo, c'est un pâle adolescent au commencement du seizième siècle, le futur Charles-Quint. Voilà bien les poètes avec leurs hallucinations prophétiques ! En réalité (la *Gazette de Cologne* en fait foi) ; c'est un vieillard à cheveux blancs, au teint congestionné, qui, sanglé dans une tu-

1. *La République française,* 25 mars 1887.

nique prussienne, a débité ce morceau vers la fin du dix-neuvième siècle devant une assemblée protestante ; le chancelier de Guillaume Ier, lequel, comme on le sait, est le chef suprême de l'Eglise évangélique allemande. M. de Bismarck veut à tout prix que l'Allemagne, si ce n'est l'univers, contemple — je ne dis pas avec terreur, mais du moins avec soumission :

Ces deux moitiés de Dieu, le pape et l'empereur.

Si nous étions citoyens de la puissante nation qui depuis seize ans fait la loi à l'Europe, nous éprouverions à l'ouïe de ce discours un étonnement où se mêlerait quelque humiliation. Il semble bien que ce double sentiment s'éveille chez beaucoup d'Allemands lorsqu'ils voient le pape intervenir chaque jour davantage dans leur affaires intérieures, sur la demande pressante de leur propre gouvernement. Cela n'était pas arrivé depuis les jours de Luther. Aussi M. de Bismarck, qui a tous les courages, va-t-il au devant des objections de ces esprits mal faits, dont quelques-uns, il le déclare, sont ses amis. Il les rassure en invoquant son infaillibilité personnelle : « Ma réputation politique, leur dit-il textuellement, vous répond de la justesse de mes vues. Souvent, déjà, j'ai dû ne prendre conseil que de moi-même, et j'ai la ferme conviction que cette fois encore je suis bien loin de me tromper. »

Fidèles, courbez le front ! adorez en silence les voies du Maître, sans chercher à les comprendre !

Et vous, observateurs de la nature humaine, hâtez-vous d'étudier un phénomène psychologique qui semblait ne plus pouvoir se représenter sur notre vieux sol européen !

L'infaillibilité ne se raisonne pas. Bien naïfs seraient donc les journalistes qui perdraient leur temps à discuter l'incroyable discours qu'a entendu la Chambre des seigneurs de Berlin dans l'après-midi du 23 mars, au lendemain de la grande fête dynastique et nationale. Mais il est permis, il est intéressant d'en faire ressortir quelques points curieux.

Je constate d'abord que la pensée de M. de Bismarck est hantée d'une vision inquiétante. Il voit « dans un avenir peu éloigné », l'unité de l'Allemagne exposée à de graves périls par les forces centrifuges qui essaieront de se faire jour. Cet avenir « peu éloigné », il est facile de le préciser : c'est le moment où, sous un nouvel empereur, un nouveau chancelier arrivera au pouvoir.

En second lieu, M. de Bismarck qui, il le dit lui-même, « appelle le pape à son secours contre ses propes compatriotes », le fait parce que Léon XIII est un esprit sage, conciliant, politique. Mais à Léon XIII, pape gibelin, peut succéder un pape guelfe.

En troisième lieu, M. de Bismarck doute que les prochaines élections au Reischtag soient aussi bonnes que celles de février : le peuple, s'écrie-t-il, est si facile à égarer !

Ne remarquez-vous pas combien tout cela

est précaire ? On dirait vraiment que l'empire, fondé en 1871, est une institution viagère ; que la paix intérieure de l'Allemagne dépend du hasard du prochain conclave ; que l'autorité du gouvernement est à la merci d'un déplacement de vingt-cinq voix ! Nous ne l'aurions pas cru, et, faut-il l'avouer ? même après cet étrange discours, je ne le crois pas. Non, l'unité de l'Allemagne a des bases infiniment plus solides..... ; mais il est quelque chose qui est viager, qui est précaire, qui est de plus en plus menacé malgré des victoires électorales moins réelles qu'apparentes, c'est le caractère autocratique et militaire que M. de Bismarck a imprimé à cette œuvre nationale.

Pour M. de Bismarck, la nuit vient et son œil se perd dans les arcades qui fuient au loin.

Le Jubilé [1].

Léon XIII célèbre en ce moment, et avec lui toute la catholicité, le cinquantenaire de son entrée dans le sacerdoce : un demi-siècle d'activité dans une carrière publique est un fait rare qui attire toujours l'attention. Quand cette

1. *La République française*, 1ᵉʳ janvier 1888.
Nous plaçons ici cet article, bien qu'il soit spécialement consacré à Léon XIII, parce qu'il nous paraît éclairer la politique suivie par les Hohenzollern à l'égard du Saint-Siège, et nous le rapprochons de l'article précédent qui traite de la même question.

carrière est une magistrature morale et que celui qui l'a exercée pendant de si longues années y a fait preuve des vertus publiques et privées les plus dignes d'éloges, qu'il y a gagné l'estime universelle, que si sa cause a des adversaires, sa personne ne compte point d'ennemis, nous nous inclinons avec respect devant ce vieillard qui fait honneur à l'humanité. Tel est très certainement le cas du pape régnant. Nous qui ne sommes à aucun degré et en aucune manière de ses fidèles, nous n'hésitons pas à le reconnaître.

Et ce n'est pas seulement le prêtre qui a droit à notre respect, c'est aussi le souverain pontife. Depuis bientôt dix ans que le cardinal Pecci succéda à Pie IX, il a accompli une sorte de miracle ; car, il n'y a pas à le contester, Pie IX, avec son exaltation nerveuse, avec son tempérament de mystique et de colérique, avait conduit l'Eglise au bord de l'abîme. Si quelque croyant se scandalise de cette parole, qu'il veuille bien se rappeler que, privés de toute lumière surnaturelle, nous jugeons de ces choses au point de vue terrestre. Sauf une minorité petite mais ardente, les catholiques pratiquants eux-mêmes se montraient inquiets des dévotions puériles qu'on leur imposait et des attaques journalières dirigées contre la société moderne. Je ne parle pas des dogmes nouveaux, car rien n'est plus indifférent à la masse des catholiques pratiquants que le dogme nouveau ou ancien. On prévoyait une

rupture prochaine entre la société laïque et
la société religieuse. « Encore un pape après
Pie IX, disait-on, et puis le Saint-Siège sera
occupé par le général des jésuites, ce qui amè-
nera le schisme ! » Cela s'est répété fréquemm-
ment sous une forme ou sous une autre. Si le
cardinal élu au conclave de 1878 avait choisi
le nom de Pie X, ainsi que le prédisait Veuillot,
s'il avait pris pour modèle son prédécesseur,
cette prédiction serait peut-être en train de
s'accomplir en 1888. Avec une sagesse incomparable, le cardinal Pecci ou Léon XIII a dé-
tourné de cet écueil la barque de saint Pierre
qui, à présent, vogue sans crainte sur une mer
presque tranquille.

Partout Léon XIII a su calmer les esprits.
Nous pouvons nous en rendre compte en France
où l'épiscopat, avant son avènement, était
animé tout entier de l'esprit belliqueux de
M. Dupanloup. Nos prélats ne distinguaient plus
entre la cause de l'Eglise et celle de la monarchie, la République et Satan. Ils se sont assa-
gis peu à peu, grâce à l'influence et à l'exemple du nouveau pape. On a pu assister à la
même évolution dans tous les pays. Léon XIII
n'a rien cédé des prétentions de l'Eglise ; il ne
le veut ni ne le peut. L'Eglise se croit d'origine divine ; il faut donc qu'elle représente
ici-bas l'absolu : jamais elle ne transigera sur
les principes. Mais l'Eglise sait aussi que, jetée
par son maître au milieu des hommes, elle
doit supporter avec patience leurs erreurs,

leurs travers, leurs persécutions même. Elle a, quand elle le veut, un talent particulier pour s'accommoder à tous les régimes. Aussi la cour de Rome a-t-elle toujours passé, sauf sous Pie IX, pour la première école de diplomatie du monde entier : qui nous rendra en France, par exemple, des négociateurs tels que Retz et Talleyrand ? Je demande pardon de citer les noms de ces deux personnages à côté du nom vénérable de Léon XIII ; son exemple prouve que l'on peut allier toutes les vertus à la diplomatie la plus déliée. Parmi les papes de ce siècle, aucun n'a reçu comme lui ce don si précieux à ceux qui doivent concilier le divin et l'humain, l'Eglise et le monde, la papauté et la civilisation moderne.

Les résultats de ces dix années de patience et de douceur prouvent l'excellence de la méthode, et il est probable que le Saint-Père, dans ses heures de méditation solitaire, compare aujourd'hui, avec une satisfaction que n'interdit pas l'humilité, l'Eglise telle qu'il l'a trouvée et l'Eglise telle qu'on la voit à présent. Bien des difficultés qui paraissaient insolubles ont été résolues et d'autres se sont considérablement atténuées.

Je doute pourtant que Léon XIII se sente, dans son for intérieur, entièrement satisfait de son œuvre, et, le dirai-je ? de lui-même. Un jour, le tentateur, un hérétique, un protestant, s'est approché, soumettant à sa haute autorité une question de droit des gens. A dire vrai,

le tentateur ne savait trop comment se dégager
de la sotte affaire des Carolines ; [1] où il s'était
jeté étourdiment ; en s'adressant au pape, il
essayait de se délier lui-même et, de plus, il
espérait lier le pape. Il réussit. Léon XIII,
après avoir rendu entre l'Allemagne et l'Espagne le jugement qu'avait rendu avant lui
l'opinion du monde entier, en vint à croire
qu'il pourrait, non pas réconcilier l'Eglise
avec le monde, mais exercer dans le monde un
rôle d'arbitre suprême, devant qui comparaî-
traient toutes les puissances pour régler leurs
différends. C'était un rêve glorieux, qui paraissait d'autant plus naturel que l'Allemagne,
condamnée mais enchantée d'être sortie du
guêpier sans déshonneur, ne témoigna à son
arbitre aucune mauvaise humeur. Bien au
contraire, elle l'encensa. Puis elle lui offrit
presque aussitôt une autre occasion d'exercer
cette nouvelle magistrature. Il y a de cela juste
un an : le Reichstag refusait à M. de Bismarck
le septennat militaire avec ses augmentations
d'effectifs et de charges ; le pape intervint auprès des députés cléricaux et leur conseilla,
pour ne pas dire leur commanda, de donner à
César tout ce que désirerait César : jamais on
n'avait vu un pape intervenir ainsi dans les
affaires intérieures d'un Etat, dans des affaires
qui, certes, ne touchaient ni de près ni de loin

1. On sait qu'en 1885, l'Allemagne s'était emparée des
Carolines, colonie de l'Espagne.

aux intérêts de l'Eglise. Non, assurément, mais elles touchaient au rôle d'arbitre international. M. de Bismarck avait persuadé à Léon XIII, par je ne sais quelle fantasmagorie, que l'Allemagne allait être attaquée et que pour prévenir cette attaque, pour préserver la paix européenne, il fallait absolument que l'armée impériale fût renforcée. Si le septennat était rejeté, Léon XIII devenait responsable devant Dieu et les hommes des épouvantables massacres qui en résulteraient. Je n'aurais jamais supposé qu'un aussi grand diplomate que le Saint-Père pût-être crédule. Léon XIII fut crédule. Hélas! on lui fournissait une si belle occasion d'exercer son mandat international!

Et maintenant, la paix est-elle plus assurée qu'il y a un an? L'Allemagne a augmenté ses armées, et aussitôt la France a dû faire de même, et la Russie n'est pas restée en arrière. Voici maintenant que, se tournant vers son alliée d'aujourd'hui l'Autriche, M. de Bismarck exige qu'elle se ceigne les reins et que, se tournant vers son alliée d'hier la Russie, il lui signifie que la guerre deviendra inévitable pour peu qu'elle lui paraisse trop forte. Il se trouve ainsi que les mesures militaires prises, il y a un an, par l'Allemagne avec l'aide directe du pape, constituent le plus terrible péril de guerre dont l'Europe ait encore été menacée.

Saint-Père, êtes-vous content de votre œuvre ?

Il y a douze ans [1].

M. le général Le Flô vient de publier des documents pleins d'intérêt sur le grave incident qui marqua son ambassade à Saint-Pétersbourg en 1875. Nous les reproduisons, tout en nous associant à la note que le ministère des Affaires Etrangères vient de communiquer à la presse. Mais si nous regrettons l'indiscrétion dont l'ancien ambassadeur à Saint-Pétersbourg s'est rendu coupable, nous pensons cependant qu'on ne saurait trop méditer les pièces qui viennent d'être livrées à la publicité, car entre notre situation à cette époque et notre situation de nos jours il y a une ressemblance frappante.

L'attitude de la Prusse ne s'est pas modifiée. Ce que le général disait au chancelier russe, M. de Laboulaye l'a dit peut-être l'autre jour à M. de Giers : « Sans reparler de l'interdiction de la sortie des chevaux, vous n'ignorez pas l'activité fiévreuse avec laquelle sont poussés en Allemagne les armements de toutes sortes. » Il a pu lui signaler aussi l' « atroce comédie » avec laquelle la presse allemande nous signale chaque jour, ainsi qu'il y a douze ans, comme

1. *La République française*, 22 mai 1887. Cet article parut juste après l'incident Schnæbelé. En 1875, Bismarck, voulant « saigner à blanc » la France, lui cherchait noise. L'intervention du tsar, empêcha la guerre.

les ennemis du repos de l'Europe. Et la raison de cette attitude de la Prusse est toujours la même : c'est qu'elle ne parvient pas à dompter l'Alsace-Lorraine et que dans son dépit elle nous accuse d'y fomenter la révolte.

Or, rien n'est plus faux. La France n'a cessé d'exécuter le traité de Francfort avec une bonne foi entière ; ce qu'on lui reproche, c'est sa confiance en l'avenir, c'est sa foi en sa destinée, c'est sa croyance en une « justice immanente ». Si les Alsaciens-Lorrains partagent cette croyance, peut-on nous en faire un crime ? Est-ce notre faute s'ils n'en sont pas encore venus à chérir la main qui s'appesantit sur eux ? Comme le disait le prince Gortschakof en 1875, l'Allemagne l'a voulu : elle nous à forcés de signer un traité de paix qui froisse tous les sentiments des vaincus, au delà des Vosges comme en deçà. S'il en résulte un certain malaise pour le conquérant, qu'il s'en prenne à lui-même, à son œuvre de 1871. Il dépendait de lui de signer une paix qui constatât sa supériorité sans blesser les consciences. Il a préféré autre chose ; c'est son affaire. L'hostilité des sentiments n'a jamais passé encore pour une violation de traité.

De même qu'il n'y a rien de changé depuis douze ans dans l'attitude de la Prusse, la Russie, elle aussi, est restée à notre égard ce qu'elle était en 1875, très bienveillante, très opposée à un nouvel écrasement de la France, très convaincue, et peut-être maintenant plus qu'alors, que nous ne péririons pas sans un dommage irréparable pour l'Europe, et tout spécialement pour la Russie elle même, — mais nullement disposée à signer avec nous une alliance défensive, comme le lui demandait le duc Decazes. Elle voulait et elle veut encore conserver son entière liberté d'action, afin de ne consulter que ses propres intérêts. Cela peut nous affliger, mais cela est ainsi, et j'ajoute que cela est bien légitime. Il faut le dire et le redire. Il faut arracher des esprits cette illusion d'un traité qui lierait la Russie à la France ; cette illusion en effet, peut constituer un véritable péril pour l'opinion publique. Non, rien n'est signé..... Le lien invisible qui rattache le tsar et la République est un lien tout moral : la communauté du péril en face d'une puissance dont la suprématie menace la Russie comme la France. Voilà tout ; c'est quelque chose, c'est même beaucoup, mais ce lien se romprait le jour où nous nous abandonnerions nous-mêmes.

Ne comptons que sur nous. Le prince Gortschakof le disait excellemment au général Le Flô ; ne manifestons pas au grand jour les inquiétudes que nous inspire très certainement notre dangereux voisin. Ni alarme, ni forfanterie ! « A toutes les menaces, il n'y a, nous disait-il, qu'une réponse à faire : « Vous rendre forts, très forts. » Nous l'avons fait jusqu'ici sans tapage ; continuons à le faire avec une persévérance que rien ne décourage. Soyons forts ! Soyons très forts !.

Le général Le Flô, transmettant ce conseil à

son ministre, y ajoutait ces mots : « Donc, confiance, — prudence, — patience. » Oui, confiance dans l'opinion de l'Europe, qui commence à se lasser d'être tous les trois mois troublée dans son repos par la même officine, confiance dans le parallélisme des intérêts de la Russie et de nos intérêts ; confiance dans notre bon droit. Mais confiance par-dessus tout dans notre force, dans notre armée. Et puis prudence et patience, deux vertus dont nous ne pouvons nous passer ; si elles manquent par hasard chez ceux à qui est confiée la garde de la France, il faut absolument la leur retirer. Dans notre situation, les imprudents et les impatients sont aussi dangereux que pourraient l'être des insouciants ou des lâches.

Le discours de M. de Bismarck[1].

. . . .
. . . . il veut mettre l'Allemagne en un tel état d'armement qu'elle puisse se passer de toute alliance. Il le dit très haut : il faut qu'on ait peur de l'Allemagne, et comme il a l'esprit éminemment pratique, cette peur lui paraît être le moyen le plus sûr d'écarter tout péril de guerre en Europe.

Est-ce bien démontré? Un des hommes les

1. *La République française*, 8 février 1888.

plus intelligents et les plus illustres de l'Allemagne me disait il y a peu de mois : « Si
M. de Bismarck jette nos armées sur la France,
il pourra dire avec raison qu'il fait une guerre
défensive, puisqu'il a la certitude que la France
n'attend qu'une complication avec la Russie pour
revendiquer l'Alsace ». Et voici que M. de Bismarck raisonne de même, dans une partie de
son discours qu'il faut lire en allemand, dans
le texte *in extenso*. Il suppose qu'un jour il
vienne dire au Reichstag : « La Russie et la
France vont certainement nous attaquer, j'en
ai du moins la conviction ; or, de l'avis des
militaires, il vaut mieux que nous prenions les
devants ; votez donc un crédit d'un milliard. »
Et l'orateur ajoute d'un ton souriant qu'il ne
sait pas si le Reichstag aurait assez de confiance
en lui pour lui accorder cette grosse somme :
« Je ne sais pas. (On rit), mais je l'espère. (On
applaudit). » La guerre se ferait donc et énergiquement, il l'affirme. Seulement, au début,
le peuple y mettrait peu d'enthousiasme, et
M. de Bismarck, qui tient à l'enthousiasme
populaire, explique qu'il préfère une guerre
visiblement défensive, « comme celle de 1870 ».
Il aime mieux se faire déclarer la guerre par
l'autre partie. On sait qu'il y excelle. Mais
vous voyez bien qu'au besoin il ne répugne
pas absolument à prendre l'initiative. Il suffit
que lui (ou son successeur) croie la guerre probable, pour qu'elle éclate !

« L'abîme appelle l'abîme », dit l'Ecriture ;

les armements appellent plus sûrement encore les armements. Ce qu'a fait aujourd'hui l'Allemagne, les autres pays le feront demain. Non, s'écrie M. de Bismarck, ils ne le peuvent ! Ils n'ont pas notre incomparable corps d'officiers ! — Soit ! mais votre corps d'officiers est une puissance dans l'Etat ; et ce sera demain, sous un jeune empereur, la puissance dirigeante. Or, ce n'est un secret pour personne qu'il aime la guerre, qu'il désire la guerre, qu'il réclame la guerre. N'arrivera-t-il pas à l'imposer ?

La peur de l'Allemagne ou de tout autre empire ne saurait être la base d'une paix solide. Non, mille fois non ! Une paix solide n'aura jamais d'autre fondement que la liberté de l'Europe.

A. Gastein[1].

L'empereur Guillaume est infatigable. Il y a deux mois, il paraissait avoir un pied dans la tombe, et voici qu'avec une élasticité de jeune homme ce nonagénaire reprend des forces, court de Berlin à Ems, d'Ems au lac de Constance, de ce lac aux Alpes de Salzbourg : là, il ne lui suffit pas, comme aux autres baigneurs, de se plonger dans les eaux thermales, il faut encore qu'il s'occupe des grandes questions politiques, et qu'il scelle une fois de plus son alliance avec le Habsbourg, qu'il expulsa d'Allemagne il y a vingt et un ans. On dit que dans un mois nous le retrouverons aux manœuvres d'une de ses armées du côté de Kœnigsberg ! Ce souverain-là n'abdiquera jamais ; pas même une heure, avant de quitter le monde où il a joué un rôle si immense et si imprévu. . .
. . . . . ses sujets . . . .
l'ont surnommé le Victorieux ; peut-être auraient-ils pu le surnommer aussi l'Heureux, *semper felix!* Tout lui réussit et lui réussira sûrement jusqu'à la fin.

Tout ? Ils ne seront que deux à cette entrevue d'empereurs. Le troisième, on peut sans doute l'affirmer, n'y viendra plus jamais [2]. C'en est

---

1. *La République française*, 26 août 1887.
2. A cause de la question d'Orient.

fait de l'impériale trinité créée avec tant d'art par M. de Bismarck. Qu'il ne résulte néanmoins de cette dissidence aucun péril imminent, cela se voit bien à l'absence des ministres dirigeants d'Allemagne et d'Autriche : ils n'ont pas cru devoir se déranger pour rejoindre ou accompagner leurs souverains à Gastein. Ceux-ci ne vont donc pas négocier, discuter, prendre des résolutions, mais se dire une fois de plus avec effusion que leur amitié déjà vieille reste intacte, et que tant qu'elle durera le monde peut vivre en paix. Nous en acceptons volontiers l'augure, quoique la continuation de la paix, semble être la continuation de la suprématie prussienne qui pèse si lourdement sur l'Europe.

A Berlin[1]...

A l'heure même où je trace ces lignes, le tsar Alexandre III prend congé de son grand-oncle l'empereur d'Allemagne, accompagné, à son départ comme à son arrivée, du prince Guillaume qui brûle, on le sait, d'entrer bientôt à la tête de son armée dans la capitale de la Russie, après avoir rançonné une fois de plus la capitale de la France. On a eu l'attention d'envoyer à sa rencontre jusqu'à Wittemberg[2] ce bouillant officier costumé en militaire

1. *La République française* 19 novembre 1887.
2. Le tsar, la tsarine et leurs enfants venaient de Copenhague.

russe. Puis on a eu soin de faire débarquer le
tsar à la gare de Lehrte, située juste derrière
le palais de l'état-major général où réside
M. de Moltke. Là il a trouvé sous les armes
un superbe régiment dont il est colonel hono-
raire et qu'il lui a fallu passer en revue. Arrivé
chez son ambassadeur, il y a rencontré encore
une délégation de ce même régiment qui venait lui apporter ses drapeaux et qui, probablement, sera venu les reprendre à la dernière
heure. D'un bout à l'autre, on lui a mis sous
les yeux l'image de la guerre. Ce sont, en ce
pays-là, façons gracieuses dont on use envers
les hôtes de distinction, à peu près comme si
un particulier recevant un personnage de marque lui faisait admirer ses biceps. Il est bon
que nos amis sachent à l'avance ce qui leur en
coûtera lorsqu'ils auront le malheur de se
brouiller avec nous.

En dehors de ces rites militaires, on a
échangé force visites, on s'est assis à un dîner
cérémonieux, qui a été suivi de ce qu'on appelle là-bas une soirée intime, une réunion où
domine, paraît-il, une étiquette sévère . . .

. . . .

. . . .

. . . .

Le discours allemand[1].

Le discours lu au nom de l'empereur d'Allemagne pour l'ouverture du Reichstag est un des documents les plus étranges qui aient jamais été débités devant un Parlement. Tout y est extraordinaire; ce qui y est dit, ce qui est passé sous silence, le ton mystique qui y règne.

C'est avec une vive satisfaction que les sujets de Guillaume Ier apprendront que, grâce aux énormes augmentations d'impôts, le présent exercice laissera un excédent de 50 millions de marcs; on les informe, toutefois, que cet excédent sera employé non pas à faire des dégrèvements, mais à accroître le bien-être de la bureaucratie et à renforcer l'armée. On les prévient, en outre, que désormais ils auront à payer leur pain plus cher, afin d'améliorer la situation des *junker* (propriétaires fonciers). Quant aux projets restrictifs des libertés publiques, qui paraissent indispensables à M. de Bismarck à la veille d'un changement de règne, si tout le monde s'en entretient à Berlin, le discours ne daigne pas s'en expliquer.

Il garde aussi un profond silence sur la situation générale de l'Europe. Sans doute il parle d'alliances et de traités conclus en vue de s'opposer en commun à des agressions injustes,

1. *La République Française*, 26 novembre 1887.

mais il n'indique point d'où viennent les menaces. Seulement, avec une absence de courtoisie évidemment préméditée, il évite de faire la plus légère allusion à l'entrevue de l'empereur et du tsar. De ce ton biblique qui rappelle singulièrement le langage du pharisien dans l'Evangile, il oppose aux agressions injustes de certains peuples les vertus du peuple allemand : « La tendance antichrétienne de tomber sur les peuples voisins est étrangère à son caractère. » Quelle ironie quand on se rappelle qu'au moyen âge le peuple allemand n'a pas cessé pendant une seule génération de se ruer sur l'Italie, et que l'on se souvient par quelle série de violences et souvent de violations ouvertes du droit des gens, la Prusse a marché d'agrandissement en agrandissement !

De nos jours, il est une seule grande puissance continentale qui retienne sous sa domination des populations opprimées, l'Allemagne ! et c'est en présence des protestations incessantes de ses sujets danois, polonais, français, que l'empereur Guillaume, un pied dans la tombe, déclare devant Dieu et les hommes : « Mon peuple et moi, nous ne sommes pas de ces misérables pécheurs antichrétiens qui tombent sur les peuples voisins ! » Et pourquoi non ? La main sur la garde de son épée, il déclare que, grâce à ses alliances et à ses armées, il est de force à dédaigner toutes ces protestations.

Ce qu'il y a de plus curieux, c'est qu'un pa-

reil langage semble à la presse européenne
prodigieusement pacifique. La presse européenne n'est vraiment pas difficile !

Le passage le plus étonnant de ce surprenant discours me paraît être celui qu'il consacre au Kronprinz. Il promet qu'on ne négligera
rien pour le sauver, pas même « des soins
vigilants » ; mais il dit bien clairement qu'on
n'espère plus rien, à moins d'un miracle.
Jamais encore un prince n'a ainsi enterré vivant
l'héritier de son trône. Cela fait frémir. Mais
c'est une occasion de rappeler au peuple allemand qu'il est le plus pieux de tous les peuples sur la terre habitable, le favori du Très-
Haut. On l'en fait souvenir chaque fois qu'on
se prépare à exiger de lui un grand déploie-
ment de force, en 1813 comme en 1870. C'est
le : « Garde à vous ! » qui précède les com-
mandements militaires.

Echo fidèle, nous répétons : « Europe, et
toi France, surtout, garde à vous ! »

Guillaume Ier empereur d'Allemagne, roi de Prusse[1].

Le puissant monarque qui est mort hier à
Berlin y avait vu le jour le 22 mars 1797. Il
avait donc presque achevé sa quatre-vingt-

1. *La République française*, 10 mars 1888.

onzième année, de vingt ans plus âgé que le
plus vieux de tous les autres souverains d'Europe.

Son père, monté sur le trône vers la fin de
cette même année 1797, l'occupa au delà de
quarante ans : c'était Frédéric-Guillaume III,
le vaincu d'Iéna, l'un des vainqueurs de Leipzig, l'ami d'Alexandre Ier de Russie, le com-
plice de Metternich dans la politique réactionnaire avant et après 1830. Sa mère fut cette
gracieuse et sentimentale reine Louise, née
princesse de Mecklembourg-Strélitz, que Napoléon accabla de ses sarcasmes.

Parmi les enfants, trois ont marqué dans
l'histoire de ce siècle : l'aîné des fils, qui fut
roi de Prusse après son père, de 1840 à 1861,
sous le nom de Frédéric-Guillaume IV ; le second, l'empereur qui vient de s'éteindre ; l'aînée
des filles, enfin, qui, ayant pris le nom d'Ale-
xandra, fut la compagne de l'empereur Nicolas
et dont le mariage, célébré il y a soixante-dix
ans, a scellé entre les deux familles une alliance
politique si solide qu'hier encore elle tenait
bon, en dépit de l'antipathie des deux nations
et malgré l'antagonisme de leurs intérêts.

L'empereur Guillaume a eu le sort de n'être
appelé à régner que dans sa vieillesse et pourtant de garder la couronne pendant plus d'un
quart de siècle. Je ne sache, chez les grandes
nations modernes, qu'un seul souverain qui soit
arrivé si tard au trône : Charles X, de France,
avait soixante-sept ans. Guillaume en comptait

soixante-quatre. Ces soixante-quatre premières années, il les a passées, sauf tout à la fin, dans une obscurité profonde, qui ne laissait certes pas présager la splendeur de son règne. C'est surtout à cette période peu connue de sa vie que je voudrais m'arrêter, pour glisser rapidement sur la suite de sa biographie, celle-ci ne se confondant que trop avec l'histoire de l'Europe.

I

Agé de neuf ans lorsque l'Etat fondé par le génie de Frédéric II s'écroula en un jour sur le plateau d'Iéna, il assista en spectateur aux revanches de 1813 et 1815. La paix conclue, le très jeune officier se mit à étudier les affaires militaires avec méthode, mais sans révéler aucune qualité brillante. Quand il fut d'âge à se marier, il épousa la princesse Augusta de Saxe-Weimar qui, élevée dans le voisinage de Gœthe, se distinguait alors déjà par ses goûts pour les lettres et les arts. Le prince Guillaume ne les partageant à aucun degré, il ne régna jamais, dit-on, une grande intimité entre les deux époux, et souvent ils vécurent séparés. Je rappelle que deux enfants sont nés de ce mariage : l'empereur qui a été proclamé hier et la grande-duchesse de Bade.

Quand l'aîné des fils de Frédéric-Guillaume III et de la reine Louise monta sur le trône, le prince Guillaume devint héritier présomptif de la couronne, car Frédéric-Guillaume IV n'avait ni ne pouvait avoir d'héritier direct. Sous ce roi fantasque, très érudit, très versé en théologie, passionné pour le moyen âge, qu'il aurait voulu ressusciter en politique comme en architecture, très personnel, très fier de ses traits d'esprit à la fois subtils et vulgaires ; sous ce roi qui eut l'intelligence déséquilibrée bien longtemps avant de tomber dans la démence, le prince Guillaume fut tenu soigneusement à l'écart du gouvernement. Il n'était évidemment pas à la hauteur des conceptions géniales de son frère ; c'était, disait-on, un cerveau fermé à toute idée philosophique et poétique, un esprit grossier et matériel.

En outre, sa raideur militaire lui valut une impopularité presque universelle. Le peuple berlinois, reconnaissant en lui ce qu'on nommait alors le « caporalisme », brisa les fenêtres de son palais pendant les journées orageuses de mars 1848. Il en profita pour faire un voyage en Angleterre et s'y lia d'une étroite amitié avec la reine et le prince Albert. L'année suivante, il fut placé à la tête du corps d'armée qui devait rétablir l'ordre dans le grand-duché de Bade où les troupes insurgées avaient proclamé la République. Au grand étonnement de chacun et surtout du prince général, ces troupes surent, au début, repouser les brigades prussiennes, qui firent médiocre contenance.

Ce petit fait de guerre, bien oublié, a exercé une influence considérable sur toute l'histoire de la seconde moitié du siècle. Le prince Guillaume, avec son gros bon sens, y vit la condamnation du système militaire inauguré en Prusse depuis les guerres de l'Empire, et, avec sa ténacité tranquille mais imperturbable, il résolut, sans guère en parler, que si jamais il arrivait au pouvoir il réformerait ce système. On considérait l'armée active uniquement comme l'école des réserves, lesquelles devaient constituer la véritable force en cas de mobilisation ; le prince Guillaume comprit que cette école ne pouvait remplir une pareille mission qu'à la condition d'être plus qu'une école, à la condition d'avoir une valeur propre par la permanence des cadres inférieurs et par la durée du service pour les hommes. Il se promit à lui-même d'opérer un jour cette double modification, en prolongeant la durée du service actif et en changeant le mode de recrutement des sous-officiers. A proprement parler, c'est là son œuvre capitale, celle qui a rendu toutes les autres possibles, et peut-être n'en aurait-il jamais eu l'idée (car ce n'était pas un génie spéculatif) s'il n'avait vu, de ses yeux vu, l'insuffisance de l'armée prussienne à Waghaeusel dans la matinée du 21 juin 1849.

Ce n'est pas seulement l'armée qui faisait triste figure en Prusse en ces années-là. Toute la politique du maniaque Frédéric-Guillaume IV, mélange d'idéalisme et d'incapacité,

de vues ambitieuses et de lâcheté, passait constamment de l'arrogance à la faiblesse. Au
dedans, c'étaient d'incroyables concessions à
la révolution et puis des retours surprenants
au droit divin ; au dehors, c'étaient des vel-
léités de saisir la couronne impériale et puis des
reculs lamentables. Profondément humiliée
par l'Autriche à Olmütz, la Prusse prit pendant la guerre de Crimée l'attitude la plus pi-
teuse. « Par peur, disait le prince Albert, mari
de la reine Victoria, le roi est toujours prêt à
sacrifier même les intérêts prussiens à ceux de
l'Autriche. » Et il lui écrivait durement :
« Votre Majesté se plaint de la malheureuse
animosité de la diplomatie anglaise contre votre
personne. Je n'agirais pas avec vous en ami si
je ne vous avouais franchement que cette animosité existe, et non seulement dans la diplomatie anglaise et française, mais aussi, si je
ne me trompe, dans une grande portion de la
nation allemande. » Et le prince Albert en-
voyait une copie de cette lettre au prince Guillaume, sachant bien que celui-ci jugeait avec
la même sévérité « la politique ambiguë suivie si fréquemment par la Prusse ». Malgré
l'attitude très réservée du prince Guillaume,
malgré son impassibilité habituelle, nous pouvons croire, en effet, que le sang lui bouillon-
nait dans les veines.

Juste un an après cette lettre, son fils se
fiançait avec la fille aînée de la reine Victoria.
Il l'épousait en janvier 1858 (quelques jours

après l'attentat d'Orsini), et la reine Victoria, dans son enthousiasme pour le père du fiancé, lui jetait les bras autour du cou, s'écriant : « *Sagen Sie mir doch du !* Mettez-vous donc à me tutoyer ! » et depuis ce jour, l'impératrice des Indes et celui qui hier encore était empereur d'Allemagne n'ont cessé de se dire *du*. Quand au prince-consort, il ne poussa point jusqu'au tutoiement la familiarité envers « son cher cousin ».

II

Lorsque les jeunes époux firent leur entrée à Berlin, le roi Frédéric-Guillaume IV était tombé depuis des mois en enfance et le prince Guillaume avait été nommé son lieutenant (*Stellvertreter*). Il refusa bientôt ce titre ou cette fonction qui, renouvelée de trimestre en trimestre, l'associait à tous les actes d'un cabinet, aussi faible que tracassier, qu'il n'avait pas le droit de congédier. A la suite d'une visite que lui firent ses amis royaux d'Angleterre, il réclama nettement la régence avec toutes ses prérogatives. L'émoi fut grand parmi les courtisans du roi tombé en démence. Mais il était trop tard pour se prévaloir de ses prétendues volontés et il fallut s'incliner devant le vrai représentant de la monarchie. Le 7 octobre 1858, il fut proclamé régent. Son premier soin fut de remplacer le ministère

Manteuffel par un cabinet dont les tendances étaient plus libérales au dedans et plus hardies au dehors.

Le prince Albert devint son confident et son conseiller. Il est étrange de voir avec quel zèle il prenait en mains les intérêts de la Prusse sans se demander s'ils étaient entièrement d'accord avec ceux du pays dont la reine l'avait associé à son existence. Il ne cessait d'exhorter le régent à faire ce qu'il a fait plus tard, à créer « une grande Allemagne » gouvernée par la Prusse. « Mon espoir, comme celui de tout vrai patriote, repose sur la Prusse, sur vous. La confiance en vous est le noyau et le foyer de la sécurité européenne. C'est le *summum bonum* politique. Ne lâchez pas un instant cette pensée fondamentale. Avec vous, le peuple allemand deviendra une puissance redoutable, que ses voisins ne manqueront pas de respecter, — le *Times* y compris. »

Vers le soir de sa vie, le prince Albert se rendait compte avec amertume que jamais il ne lui serait donné de jouer sur la scène du monde le rôle prépondérant auquel il s'était cru appelé ; il semble, à lire ses lettres, que, dans ces heures sombres, il ait reporté toutes les ardeurs de son ambition sur le trône de Prusse, où sa fille devait s'asseoir un jour.

La question italienne, posée brusquement à la réception des Tuileries du 1ᵉʳ janvier 1859, fut le principal sujet de la correspondance des deux princes. La méfiance à l'égard de Napoléon III était égale de part et d'autre. Le régent se disait même tout disposé à prendre parti pour l'Autriche, dans la crainte de voir les armes françaises victorieuses se diriger ensuite contre son pays. Mais, d'autre part, il se sentait moralement engagé, à la fois, envers l'Angleterre où régnaient ses amis les plus intimes, et envers la Russie gouvernée par son propre neveu. C'est entre ces deux pays qu'oscillait la politique prussienne depuis Frédéric II. Aussi, soit dit en passant, je ne crois pas du tout que Guillaume, s'il avait été roi lors de l'expédition de Crimée, eût déclaré la guerre à son beau-frère vénéré, le tsar Nicolas ; non, il pouvait bien blâmer alors la lâcheté de son frère, incapable de prendre aucun parti, mais lui-même il ne se serait certainement pas laissé entraîner à cette extrémité. Il aurait mobilisé une partie de ses troupes, je n'en doute pas, mais pour se poser en arbitre entre les belligérants. En 1859, il redoute de voir l'Angleterre prendre fait et cause pour la France et pour l'Italie, ou la Russie profiter de l'occasion pour faire sentir à l'Autriche toute son antipathie. Sa perplexité est grande : « Que dois-je décider ? écrit-il à son ami. Votre réponse sera décisive pour moi. »

Son ami le rassure touchant les intentions de l'Angleterre, animée, en effet, dès ce moment du plus mauvais vouloir pour nous, et il lui conseille d'être prêt à jeter son épée dans la balance, sans prendre toutefois d'engagement envers l'Autriche. C'est ce que fit le régent. Il arma si ostensiblement que Napoléon III crut prudent de signer en toute hâte la paix de Villafranca. La responsabilité de cette paix boîteuse remonte donc au prince Albert et à son ami le futur empereur.

Aussitôt les Anglais s'éprennent d'un amour sans bornes pour l'Italie, cette pauvre Italie que Napoléon III, disait-on, avait indignement dupée. Le prince Albert laisse même percer des sentiments qui effraient son ami le régent. Ils partaient au fond d'axiomes opposés : le prince-consort admettait la souveraineté des peuples ; le régent ne voulait en entendre parler à aucun prix.

C'est à propos du principe de non-intervention que la dissonance éclate. Le futur empereur d'Allemagne trouve l'intervention parfaitement justifiée « lorsque des souverains légitimes nous appellent à les protéger contre une tentative de les contraindre à accepter des formes révolutionnaires de gouvernement ». Il y a un autre cas encore, et le régent avoue qu'il le formule en vue du Sleswig-Holstein : c'est quand le peuple a des « droits conventionnels », quand il possède une charte signée et scellée. Or telle n'est pas la situation des peuples italiens ; ils sont donc dépourvus de toute espèce de droit en face de leurs princes ; ces princes, au contraire, ont des droits assurés par des traités, par des parchemins. Le régent déclare en termes exprès que si la politique de l'Angleterre devait « porter atteinte aux liens sacrés qui unissent les souverains et les peuples, il trouverait de grandes difficultés à l'avenir dans ses relations avec ce pays ». A cela, le prince Albert s'empresse de répondre que ce n'est pas du tout par esprit révolutionnaire qu'il prend le parti des Italiens, mais par haine de la France ; il désire une Italie forte parce qu'elle pourra se montrer ingrate envers Napoléon III et devenir pour la France une voisine très incommode.

Cette considération-là devait plaire au futur empereur d'Allemagne, endormir ses scrupules et le préparer à mettre six ans plus tard sa main de roi par la grâce de Dieu dans la main de Victor-Emmanuel, roi d'Italie par la grâce de toutes les puissances sataniques. Mais sur un autre point il n'aurait pas tardé à se montrer intraitable et à échapper à l'influence de son ami. Il ne consentait, en effet, à pratiquer le régime parlementaire que si le Parlement était un instrument de sa volonté, tandis que le mari de la reine Victoria prenait ce régime un peu plus au sérieux, non par goût, semble-t-il, car il n'avait pas à s'en louer en Angleterre, mais par sagesse, par résignation, par suite d'une vue claire des nécessités inéluctables de notre siècle. D'accord sur la politique étrangère, ils devaient se séparer sur la politique à suivre à l'intérieur en vue de cette politique étrangère. L'heure allait sonner où le prince prussien entamerait résolument une lutte violente contre les représentants de son peuple.

Le Cobourg avait préparé sa revanche. Il croyait tenir l'héritier de son ami par sa fille à lui, à qui il avait donné la plus forte éducation politique qu'une jeune personne ait peut-être jamais reçue. Pendant qu'il discutait avec Guillaume les avantages du régime parlementaire, il faisait rédiger par la princesse Victoria une note, un *memorandum*, sur la nécessité d'établir en Prusse la responsabilité des ministres devant les Chambres. Ce fut, paraît-il, un vrai chef-d'œuvre. Que le vieux prince s'obstinât dans ses préjugés autoritaires : l'avenir, n'est-il pas vrai ? était assuré aux idées libérales. Le prince Albert n'en doutait point.

III

Le prince Albert mourut le 11 décembre 1861. Frédéric-Guillaume IV l'avait précédé dans la tombe, et le régent était roi de Prusse depuis le 2 janvier de la même année.

Le roi Guillaume ne voulait pas de « cette forme révolutionnaire de gouvernement » qui fait du roi l'exécuteur des volontés d'une Assemblée élue. Il entendait être roi dans toute la puissance du terme, roi comme on l'est en Prusse. Dans la monarchie prussienne, toutes les forces du pays, tous les organes du pouvoir, concourent à un but unique avec une étonnante économie d'argent et de travail. C'est la machine parfaite. Chaque chose y est à sa place. Chacun y est soumis à la discipline la plus stricte, dont il se fait un point d'honneur. Le pouvoir exécutif entier, *l'imperium*, réside dans la personne du roi, mais le roi se considère lui-même comme le premier fonctionnaire de l'Etat, aux intérêts duquel il doit sacrifier ses plaisirs, ses goûts, ses idées et jusqu'à sa notion du bien et du mal. La plupart des souverains de Prusse ont eu un sentiment très vif de leur responsabilité devant cette abstraction qui se nomme l'Etat prussien. Aucun ne l'a eu, je crois, à un plus haut degré que le roi Guillaume. C'est ce qui a fait sa force.

En présence des événements extraordinaires qui ont marqué son règne et dont nous souffrons si cruellement, nous sommes tentés de nous écrier : « C'est Bismarck, c'est Moltke qui a tout fait ! » J'en doute ; mais ce serait déjà un mérite très rare d'avoir su reconnaître des instruments aussi puissants. A peine est-il « lieutenant du roi » que le prince appelle à la tête de l'état-major général M. de Moltke dont il avait fait antérieurement l'aide de camp de son fils, ce qui lui avait permis d'étudier de près et d'apprécier ce taciturne. Il lui donne pour collaborateur au ministère de la guerre un organisateur de premier ordre, le général de Roon. A eux trois, ils combinent un projet

de réforme de l'armée qui, portant la durée
du service dans l'armée de ligne à trois ans, ac-
croîtra le nombre des recrues d'environ 60 %.
et augmentera annuellement les charges du
budget de 40 millions de thalers, 150 millions
de francs. On sait l'accueil que reçut ce projet
de la part d'une Chambre qui trouvait les charges militaires déjà excessives. Le nouveau roi
n'en ordonna pas moins l'exécution immédiate
des parties essentielles de son projet. C'est lui
qui a créé la nouvelle armée prussienne.

En présence de l'opposition parlementaire,
le roi comprend la nécessité d'avoir comme
chef de cabinet un homme d'autant d'énergie
que de talent, et il choisit M. de Bismarck. Il
aurait pu avoir la main plus malheureuse ; je
parle, bien entendu, au point de vue de la
Prusse. Cette habileté dans ses choix est, je
l'ai déjà dit, un trait caractéristique du roi
Guillaume ; un autre trait non moins remarquable, c'est la fermeté inébranlable avec laquelle il soutient les hommes de son choix.
« Ayez confiance en vous-même ! » lui avait
dit le prince Albert. Il a confiance en lui-
même, mais il a aussi confiance en ses servi-
teurs, une confiance pleine et entière. Quelle
force il en résulte pour un gouvernement !
quelle fixité dans les vues ! quelle tranquillité
touchant l'avenir ! Pourquoi un Parlement se-
rait-il incapable de faire ce qu'a fait un roi, —
de choisir pour ministres les hommes les plus
compétents et les plus sûrs, et puis de leur

accorder un crédit presque illimité ? Cela s'est vu en d'autres temps, et si cela se voyait de nouveau, la supériorité du régime parlementaire sur le régime monarchique prussien deviendrait évidente à tous les yeux. Actuellement, en face des résultats obtenus, il est des esprits qui hésitent. Ils oublient que les rois ne sont pas tous aussi perspicaces ni aussi confiants que l'a été Guillaume de Prusse. On le verra bien un jour ou l'autre.

Dans une des récentes discussions du Reichstag, le maréchal de Moltke a prononcé une parole très grave : « Notre armée, a-t-il dit, est la base même de toutes nos institutions, le fondement sur lequel repose l'empire. » Rien n'est plus vrai : c'est l'armée prussienne seule qui a créé et qui maintient la plus grande puissance de la seconde moitié du dix-neuvième siècle. A peine le roi Guillaume eut-il cet instrument, qui est son œuvre propre, il trancha la question danoise en faveur de l'Allemagne, et, comme l'Autriche ne voulut pas en laisser tout le profit matériel à la Prusse, il la refoula jusque sur le Danube en une campagne de sept jours. Avant cette grande semaine, il avait contre lui son Parlement et son peuple ; à Sadowa, l'armée ne vainquit pas seulement Benedeck, mais aussi le libéralisme prussien : il se rendit corps et âme. L'imbécillité de Napoléon III jointe aux caprices de l'impératrice et à la faiblesse de caractère de M. Emile Ollivier fournirent au roi Guillaume l'occasion désirée de lancer son armée incomparable sur « l'ennemi héréditaire », de saisir la couronne impériale, de mutiler la France. « L'Alsace-Lorraine fut le présent de noces que le rude guerrier du Nord offrit à sa fiancée l'Allemagne du Sud. » C'est en ces termes poétiques que j'ai entendu un historien illustre [1] célébrer l'acte qui, depuis dix-sept ans, coûte annuellement quatre milliards à l'Europe et cause en outre sa ruine par des alarmes incessamment renouvelées. Depuis cette époque, comme l'expliquait, il y a peu de mois, M. de Bismarck, la diplomatie de cette partie du monde est devenue une vraie forêt de Bondy.

IV

Cet historien illustre a raison toutefois. Le joug prussien, avec sa raideur bureaucratique et militaire, est si antipathique au tempérament de la nation allemande que pour le lui faire accepter il a fallu l'enivrer de ce vin capiteux auquel ne résiste aucun peuple et qui se nomme la gloire ou la conquête. La restauration de l'empire peut donc bien être l'explication psychologique de l'annexion de l'Alsace-Lorraine.

Mais expliquer un fait, ce n'est ni le légitimer ni même l'excuser. Politiquement parlant,

---

1. Mommsen.

le traité de 1871 fut la plus lourde faute que l'empereur pût commettre.

Il semble que ce soit le destin de la maison de Hohenzollern de rester toujours inachevée. Les Etats du Grand Electeur, Brandebourg sur l'Elbe, Prusse sur le Pregel, semblaient trop vastes pour un simple électorat ; son fils, Frédéric Ier, en fit un royaume. Puis à ce royaume, qui n'était guère encore qu'une façade prétentieuse, Frédéric II ajouta la Silésie et la Posnanie. C'était trop pour un vassal de l'empire germanique, trop peu pour une puissance souveraine. Son petit-neveu Frédéric-Guillaume III s'en aperçut lorsqu'il osa s'attaquer à l'empereur des Français ; aussi s'est-il ensuite appliqué de son mieux à se faire allouer par le Congrès de Vienne des milliers de lieues carrées. La Prusse fut enfin une des cinq grandes puissances de l'Europe, mais la cinquième seulement, divisée en deux groupes de provinces, traînant le poids mort de la Confédération germanique, enchaînée à l'Autriche. Sadowa rompit ses liens, arrondit son territoire : voilà le Prussien l'égal des plus grands ; la voilà satisfaite, cette inquiétude, cette ambition née d'une série de situations hybrides où l'on ne pouvait s'arrêter sous peine de reculer, peut-être même de périr. Mais non ; il faut faire un pas encore : Bavière, Wurtemberg, Bade, ces petits Etats déjà à moitié subjugués, doivent reconnaître hautement la suzeraineté de la Prusse ; le Hohenzollern sera empereur d'Allemagne. Bien.

Est-ce tout ? Peut-il enfin, cet ancien burgrave de Nuremberg, contemplant son œuvre, s'écrier avec orgueil : « Tout est accompli ? » Du cinquième rang, il a passé au premier : cela lui suffit-il ?

Eh oui ! cela lui suffirait si dans une heure de folie il n'avait mis la main sur Metz et Strasbourg. Avec Metz et Strasbourg, il faut qu'éternel juif errant de la politique il reprenne sa marche ascendante s'il ne veut déchoir. L'œuvre de 1871 ne peut durer que s'il la complète, si du rang de première puissance il s'élève à ce pouvoir suprême que le tentateur montra jadis dans leurs songes à Charles-Quint, à Louis XIV, à Napoléon, celui de dictateur de l'Europe. Jamais le démon qui a pris possession des Hohenzollern ne fut moins près d'être exorcisé que depuis leur dernier triomphe.

L'empire s'est fait un ennemi irréconciliable, la France. Elle ne l'attaquera pas, mais toujours elle sera prête. Et il se dit que si, un jour, il se trouve en lutte avec une autre puissance, il aura, sans l'ombre d'un doute, deux ennemis sur les bras. L'idée d'une coalition hante donc jour et nuit les fondateurs de l'empire. Comment échapper à ce péril ?

Deux moyens se présentent.

On peut recourir à la force, écraser l'une après l'autre les puissances que l'on croit capables de s'entendre contre la Prusse, la France avant tout, puis la Russie, d'autres peut-être encore ; après quoi, on se fera décerner le titre (car on aime les titres) de protecteur des empires, royaumes, principautés et républiques d'Europe. Si l'armée, comme l'a dit M. de Moltke, est le fondement même de la Prusse, le corps des officiers est la pierre angulaire du fondement, et le corps des officiers désire ardemment cette guerre définitive. Il trouvera bientôt, je le crains, un prince animé de la même ardeur.

Mais il est vraisemblable que la déclaration de la guerre à la France ou à quelque autre Etat amènerait sur-le-champ la coalition même que l'on redoute. L'empereur Guillaume l'a bien compris : il a senti qu'il était allé jusqu'au bont de ce que l'Europe pouvait tolérer de violence. Pendant dix-sept ans, le nouveau successeur de Charlemagne a joué le rôle d'un prince pacifique. Il n'a plus parlé d'autres annexions ; il n'a pris ni la Hollande, ni la Belgique, ni Bâle et Schaffhouse, ni ce qui reste du Danemark ; il n'a pas travaillé à la décomposition de l'Autriche pour en recueillir les épaves qui compléteraient admirablement son territoire. Il ne s'est pas laissé entraîner un seul jour à suivre l'exemple de Napoléon qui roulait follemenf de conquête en conquête. La cour de Berlin a fait mieux que de se borner à cette sagesse négative ; elle a pensé que, pour empêcher qu'il ne se formât une coalition contre elle, le plus sûr était d'en former une autour d'elle. La diplomatie lui a procuré les alliances les plus inattendues. L'Autriche-Hongrie, complétant Sadowa, s'est jetée dans les bras de la Prusse. L'Italie a imploré l'amitié du prince qui, en 1859, condamnait sa cause et entravait son entier affranchissement. La Russie elle-même, humiliée, trahie par la Prusse, a hésité pendant des années à reprendre sa liberté. Ce qu'ont gagné jusqu'ici les alliés de l'empereur Guillaume, ou pour mieux dire ses humbles satellites, nul n'a pu le deviner encore, mais il paraît que l'amitié du puissant empereur suffit à elle seule pour remplir d'une douce joie princes et ministres.

On ne réussit pas à ce jeu d'alliances, à moins d'une habileté consommée. L'empereur Guillaume s'est très probablement décidé lui-même pour les voies pacifiques ; mais s'il n'avait eu à côté de lui M. de Bismarck avec les ressources inépuisables de son génie, il n'aurait pu y persister. Le chancelier avait pris d'ailleurs sur le souverain, grâce à des services immenses, une autorité qui ne le cédait pas à celle de Richelieu sur Louis XIII. Entre eux, il n'y eut jamais de liens affectueux. On dit même que M. de Bismarck s'en tenait aux marques tout extérieures du respect, du moins dans les dernières années. Il apportait ses projets, les exposait d'un ton bref, en affirmait l'inexorable nécessité, laissant voir, sans le dire, qu'il n'admettait pas d'objections. Et le vieux monarque, qui avait l'âme trop impériale pour se sentir blessé dans son amour-propre, approuvait et signait.

Quand M. de Bismarck ne sera plus là, il est aisé de prévoir que les alliés de la Prusse se détacheront d'elle les uns après les autres, car il n'aura pas de successeur [1], ce magicien qui leur fait prendre des paroles creuses pour un aliment solide, des nuages pour des terres à s'annexer, des trahisons pour des actes de loyal courtier, des rebuffades pour des marques d'amitié. Mais comme il n'y a pas de dupe qui ne doive se lasser d'un pareil régime, M. de Bismarck lui-même, restât-il encore dix ans à la Wilhelmstrasse, ne parviendrait pas à le faire durer. Son prestige, d'ailleurs, ne sera plus soutenu par le prestige bien plus grand encore du glorieux vieillard dont l'approche fascinait les esprits...

Ce qui paraît certain, c'est que depuis dix-sept ans la Prusse se trouve une fois de plus dans une situation fausse, dans un équilibre instable, et que l'empereur Guillaume Ier, aidé de M. de Bismarck, pouvait seul l'y maintenir par sa prudence comme par sa force.

1. Nous laissons ce passage, bien que Guillaume II ait su comme Bismarck duper ses alliés.

UN RÈGNE DRAMATIQUE

Choses d'Allemagne [1].

Nous aimons peu à nous occuper des affaires intérieures de nos voisins et spécialement de celles de l'empire germanique.

Cependant, lorsque la politique intérieure d'un Etat peut avoir son contre-coup dans la politique extérieure, nous sommes bien forcés d'en tenir compte. L'annonce de la démission de M. de Bismarck dans une de ses feuilles les plus officieuses, pour n'être qu'une menace, ne saurait passer inaperçue ainsi qu'une improvisation de M. Crispi. Elle révèle une situation tendue que nous avons le devoir d'étudier d'un peu près.

Entre l'empereur Frédéric et le chancelier, il n'y a pas et il ne peut pas y avoir identité de vues et de sentiments. Tout le monde le savait à l'avance. Elève du prince Albert, l'empereur fut autrefois partisan décidé du régime parlementaire. L'est-il encore ? J'en doute ; je ne vois même pas très bien comment un roi de

1. *République Française,* 8 avril 1888.

Prusse pourrait, sans renier la tradition de sa race, se plier à toutes les exigences de ce régime. Mais l'empereur a conservé des aspirations très élevées, des idées fort libérales, à tout prendre ; il ne partage ni les préjugés religieux et politiques de la noblesse, ni le mépris du genre humain et la confiance dans la force brutale que professe ouvertement M. de Bismarck. De là, on peut le croire, des frottements assez fréquents, un antagonisme qui doit se révéler dans les petites choses plutôt que dans les grandes. L'empereur apprécie certainement la capacité... de son chancelier ; il reconnaît que sans lui l'Allemagne n'aurait pas trouvé l'unité sous le sceptre des Hohenzollern ; il lui sait gré de lui avoir préparé un trône qui domine tous les autres ; il se rend compte d'ailleurs de l'immense popularité du nom de Bismarck . . . .

. . . .

. . . . Voulût-il se séparer de lui, et il ne le veut certes pas, l'empereur n'oserait remercier le puissant serviteur de son père. Il n'est donc pas libre de faire tout ce qu'il lui plaît : entre son premier manifeste, auquel l'Europe entière a rendu justice, et plusieurs actes où il a depuis apposé sa signature, il existe une disparate évidente. Malgré le sentiment profond de ses devoirs et de ses droits et par conséquent de sa responsabilité envers son peuple, il faut bien, malade comme il l'est, qu'il plie devant la froide et inflexible volonté de l'homme qui a fondé l'empire. D'autre part, M. de Bismarck, qui ne veut pas tendre l'arc inutilement, a laissé passer certains décrets dont on peut affirmer qu'ils lui ont médiocrement plu : il n'a pas opposé son veto lorsqu'il a convenu à l'empereur de décorer des personnages suspects de libéralisme, ou des chrétiens nés israélites, ou encore des israélites non baptisés. Ce scandale qui devait soulever l'indignation de toutes les âmes bien pensantes, M. de Bismarck n'a pas jugé à propos de l'empêcher. On ne dit pas non plus qu'il ait réclamé impérieusement le départ du Dr Mackenzie.

Mais la patience a des bornes. On connaît l'affaire. Si la reine Victoria est entichée des Battenberg, il paraît qu'ils sont bien vus aussi de l'impératrice Victoria et que la seconde de ses filles, portant elle aussi le nom de Victoria, a donné son aveu à celui d'entre eux qui fut naguère prince de Bulgarie. Plus d'une fois il fut question de leur mariage ; on a même prétendu que l'inconcevable conduite politique de ce prince, tant qu'il régna, eut pour but de conquérir en Orient une position qui lui permît de devenir le petit-fils du glorieux empereur Guillaume. Quoi qu'il en soit, M. de Bismarck s'est toujours opposé à cette alliance, et il s'y oppose plus que jamais. Si Alexandre de Battenberg avait renoncé à la Bulgarie sans espoir de revanche, il n'y aurait qu'à examiner si la famille impériale peut s'ouvrir à un prince né d'un mariage morganatique : tous les cœurs sensibles répondraient par l'affirmative. Mais la question a une autre face : Alexandre de Battenberg est et reste prétendant au trône bulgare; par son mariage avec la princesse Victoria, l'Allemagne se trouverait donc étroitement liée, dans les affaires d'Orient, à une politique déterminée, à une politique antirusse, tandis que M. de Bismarck se donne depuis des années une peine inouïe pour rester dans ces affaires-là absolument désintéressé, afin de pouvoir pratiquer son métier d'honnête courtier en inclinant tantôt du côté de la Russie, tantôt du côté de l'Autriche. On détruirait tous ses projets, on le forcerait de mettre sa main dans celle d'un homme à qui le tsar témoigne un mépris incommensurable. Cette faute, M. de Bismarck ne la commettra pas. Et nous pouvons ajouter que l'Allemagne entière se range certainement de son côté. Si la princesse et sa mère et son aïeule parvenaient à entraîner l'empereur Frédéric où se portent leurs cœurs, elles seraient l'objet d'un blâme universel, qui retomberait sur le souverain lui-même.

Pour le moment, Frédéric III n'a pour adversaire qu'un parti peu nombreux, celui des hobereaux et des protestants fanatiques. On s'y attendait. Mais ce qui étonne l'Europe, Berlin excepté, c'est que ce parti a pour porteparole le fils même de l'empereur, son héritier le Kronprinz Guillaume. On l'a bien vu l'autre jour au toast qu'il a prononcé et qui, même dans la seconde édition, revue, corrigée, augmentée d'un ou deux mots en l'honneur de son père, laisse percer ses sentiments intimes. Le prince Guillaume refuse de traiter Frédéric III en successeur de l'empereur défunt : il n'est que l'officier le plus élevé en grade qui, en l'absence du colonel, prend à titre provisoire le commandement du régiment ; comme il est lui-même « grièvement blessé », ce n'est pas vers lui que doivent se tourner les regards, mais bien vers le porte-drapeau, vers le chancelier. Et, vous le comprenez, il en sera ainsi jusqu'au jour où arrivera le seul successeur légitime du vieil empereur Guillaume Ier, à savoir Guillaume II.

A vrai dire, le prince ne fait que suivre les traces de son aïeul. Souvenez-vous du dernier discours du trône où le vieil empereur, parlant de la maladie de son fils unique, semblait sonner le glas funèbre : tous les secours humains étaient déclarés impuissants ; un miracle seul pouvait sauver le malade de San Remo ! Et, sur son lit de mort, Guillaume Ier n'a pas fait une seule allusion à son fils ; dans le délire même, il n'a point prononcé son nom : il le tenait pour mort.

Pour qui se place au point de vue des affections humaines, ce silence de l'aïeul donne le frisson aussi bien que le discours du petit-fils. Mais ne trouvez-vous pas en même temps que l'un et l'autre ont porté un coup terrible au principe monarchique ? Que devient le principe de l'hérédité, si le souverain peut témoigner ainsi de son dédain pour son successeur et si l'héritier lui-même peut sembler contester le pouvoir du prince régnant ? En monarchie, l'hérédité doit tenir lieu de toutes les qualités et de toutes les vertus ; or, voici qu'en Prusse, dans la famille royale elle-même, on trouve qu'il est des empereurs auxquels il faut obéir et d'autres auxquels il est bon de dire combien on les trouve déplacés sur le trône ; ceux qui plaisent sont légitimes, ceux qui déplaisent sont illégitimes.

On peut aller loin avec de pareilles idées, et d'autres que le Kronprinz Guillaume pourraient être tentés de les appliquer un jour à un autre empereur que Frédéric III...

Le deuxième empereur d'Allemagne [1].

Frédéric III, qui avait succédé à son père Guillaume Ier le 9 mars, est mort le 15 juin, laissant le trône royal et impérial à son fils Guillaume II.

Du 9 mars au 15 juin, nous comptons quatre-vingt-dix-huit jours : quatorze semaines de règne ! Et pourtant l'histoire s'arrêtera à ce règne éphémère, parce qu'elle y trouvera les

1. *République Française*, 16 juin 1888.

premières origines d'une lutte qui risque de durer fort longtemps, lutte entre deux tempéraments, dirai-je ? ou deux politiques, celle de l'Allemagne, vague et sentimentale, et celle de la Prusse, incarnée dans le chancelier de fer. Pour nous, les contemporains, qui ne pouvons prévoir les péripéties de cette lutte dans l'avenir, ce qui nous frappe et ce qui commande notre respect, c'est la sérénité héroïque avec laquelle Frédéric III s'est vu mourir depuis de longs mois ; c'est l'énergie vraiment prodigieuse avec laquelle, un pied dans la tombe et ayant à lutter chaque heure contre un adversaire intime, il a su remplir ses fonctions de souverain jusqu'au dernier jour de son existence. A la guerre, on rend les honneurs militaires à l'ennemi qui succombe les armes à la main ; devant le Hohenzollern qui, mortellement blessé, n'a pas consenti à se laisser relever de sa faction à Charlottenbourg ni à Potsdam, nous nous inclinons avec respect.

*
* *

Né le 19 octobre 1831, il reçut auprès de sa mère, la future impératrice Augusta, une éducation très soignée ; il suivit les cours de l'université de Bonn ; il épousa la fille aînée de la reine d'Angleterre.

A dire vrai, cette union est l'événement capital de la vie de Frédéric de Hohenzollern. Ce fut un de ces mariages d'amour comme il s'en fait tant en Allemagne et en Angleterre.

Les parents, certes, le désiraient de part et d'autre. Le prince de Prusse, ainsi que l'on désignait celui qui devait être un jour l'empereur Guillaume, ayant quitté Berlin en 1848 pour ne pas être témoin et peut-être victime de la révolution, avait trouvé le meilleur accueil à Londres ; il s'y était intimement lié avec le prince Albert et peut-être plus encore avec la reine, à qui plaisait sa mâle froideur de soldat. La princesse Augusta, sa femme, partageait peu, en général, ses sentiments ; mais comme elle professait une vive admiration pour les institutions anglaises et qu'elle avait tout juste à cette heure la velléité de jouer un rôle politique, il lui convenait, à elle aussi, de se rapprocher de la reine Victoria. Quant au prince Albert, il croyait à la haute mission de la Prusse, avec une passion presque fanatique : la Prusse devait, d'après lui, donner l'unité à l'Allemagne, briser la puissance de la France, dominer le continent. En plaçant sur les marches du trône sa fille, à qui il avait donné une éducation politique vraiment extraordinaire, il s'assurait une part dans la direction du futur empire ; le mari de la reine Victoria était dévoré d'une ambition qu'à son indicible chagrin il ne pouvait satisfaire dans le pays des whigs et des tories.

Le prince Frédéric fut donc envoyé en visite auprès de la famille royale d'Angleterre. Il allait avoir vingt-quatre ans ; la princesse n'en comptait pas dix-sept. On eut soin de les laisser, à Balmoral, marcher côte à côte dans les promenades. Un beau soir, la jeune fille se jeta dans les bras de sa mère, avouant que son cœur était pris. C'était trois semaines après la chute de Sébastopol. Le mariage fut célébré deux ans plus tard, en janvier 1858, au moment où l'Angleterre noyait dans le sang la révolte des Hindous, — onze jours après l'attentat d'Orsini qui allait modifier la politique de Napoléon III.

La jeune princesse ne devait cesser d'exercer sur son mari une influence que rien ne put contrebalancer.

*
* *

Le roi Frédéric-Guillaume IV était bien malade déjà lorsque la princesse fit son apparition à la cour de Berlin, qui lui réservait tant de déceptions. Il tomba en démence quelques mois après, et son frère Guillaume prit le titre de régent pour lui succéder le 2 janvier 1861. Pendant ces trois années et peut-être l'année suivante encore, il ne semble pas qu'il y ait eu de dissentiment entre le père et le fils ; l'un et l'autre voulaient la grandeur de l'Allemagne fondée sur la grandeur de leur maison. En comparaison du régime d'hypocrite compression d'où sortait la Prusse, le gouvernement du roi Guillaume pouvait passer pour libéral. Le peuple, dans son enthousiasme, le désignait comme l' « ère nouvelle ».

Mais bientôt, le roi voulant à tout prix une réforme de l'armée qui nécessitait d'énormes dépenses, et la Chambre des députés refusant impitoyablement cette augmentation de crédits, la popularité du roi et sa réputation de libéralisme disparurent comme par enchantement. On sait que M. de Bismarck fut alors appelé au pouvoir, il y a plus d'un quart de siècle. Il ne tardait pas à entrer en lutte avec la Chambre et avec la presse. Un jour il soumit celle-ci au régime du bon plaisir par une simple ordonnance royale. Le prince héréditaire, entrant le lendemain à Dantzig, avec sa jeune femme, était complimenté par le bourgmestre qui, dans son discours, fit allusion aux circonstances malheureuses où se trouvait la patrie : « Je regrette comme vous, lui répondit le prince royal, d'arriver ici dans un moment où un dissentiment grave vient d'éclater entre le gouvervement et le pays. Je l'ai appris avec étonnement. Je ne savais rien de l'ordonnance qui l'a provoqué. J'étais absent. Je n'ai eu aucune part dans les conseils qui l'on fait signer... » C'est le 5 juin 1863 que furent prononcées ces paroles fatales.

A partir de cette date, le prince royal fut, politiquement parlant, un homme mort. Il avait blessé son père autant qu'irrité le redoutable chancelier. Il n'est pas contestable d'ailleurs qu'aucun ministre ne pourrait tolérer d'être ainsi blâmé publiquement par le fils de son roi. Il est vrai, d'autre part, en vertu même du droit divin de la royauté, que le trône est un simple fidéicommis dont l'usufruitier n'a pas le droit de compromettre l'existence. Son successeur présomptif est autorisé, par conséquent, à protester contre toute mesure pernicieuse. Le roi Guillaume lui-même l'avait fait très énergiquement, au nom de la tradition autocratique, lorsque son frère Frédéric-Guillaume IV institua en 1847 des Etats généraux. Son fils suivait donc son exemple, mais au nom des idées libérales, ce qui probablement changeait l'affaire du tout au tout.

Quoi qu'il en soit, le prince royal n'essaya plus à l'avenir de lutter contre le système autoritaire du roi ni contre l'impérieux ministre.

*
* *

Quand éclata la guerre de Bohême, le Kronprinz, qui avait assisté en spectateur à l'expédition du Danemark, obtint le commandement de la deuxième armée. Il serait plus exact de dire qu'on le lui imposa : l'héritier du trône de Prusse ne peut s'enfermer dans la vie civile ; dès que le tambour bat la charge, il faut qu'il combatte et au premier rang. Cela était d'autant plus indispensable pour Frédéric que son cousin Frédéric-Charles passait pour un foudre de guerre. Du reste, Frédéric n'eut que le commandement nominal de son armée ; le commandement effectif appartint au général de Blumenthal. Celui-ci, excellent militaire, a le défaut d'être très vaniteux. Il fut assez peu courtisan pour se vanter de son rôle et assez maladroit pour en parler dans des lettres qui arrivèrent sous les yeux du roi ; il allait jusqu'à prétendre qu'il était, lui, le véritable inspirateur des plans de campagne de M. de Moltke ! C'était un crime impardonnable : il tomba en disgrâce.

Le prince Frédéric l'en tira en 1870. Cela prouve à la fois combien peu il était rancunier et combien il sentait ne pouvoir se passer de ce chef d'état-major. Dans la guerre de France, c'est la troisième armée qui fut confiée à Blumenthal sous le couvert du prince : Frédéric figura ainsi aux batailles de Frœschwiller et de Sedan, puis au siège de Paris. Il y gagna le grade suprême du *generalfeldmarschall*, que n'avait jamais obtenu un membre de la famille régnante. Quant à Blumenthal, il a reçu sa récompense au bout de dix-sept ans : on sait qu'à peine arrivé à Charlottenbourg l'empereur Frédéric lui a conféré le maréchalat. Il réparait ainsi une injustice de son père, injustice flagrante, mais qui s'explique par l'horreur qu'inspirait à Guillaume Ier toute infraction à la discipline.

Entre les deux guerres, Frédéric avait pris part à l'ouverture du canal de Suez et fait un voyage en Palestine ; il l'a raconté lui-même dans un volume tiré à quarante exemplaires. Il avait également livré à l'impression, mais non à la publicité, ses *Souvenirs de la guerre de Bohême*.

Lorsque son père fut gravement blessé par le régicide Nobiling en 1878, il eut pendant six mois la signature royale et impériale. En diverses circonstances, il fut envoyé auprès des cours étrangères, à Rome, par exemple, pour les obsèques de Victor-Emmanuel, à Pétersbourg pour celles d'Alexandre II, en Suède, en Danemark, en Espagne, et de nouveau à Rome où il visita le pape Léon XIII. C'est à ces fonctions purement honorifiques de représentant de l'empereur au dehors que se borna sa participation au gouvernement de son pays.

*
* *

Les héritiers présomptifs d'une couronne, si le présent les condamne à l'inaction, ont pour eux l'avenir, et comme l'avenir apparaît toujours aux peuples enveloppé des brillantes couleurs de l'espérance, ils jouissent très généralement de la faveur du public. Eh bien ! non, à Berlin, il n'en était point ainsi : l'empereur Guillaume Ier, avec sa tête couronnée de lauriers, avec sa bonhomie parternelle de vieillard avait, je pense, concentré sur lui tout ce qu'il peut y avoir dans le peuple prussien de respect et d'adoration.

La future impératrice n'était rien moins que populaire. On lui faisait grief de faits absolument insignifiants et même tout à fait contradictoires. La cour lui en voulait d'être bien plus instruite et bien plus intelligente que tou-

tes les princesses allemandes réunies. Le clergé
protestant orthodoxe ne lui pardonnait pas le
rationalisme de ses idées religieuses. Dans la
bourgeoisie, on la trouvait fière comme une
Anglaise, disait-on, et en même temps on lui
reprochait ses goûts ou ses allures d'artiste.
Pour le peuple, c'était une étrangère, la première qu'ait épousée un prince de Prusse. On
s'exaspérait surtout à la pensée de l'empire
qu'elle avait pris sur son mari : ce serait donc
la princesse de Galles qui gouvernerait l'Allemagne !

Le prince lui-même n'excitait aucun enthousiasme. Une certaine dureté dans les propos et
les manières, qui trahissait peut-être une âme
ulcérée, lui avait fait une réputation fâcheuse
parmi les gentilshommes ; quant aux hommes
politiques, ils semblaient ne plus compter sur
lui. C'était véritablement comme si on avait
prévu ou qu'il ne succèderait pas à son père
ou que son règne serait éphémère. Il s'abandonnait ; on l'abandonnait.

Ayant séjourné quelque temps à Berlin immédiatement avant que sa maladie se déclarât,
j'ai été extrêmement surpris de voir quelle
petite place tenait dans l'opinion publique l'héritier du souverain nonagénaire... Une seule
carrière s'ouvrait devant le Kronprinz, celle
des armes ; s'il avait aimé l'uniforme, et les
manœuvres, et les minuties de l'équipement, la
guerre ou la préparation de la guerre, il aurait pu, comme son père lui-même, attendre

dans une agréable activité que son heure sonnât ; mais précisément l'uniforme lui répugnait. L'institution monarchique se montre parfois étrangement barbare envers les princes mêmes : Frédéric de Hohenzollern en a été la preuve.

*
* *

Quelles étaient alors ses opinions politiques ? On ne le savait trop. On disait que dans les premières années de son mariage, tant que vécut son beau-père le prince Albert, et plus tard encore, il était partisan du régime parlementaire. Que ce régime pratiqué dans toute sa rigueur, comme en Angleterre, soit compatible avec les traditions de la Prusse, je me permets d'en douter. Frédéric y aurait probablement apporté bien des atténuations, quand même il n'eût pas assisté aux résultats prodigieux du principe autoritaire tel que M. de Bismarck le met en action : en huit ans, la Prusse, qui était la plus faible des grandes puissances, a réduit l'Autriche à la vassalité, a écrasé le second Empire français, a restauré à son profit le Saint-Empire de nation germanique, a établi son hégémonie sur l'Europe entière. L'homme qui avait à bénéficier un jour de ces conquêtes prodigieuses ne pouvait les maudire. Il devait finir par trouver du bon au régime qui les avait rendues possibles.

Ajoutez que, monté sur le trône, le Kronprinz ne pouvait se passer de M. de Bismarck.

Il s'imposait et par les services rendus... et par la politique extraordinairement compliquée dont seul il tient les fils. Or, si M. de Bismarck était un facteur indispensable dans le programme du nouvel empereur, il fallait que ce programme se conciliât avec les idées de M. de Bismarck. Celles du gendre du prince Albert avaient dû, en présence de cette perspective, se modifier considérablement.

A tout prendre, on pensait qu'elles étaient encore très libérales. On pensait que, s'il devenait un jour empereur, le prince Frédéric ne modifierait certainement pas la Constitution qui confère au souverain le pouvoir exécutif dans toute sa plénitude, mais qu'il la pratiquerait avec douceur, en desserrant le frein, en mettant un peu d'huile à la machine, en remplaçant le commandement militaire par la persuasion. J'ai même entendu émettre l'avis que si un jour la nation allemande élisait de nouveau un Reichstag indépendant, l'empereur, avant de le dissoudre, chercherait à s'entendre avec lui, au risque d'amener M. de Bismarck à se retirer : mais cela ne s'entrevoyait que dans un avenir éloigné.

Je crois qu'en France on s'est exagéré les tendances libérales de Frédéric alors qu'il était Kronprinz. On l'opposait constamment à son père, quelquefois non sans raison, il est vrai, mais bien rarement. Ainsi il blâma devant les personnes de son entourage le système d'oppression qui fut adopté en Alsace-Lorraine, et il ne craignit même pas de faire savoir à des expulsés combien il regrettait les mesures dont ils étaient victimes. Je tiens le fait de la source la plus sûre. Aussi espérions-nous tous que, lui régnant, on verrait s'adoucir ce régime qui rappelle celui de la Vénétie sous le joug autrichien et que ses agents éviteraient sur la frontière toute rigueur inutile. On sait à présent à quel point nous nous trompions.

Ce n'était pas du tout, d'ailleurs, un ami de la France : nous n'avons pas un seul ami à Berlin, dans aucun rang de la société, dans aucun parti politique. Le plus pacifique des Hohenzollern ne saurait dépouiller la raideur qui caractérise la famille, ni perdre l'ambition toujours renaissante qui la ronge comme la faim torture le rapace. Il est des Hohenzollern violents, il en est de flegmatiques, il n'en est pas et il n'y en aura probablement jamais qui aient le cœur serein et l'âme satisfaite. Ce que le poète hébreu disait de l'abîme qui engloutit les morts, à savoir que rien ne peut le rassasier, il faut le dire aussi de cette race terrible.

Je n'ai jamais compris les Français qui, même en rêve, ont pu supposer que Frédéric III rendrait à l'Alsace-Lorraine son indépendance. Il est des impossibilités morales, comme il est des impossibilités physiques.

*
* *

Je n'ai pas à retracer ici la dernière année de Frédéric III, aussi tragique qu'un drame du vieil Eschyle. Lorsque, au printemps de 1887 on sut le Kromprinz atteint d'une maladie mystérieuse qui de mois en mois apparut plus grave, plus menaçante, ce fut dans l'Europe entière une poignante émotion : le sort de l'Allemagne et par suite, jusqu'à un certain point, le sort de toute cette partie du monde allait dépendre des excroissances produites par un virus innomé au fond du larynx de cet homme. Serait-ce un prince mûri par l'observation, si ce n'est par la pratique des affaires publiques, qui allait succéder au vieil empereur ? Ou bien verrait-on la couronne glisser sur le front d'un jeune homme impétueux ? De Frédéric, on connaissait ses dispositions pacifiques. De son fils Guillaume, on ne savait que sa passion pour les choses militaires, qui est bien proche de la passion de la guerre.

Puis quand, à San-Remo, les médecins parurent compter les semaines, les jours, que la maladie pouvait accorder encore au pauvre muet ; quand, dans son dernier discours du trône, l'empereur Guillaume, ce moribond, sonna comme le glas de son fils unique, on se demanda, avec une curiosité anxieuse, lequel des deux la mort allait frapper le premier, tant elle semblait hésiter entre ces deux ruines. Nous pouvons l'affirmer, l'opinion européenne ne marchanda pas alors sa sympathie au prince Frédéric.

En Allemagne, il en fut de même dans le peuple, et j'entends par peuple les paysans et les bourgeois : l'indifférence qu'on lui avait témoignée jusque-là se changea en une pitié profonde. On se dit que ce prince tenu à l'écart et presque inconnu pourrait bien posséder toutes les qualités nécessaires au bonheur de ses sujets. Mais, tandis que le peuple se prenait à souhaiter ardemment sa guérison, les nobles, les hauts fonctionnaires, les officiers, les universitaires, les pasteurs fanatiques ne cachèrent pas combien sa mort leur serait une délivrance. Et son père, son fils, son futur chancelier décidèrent que, s'il ne mourait pas, il ne serait pas moins incapable de régner comme doit régner un roi de Prusse : ils lui demandèrent son abdication.

La fille du prince Albert montra alors de quelle énergie la nature l'a douée. Avec la même vaillance qu'elle disputait son mari à la mort, elle le disputa aux intrigues politiques. Elle triompha ; mais, en déjouant les calculs des hobereaux et des pédants, elle se fit d'eux des ennemis acharnés. Je ne crois pas qu'en ce siècle aucune princesse ait été l'objet d'une haine aussi violente. D'autre part, le peuple, qu'avait ému le malheur du prince, se mit à en faire remonter la responsabilité à sa femme. « C'est elle, disait-on et dit-on aujourd'hui encore, qui, par son obstination, a rendu cette maladie incurable. Anglaise, elle a appelé d'ignares médecins anglais, sacrifiant à son orgueilleuse manie et la vie de son mari et l'honneur de la science allemande : *die deutsche*

Wissenschaft! » Qui n'a pas entendu un citoyen
de l'empire germanique prononcer ces trois
mots ignore par quelles intonations se manifeste l'orgueil suprême. La noble princesse, qui
est veuve depuis hier, a été immolée sur l'au-
tel de la science allemande. Depuis des mois,
son impopularité n'a plus de bornes.

Ah ! si ce règne avait duré, l'opinion publique aurait pu changer. On l'a bien vu en avril,
lorsque l'impératrice alla visiter les inondés
des bords de l'Oder : elle fut accompagnée dans
son voyage d'un long cri de reconnaissance,
d'affection et d'enthousiasme. Quelques tour-
nées de ce genre dans les diverses provinces,
et Berlin se laissait toucher par la grâce, et les
idées libérales personnifiées dans la fille du
prince Albert trouvaient un point d'appui qui
eût pu modifier profondément la politique prussienne. Mais le caractère éphémère du règne
de Frédéric III apparaissait à tous avec évidence. On ne se sentait pas le courage de se
compromettre pour une œuvre destinée à disparaître presque sur-le-champ. C'était un gouvernement provisoire. M. de Bismarck en avait
si bien le sentiment, qu'il lutta à peine pour
sauver son agent favori, M. de Puttkamer, qu'il
avait chargé de triturer la matière électorale.
A quoi bon contrarier les volontés d'un mou-
rant qui, après lui, ne laisseront aucune trace ?

Ce règne, qui d'un bout à l'autre fut un com-
promis entre le souverain hésitant et le chancelier que la conscience de l'emporter à la fin

rendait singulièrement patient, ce règne n'aura pas dans l'histoire de caractère bien défini. Il a cependant duré assez longtemps pour démontrer que le parti soi-disant conservateur est plus réactionnaire encore que royaliste ; il ne crie : *Vive l'empereur !* que si la personne et la politique de l'empereur lui conviennent ; il est donc, lui aussi, infecté de l'esprit républicain !

Et maintenant, Guillaume II est proclamé troisième empereur d'Allemagne. Ce n'est pas sans inquiétude que l'Europe et ses sujets le voient arriver au pouvoir. Il a sans aucun doute la ferme intention de marcher sur les traces de son aïeul, mais il compte soixante-deux années de moins que n'avait Guillaume Ier, et quand ils suivent un même chemin, l'allure d'un jeune homme de moins de trente ans et celle d'un nonagénaire diffèrent pourtant quelque peu. Sans doute encore M. de Bismarck est là, dont le nouvel empereur suivra docilement les conseils [1]. M. de Bismarck, toutefois, commence à sentir le poids de la vieillesse, et puis rien ne garantit que, sous Guillaume II, sa politique sera exactement ce qu'elle fut sous Guillaume Ier.

Tenons-nous donc sur nos gardes, sans peur comme sans imprudence.

____

1. Bismarck même se l'imaginait.

L'AUBE D'UN RÈGNE FATAL

Les rescrits de Guillaume II [1].

Le jeune général de brigade qui est devenu, vendredi dernier, roi de Prusse et empereur d'Allemagne, sera, pendant une période dont nul ne peut prévoir la durée, le facteur le plus important dans les destinées de l'Europe. Le sort de chacun de nous dépendra en une large mesure des actes et des volontés de Guillaume II. Que pouvons-nous attendre de lui, en bien ou en mal? Quel jugement sommes-nous autorisés à porter sur ce petit-fils du vainqueur de Sadowa et de Sedan?...

Pour le juger, il faut le comprendre, et cela déjà paraît assez difficile, car Guillaume II parle un langage qui est moins encore d'un autre peuple que d'un autre âge. Essayons de traduire ses « rescrits » à son armée et à son peuple.

Nous remarquons tout d'abord dans sa proclamation deux lacunes qui n'ont certainement rien d'accidentel. Guillaume II n'adresse aucune

1. *République Française*, 20 juin 1888.

parole à l'Europe ; il ne fait pas la plus lointaine allusion ni à ses deux alliés, ni aux deux
puissances que la presse berlinoise traite constamment en ennemies. La politique étrangère
qu'il compte suivre est donc entièrement pas-
sée sous silence. En second lieu, Guillaume
parle en roi de Prusse et non en empereur
d'Allemagne. L'armée « en qui ses glorieux
aïeux ont implanté le sentiment de l'honneur »,
c'est l'armée fondée jadis par le père de Frédéric le Grand, ce n'est pas celle dont la Constitution fédérale de 1871 lui assure le commandement. Le peuple sur la fidélité duquel
il affirme pouvoir compter, ainsi que ses ancêtres, c'est le peuple prussien, comme il le
dit d'ailleurs en propes termes, ce n'est pas la
nation allemande.

La première des deux lacunes s'explique
sans peine et l'on ne saurait en tirer aucun
indice rassurant ni alarmant. Quant à la seconde, elle révèle bien clairement l'idée que
Guillaume II se fait de l'empire germanique :
l'empire n'est pas, à ses yeux, l'Allemagne en
qui se serait fondue la Prusse, mais la Prusse
à qui l'Allemagne s'est subordonnée. Il voit
dans la Saxe, la Bavière, le Wurtemberg, etc.,
des vassaux, et leurs habitants ne font point
partie de ce peuple envers qui il se sent lié
« par un amour réciproque ». Nous constatons
cette manière de voir, sans la critiquer. A
dire vrai, elle paraît très conforme à la réalité.

Le rescrit à l'armée a sonné aux oreilles de l'Europe comme le son perçant d'un clairon. Rien de plus amusant que les articles des journaux anglais qui s'exténuaient à démontrer qu'au fond ce langage n'annonce pas nécessairement la guerre. Mais, chers confrères, cela saute aux yeux ! Il n'y a pas dans ce rescrit une syllabe qui trahisse des intentions hostiles envers qui que ce soit. Seulement, le nouveau souverain, qui a cru nécessaire de parler à son armée avant de parler à son peuple, se dit soldat par-dessus tout. Lui et l'armée ne font qu'un ; « ils sont nés l'un pour l'autre ». A l'en croire, on ne comprend pas plus l'armée sans Guillaume II, du moins de son vivant, que l'on ne comprendrait Guillaume II sans ses innombrables bataillons et escadrons. Les soldats lui doivent une obéissance aveugle ; puis, d'autre part, il n'oubliera pas un seul instant qu'il aura un jour à rendre compte à ses aïeux de la gloire et de l'honneur de ses soldats. Ici encore l'empereur, à notre avis, se meut en pleine réalité. En Prusse, et dans aucune autre contrée du monde, le souverain est resté ce guerrier à qui les Germains se vouaient pour la vie et pour la mort, et qui en échange promettait à ses compagnons la gloire et la fortune. La Prusse est la seule monarchie militaire qui reste debout. Comme le disait fort bien un jour M. de Moltke, c'est l'armée qui a fait la Prusse et qui la conserve. Ajoutons que cette armée, ce sont ses rois qui l'ont faite.

Guillaume II a simplement exprimé cette double vérité en quelques phrases rapides qui ont, soyez-en sûr, éveillé l'enthousiasme parmi les officiers et les généraux. Les journaux anglais ont donc raison dans le jugement qu'ils portent sur cet ordre du jour : il ne contient pas un mot contre la paix. Reste seulement à savoir si la paix n'est pas quelque peu menacée, non point par ces phrases rapides, mais par l'existence même d'une puissante monarchie exclusivement militaire au centre de l'Europe. L'ordre du jour de l'empereur a posé de nouveau cette question, précisément parce qu'il est d'une netteté merveilleuse.

Lorsqu'il se tait sur l'Allemagne ou lorsqu'il parle de l'armée comme du fondement de la monarchie et du monarque comme d'un simple chef de soldats, l'empereur Guillaume II montre qu'il a à un très haut degré le sentiment de sa situation. On peut craindre pourtant qu'il n'y ait, dans la proclamation à son peuple, un certain anachronisme : il s'y représente comme le lieutenant du Roi des rois, qui l'a chargé de faire le bonheur de la Prusse. Le peuple lui doit une fidélité inébranlable, ce qui signifie, sans doute, une soumission entière, et, de son côté, lui, le roi, il reconnaît qu'il a de grands devoirs à remplir envers ses sujets : il leur promet de défendre la religion, de rechercher le bien-être du pays, de venir au secours des pauvres. Nous n'essayons pas de deviner si ces paroles ne recouvrent pas l'intention de restreindre la liberté de la pensée philosophique ou celle des cultes non chrétiens et de favoriser le socialisme d'Etat, ce sont là des questions de détail ; mais on doit noter que Guillaume II exprime ici l'idée monarchique dans toute sa rigueur : un roi qui se doit au peuple, un peuple qui se donne sans réserve au roi.

Les choses se passaient bien ainsi en Prusse il y a un demi-siècle, et pour ma part j'ai toujours été frappé, en étudiant l'histoire de cet Etat, de voir que ses souverains avaient conscience d'être des fonctionnaires de l'Etat. Chez Louis XIV aussi l'on rencontre quelque chose d'analogue, que l'on ne retrouve certes pas chez Louis XV. Mais ces rois fonctionnaires étaient tout simplement des dictateurs et perpétuels et héréditaires, réunissant à la fois le pouvoir exécutif dans toute sa plénitude et le pouvoir législatif absolu. Il semble que, depuis, les choses ont quelque peu changé à Berlin. Nous nous souvenons, par exemple, de certaines séances où les élus de la nation posaient des questions assez indiscrètes aux ministres du roi, à M. de Puttkamer, par exemple, qui en paraissait fort ennuyé. Il n'y a pas seulement, comme au temps du *meunier Sans-Souci*, des juges à Berlin, mais un Parlement. Guillaume II n'en tient aucun compte dans sa proclamation. Vous y chercheriez en vain une ligne, un mot, indiquant qu'il n'est pas le maître absolu. Ou je me trompe fort, ou les Prussiens de nos jours veulent autre chose qu'un roi tout-puissant, fût-il « juste et doux ».

Faut-il en conclure que Guillaume II va prochainement supprimer la Constitution du royaume ? En aucune manière ! On peut toutefois croire qu'il voudra, à l'occasion, l'interpréter autrement que ses « fidèles sujets ».

En résumé, le nouveau souverain a parlé à son armée et à son peuple en vrai Prussien, mais en Prussien des anciens temps. Nous verrons bientôt ce qui résultera de cet anachronisme.

LA QUESTION D'ALSACE-LORRAINE

L'âme de l'Alsace.

Ce qui a fait la question d'Alsace-Lorraine, c'est la violation du droit, le caractère de la France, et plus encore celui des provinces qui lui furent arrachées. Leur cœur et leur esprit sont de nature toute spéciale.

Personnifiée en Strasbourg, aux glorieux et longs souvenirs, démocratique d'instinct et de traditions, c'est en vertu de ces traditions mêmes que l'Alsace invincible a résisté quarante-sept ans. C'est pourquoi nous donnons ici les chapitres suivants.

I

STRASBOURG [1]

Dans une vieille complainte allemande, un soldat suisse qui, en garnison dans la grande forteresse d'Alsace, a déserté pour avoir entendu jouer au delà du Rhin le chant de la

1. « Strasbourg et un professeur strasbourgeois ». *Courrier Littéraire*, 25 novembre 1877.

patrie, le *Ranz-des-Vaches*, si doux et si mélancolique, vient d'être condamné à mort, et il
s'écrie avec amertume : « O Strasbourg ! Strasbourg ! ville merveilleusement belle ! » Si la
riche cité impériale a pu éblouir au xvii° siècle
les regards d'un pâtre des Alpes, il faut avouer
que de nos jours Strasbourg n'offre, ou du
moins n'offrait en 1870, rien de ce qui constitue, d'après les principes de l'édilité Haussmann, la beauté d'une ville : peu ou point de
rues tracées en ligne droite ; pas un seul boulevard, — .   .   .   .

.   .   .   .

bon nombre de vieilles constructions dont les
étages supérieurs avancent sur le rez-de-chaussée, et parmi elles une seule, assez mal conser-
vée, qui ait gardé le caractère du moyen âge ;
moins d'églises que dans la plupart des villes
de même grandeur, et presque toutes insigni-
fiantes, ... Oui, mais l'une
de ces églises c'est le *Münster*, et le *Münster* à
lui tout seul nous force bien de nous écrier
avec le pauvre déserteur : « O Strasbourg, la
ville merveilleusement belle ! »

Parmi les cathédrales de la chrétienté, celle
de Strasbourg est vraiment unique. Gardons-
nous toutefois, avec certains *Itinéraires*, de la
proclamer sans défaut ; elle est pleine de défauts. N'allons pas non plus l'admirer comme
l'œuvre d'Erwin de Steinbach ; elle n'est pas
plus son œuvre que celle de beaucoup d'autres architectes, après et avant lui. Ne commet-

tons pas surtout la naïveté d'en étudier le plan ; elle n'est construite d'après aucun plan. Son chœur commencé en plein cintre, çà et là un peu aiguisé en ogive, est beaucoup trop petit pour sa nef, du style ogival le plus pur, laquelle est beaucoup trop basse pour son portail. Celui-ci, surmonté d'une rosace incomparable, qui a le malheur de donner sur les combles, est flanqué de deux tours, dont l'une est commencée, quoi qu'on dise, et dont l'autre n'est pas achevée, quoi qu'on en dise aussi, et elles sont reliées par une lourde construction rectangulaire, qui tient lieu d'un élégant pignon et supporte une terrasse des plus bourgeoises, la « plate-forme ». La flèche enfin, la célèbre flèche de cette église gothique, s'achève en pleine Renaissance ! Mais voilà précisément ce qu'il y a de merveilleux : dépourvu de toute unité de style et de plan, le *Münster* n'en a pas moins la première de toutes les unités, celle de l'idée, de l'esprit, de la volonté. Il a eu pour architecte non pas Erwin de Steinbach, mais Strasbourg lui-même, qui s'acharnait à se construire un temple magnifique, et qui, de siècle en siècle le voulant et plus beau et plus grand, commença les parties nouvelles sur des mesures toujours plus gigantesques, se proposant lorsqu'il aurait un jour fini les tours d'abattre la nef et le chœur pour les refaire dignes du splendide portail. Mais on ne devait jamais finir. On ne devait jamais arriver par conséquent à mettre, après coup, de l'harmonie dans cette diversité. De l'harmonie ? ai-je dit. Je me trompe ; si l'uniformité manque absolument, l'harmonie règne à peu près partout. Les transitions d'un style à l'autre, d'un plan à l'autre, sont ménagées avec un art suprême, qui sait en tirer des beautés imprévues. Par exemple, il arrive un jour que la tour paraissant suffisamment haute on songe à la surmonter de sa flèche : on pose donc les corbeaux qui supporteront celle-ci et l'on sculpte la galerie qui couronnera la tour. Mais non, il faut faire un effort de plus, il faut monter plus haut qu'aucun Maître n'a encore osé. On se remet donc à l'œuvre, et sans enlever une seule pierre, sans modifier en rien la galerie déjà construite, on en fait une seconde, dix mètres au-dessus et il se trouve que rien n'est plus gracieux, rien ne semble plus conforme au plan général que ce double couronnement, dû pourtant à un *repentir*.

D'où vient l'harmonie secrète qui relie ainsi les uns aux autres les projets des Maîtres innombrables qui ont dirigé ce gigantesque travail pendant plus de quatre siècles ? En apparence, chacun d'eux suit ses propres inspirations, sans se croire lié par l'œuvre de ses prédécesseurs ; en réalité, ils ne sentent pas eux-mêmes combien ils sont indépendants ; ils croient être de simples continuateurs, mais des continuateurs quant à l'esprit et non quant à la lettre, ne faisant jamais de l'archaïsme et cherchant à interpréter dans le style du jour les idées de leurs anciens. Les différentes architectures, qui se présentent maintenant à nous comme des types arrêtés et exclusifs, se transformaient dans leur pensée insensiblement, par un développement organique. L'art, en un mot, vibrait dans ces Maîtres, au lieu d'être pour eux, comme pour nos savants élèves de l'Ecole des Beaux-Arts, une théorie morte qu'on apprend par cœur.

Aussi, tant qu'on a travaillé à la construction du *Münster*, tant qu'on a espéré en voir l'achèvement, tant qu'on a été porté par le souffle de l'enthousiasme, on a eu beau changer incessamment de plan, tout ce qu'on a construit est beau, « merveilleusement beau », tout se relie en une vivante unité. Les seules parties qui soient décidément mauvaises, la plate-forme, par exemple, et le . . . portail de Saint-Laurent, datent d'une époque où, résigné à ne point accomplir l'œuvre rêvée par les ancêtres, on se contenta de la consolider, de la rendre plus utile, et malheureusement aussi de l'enjoliver. A l'esprit de progrès avait succédé l'esprit purement conservateur.

Ne nous plaignons pas toutefois de cet esprit conservateur ; c'est à lui que le *Münster* doit d'être l'une des cathédrales les mieux entretenues du monde entier. Ne voulant pas être infidèle à un passé, qu'il ne pouvait continuer, Strasbourg a doté son « Œuvre de Notre-Dame » d'une fortune considérable en rentes et en bien fonds qui, sauvée à travers les révolutions, les

guerres et les annexions, permet non-seulement
de réparer les outrages du temps et des hommes,
mais quelquefois aussi de compléter çà et là,
dans les détails, la pensée des vieux Maîtres. On
peut donc dire que jusqu'à ce siècle, le *Münster* est une église vivante, qui se construit toujours encore, et qui ne peut périr parce qu'elle
se modifie continuellement. Oui, cela est vrai
maintenant encore, maintenant qu'elle a presque
cessé de croître et que la vieillesse a commencé
pour elle.

Et si l'histoire de Strasbourg vous est fami-
lière, vous reconnaîtrez bien vite que celle du
Münster en est comme l'emblème. Aucune cité
peut-être, aucune petite République n'a su au
même point que Strasbourg, au moyen âge,
améliorer incessamment sa constitution politique par des changements considérables, mais
qui jamais ne renversaient les institutions exis-
tantes. Délivré du joug de son évêque, il sut
passer graduellement, quoique non sans se-
cousse, d'un régime purement aristocratique
à un régime très démocratique, mais tempéré
par les droits des familles nobles qui étaient
membres de la cité. Aussi sa constitution offrait-
elle, comme sa cathédrale, une extrême complication ; il y avait le « collège » des XIII,
celui des XV, celui des XXI, et bien d'autres
corps qui prenaient part au maniement des
affaires, ce qui n'empêchait pas la ville de faire
très bonne figure au dedans et au dehors.

Tout cet édifice gothique, en apparence si

fragile, se montrait étonnamment solide, parce qu'on avait soin de le réparer et de le modifier suivant les circonstances.

Lorsqu'en 1681 Louvois obtint, par des intrigues et par des menaces, que Strasbourg ouvrît sans combat ses portes aux troupes françaises, on vit bien la vitalité de cette constitution. La cité resta, en droit si ce n'est toujours de fait, la République, la ville libre qu'elle était depuis des siècles ; seulement, elle fut « reçue en la royale protection » de Louis XIV, tandis que jusque-là elle avait joui de la protection de l'empereur d'Allemagne. Louis XIV lui confirma tous ses anciens privilèges et statuts ; il laissa aux divers corps du « magistrat » tous leurs droits, et accorda à la ville l'entière disposition de tous les impôts ordinaires et extraordinaires, et reconnut que les bourgeois n'auraient point de contributions à lui payer. Jusqu'à la Révolution, et sauf les nombreuses entorses données à cette capitulation qui constituait un contrat bilatéral, Strasbourg ne put être assimilée en rien aux villes du royaume ; elle formait un état souverain, placé sous la suzeraineté du roi de France.

Mais un changement profond, qui ne touchait pas directement à sa constitution, s'opérait dans ses murs. Au moment de la capitulation de 1681, tous les habitants de Strasbourg, sauf deux familles, appartenaient au protestantisme ; après la capitulation, le gouvernement royal y amena, des contrées environnantes, de nom-

breux catholiques. Ceux-ci devinrent citoyens
de la République, et le roi exigea même bientôt
que la moitié des fonctions leur fût assurée ; on
le comprend, ces nouveaux citoyens cherchaient
leur point d'appui dans le gouvernement de
Versailles et professaient très peu d'attache-
ment aux droits et statuts de la cité. Le vieux
Strasbourg continua son existence morale uniquement dans la partie protestante de la population, qui vivait enveloppée, pour ainsi dire,
d'une ville royale et catholique.

En 89, il sacrifia sans hésitation tous les droits
qu'il tenait des traités, car il comprit que les
principes proclamés par l'Assemblée Nationale
lui rendaient sous une autre forme, et au cen-
tuple, les privilèges auxquels il renonçait. Il se
fit alors Français volontairement, librement.
La petite république gothique s'annexa de son
plein gré à la France régénérée. Mais, pour
avoir abdiqué, le vieux Strasbourg n'en persista
pas moins dans les mœurs, dans les usages,
dans le langage des familles protestantes. On
ne perd pas en un jour l'empreinte qu'ont lais-
sée sur le caractère plusieurs siècles d'une existence honorable et souvent glorieuse. On ne la
perd pas, surtout quand on est Strasbourgeois,
c'est-à-dire animé de ce ferme esprit de conservation que nous avons montré survivant à
tous les changements.

Les grands établissements d'instruction que
possédaient les protestants devaient d'ailleurs
entretenir cet esprit conservateur. Au xvi° siè-

cle, la ville ayant adopté la Réforme, avait supprimé tous les couvents, dont les revenus furent employés, les uns à constituer ce que nous appelons maintenant le bureau de bienfaisance, les autres à doter des écoles. On avait créé ainsi un lycée ou Gymnase et une Académie que l'empereur d'Allemagne n'avait pas tardé à ériger en université. Les principaux professeurs de cette université, qui possédait les quatre facultés traditionnelles, recevaient le titre, les revenus et les droits de chanoines de la collégiale de Saint-Thomas. Ils administraient en commun les revenus de ce chapitre, devenu protestant, et lorsqu'un d'eux venait à mourir, ils lui donnaient un successeur, sans autre condition que de choisir un savant capable d'occuper la chaire vacante. Dans la capitulation de 1681, Louis XIV reconnut formellement le caractère exclusivement protestant de ces établissements. La Convention, qui aimait tant à niveler, n'y porta aucune atteinte non plus. Napoléon Ier, lui aussi, les respecta ; mais pour qu'ils ne formassent pas comme un îlot au milieu du système administratif, il les rattacha, d'un lien assez lâche, au Consistoire supérieur de l'Eglise luthérienne. Par une conséquence fâcheuse de cette mesure, ils prirent au sein du protestantisme une nuance trop ecclésiastique, si bien que les chaires de droit et de médecine disparurent peu à peu de l'Université et que « l'Académie protestante » (ainsi l'avait nommée Napoléon) se vit imposer par la Restauration le titre absurde de séminaire. Absurde, car à part le Collège de France on ne pouvait trouver nulle part un enseignement aussi libre, aussi dégagé de toute préoccupation non-scientifique.

Quoi qu'il en soit, le voyageur qui, peu de temps avant la guerre, visitait Strasbourg et s'arrêtait plein d'étonnement devant la cathédrale qui lui présentait comme un résumé du moyen âge, conservé vivant en plein dix-neuvième siècle, ce voyageur se doutait peu que Strasbourg possédait un autre débris de la même époque, conservé plus vivant encore, une institution toute gothique, un chapitre de chanoines protestants qui, en plein empire, sous le ministère de M. Duruy, enseignaient, avec une entière indépendance et portes ouvertes, la philologie classique et orientale, la philosophie, sous une forme très hardie, l'histoire des religions, la critique appliquée à tous les problèmes des origines du christianisme et de son développement à travers les siècles. Non seulement les dix professeurs titulaires, dont cinq se trouvaient former en même temps la majorité de la faculté de théologie, se partageaient cet enseignement comme bon leur semblait, mais ils autorisaient l'ouverture de nombreux cours libres à côté des leurs, et ils laissaient aux élèves le choix de suivre à leur gré les uns ou les autres. Jamais, sauf peut-être du temps d'Abélard, pareille chose ne s'était vue en France. Parfois le recteur paraissait s'inquiéter

de cette horrible anarchie ; on lui rappelait respectueusement mais avec fermeté que le « Séminaire » ne dépendait que de l'autorité ecclésiastique ; et lorsque celle-ci faisait mine d'y
regarder de trop près, les cinq professeurs
appartenant à la Faculté évoquaient l'affaire
devant ce corps qui, bien entendu, relevait uniquement de l'Université de France.

> Je suis oiseau : voyez mes ailes !...
> Je suis souris : vivent les rats !

« Par cette adroite répartie », l'Académie
protestante « sauva sa vie » bien plus de « deux
fois ». Le *Münster* a tant de coins et de recoins
qu'il faut un guide expérimenté pour le parcourir en tout sens ; la vieille institution de
Saint-Thomas en avait bien plus encore, et
aucun guide ne se présentait pour mener au
delà du portail les indiscrets qui voulaient y
pénétrer. On ne s'y risquait donc pas. Que
M. Duruy le pardonne aux professeurs qui
jouaient avec lui ce jeu de la chauve-souris ; il
n'y avait pas d'autre moyen de défendre contre
ses agents la liberté d'enseignement. Celle-ci
était entière, quoique les professeurs eussent
des opinions aussi diverses, aussi opposées qu'on
puisse les avoir au sein du protestantisme,
mais chacun comprenait admirablement que
sa liberté avait pour unique garantie la liberté
de tous. Elevés dans cette saine atmosphère
de discussion franche et loyale et jouissant

eux-mêmes d'une très grande indépendance,
les étudiants apprenaient beaucoup et apprenaient bien. Aussi l'école de Strasbourg les
voyait-il affluer de tous côtés, au point qu'en
1870 le chiffre des inscriptions avait plus que
doublé dans les dix dernières années.

Cette république des dix professeurs chanoines ne se contentait pas d'enseigner ; elle
était chargée de l'administration du collège ou
Gymnase. Fondé en 1538 par l'humaniste Jean
Sturm, ce Gymnase, après avoir été la seule
école secondaire de la ville libre, avait vu
s'élever contre lui, sous Louis XIV, la concurrence d'un collège de jésuites, qui fut remplacé, sous Napoléon I", par un lycée de l'Etat.
Quoique celui-ci fût très bon, le Gymnase
s'était maintenu dans la faveur de la population protestante et il avait toujours été le foyer
du vieil esprit strasbourgeois, avec ses côtés un
peu mesquins assurément, mais aussi avec ses
parties excellentes. On y était « entre soi », un
peu trop peut-être pour le perfectionnement
de la prononciation française, mais assez pour
se montrer chacun sans masque et sans pose.
Les caractères y contractaient une rondeur et
une vigueur toutes démocratiques, les divers
rangs de la société étant ici bien plus mêlés
encore que dans nos lycées. Quant à l'enseignement, n'ayant pour inspecteurs que leurs collègues de l'Académie protestante peu enclins
à se mêler des détails, mais très résolus à encourager l'esprit scientifique, les professeurs

du Gymnase choisissaient les méthodes qui leur convenaient, pourvu qu'ils arrivassent vers la fin de l'année scolaire au but fixé. On leur laissait donc une grande latitude, ce qui n'était pas sans offrir de très graves inconvénients pour les hommes de peu de valeur, mais ce qui permettait aux autres de déployer tous leurs talents. Bien des innovations qui ont fait du bruit en ces dernières années, celles par exemple qui ont valu à l'école Monge une réputation méritée, ont été expérimentées d'abord où Gymnase de Strasbourg . . . .

. . . .

. . . .

. . . .

. . . .

Hélas !. . . . .

. . . .

. . . .

Le Gymnase de Strasbourg est dirigé maintenant, avec toute la raideur prussienne, par un délégué du gouvernement. L'Académie protestante, respectée par Louis XIV, par Robespierre et par Napoléon, a perdu son indépendance, et avec son indépendance ses beaux auditoires de 1870 : au lieu de cent élèves, on est heureux d'en réunir une quinzaine. La cathédrale elle-même... Dans un des livres de M. Kuhff [1] on en voit la flèche avec sa croix

1. M. Kuhff était, quelques années avant 1870, professeur au Gymnase de Strasbourg, et professeur des plus remarquables. C'était un « jeune homme ardent, impétueux, pas-

brisée, retenue à peine en l'air par les ferrures du paratonnerre, et dans le texte je lis ces mots en allemand : « Pourquoi la croix penche-t-elle ainsi ? Demande-le a ton maître ou à ton père. » Le maître ? il n'oserait même plus le dire !

Avec quelques milliers de *marcs* on a pu réparer ces pierres qui criaient. Elles se taisent. Mais les cœurs, on ne les guérira pas, on ne les empêchera pas de pousser des soupirs et des sanglots,

II

Quoi qu'ait décidé le traité de Francfort touchant le sol de cette province, l'Alsace, en tant qu'être vivant, est et reste à nous. Les mœurs sont françaises. Depuis quand ? La population primitive, ainsi que le rappelle avec raison M. Siebecker [1], appartenait incontestablement à la race celtique, mais, mal protégée par le le Rhin qui, n'étant pas endigué, coulait en une

sionné pour la carrière de l'enseignement. Sa classe, une *septième*, je crois, passait pour celle que les enfants préféraient. On l'avait mis, à titre provisoire, dans des classes bien plus élevées, en philosophie même ; il y avait réussi, mais lui aussi il préférait sa septième. » Une « vie puissante… l'animait… il savait la communiquer à toute sa classe comme par une influence électrique. Il l'entraînait ». (T. Colani.)

1. EDOUARD SIEBECKER : *Histoire de l'Alsace* (Hetzel et Cie, Bibliothèque d'éducation et de récréation), *R. Fr.*, 23 avril 1888.

multitude de bras peu profonds, le pays fut fréquemment envahi par des tribus germaines. Plusieurs s'y fixèrent. Il est probable que ces envahisseurs se mêlèrent aux indigènes, et cela explique pourquoi les Alsaciens comme les Bavarois, descendant des Celtes Boïens, ont un type fort différent de celui de l'Allemand du Nord ou de Franconie ; le type pur du Gaulois n'a persisté qu'au fond de quelques vallées près de la crête des Vosges. Les Germains, étant les plus forts, les plus nombreux, imposèrent leur langue. Il n'en est pas moins vrai que bien des noms géographiques ont une origine celtique, qui perce à travers les altérations allemandes. Parfois les nouveaux venus se sont contentés d'ajouter une traduction au vocable primitif qu'ils conservaient. Ainsi ce nom compliqué de Scharrachbergheim (joli village qu'habita un aimable poète, père d'un de nos conseillers d'Etat) se compose de deux mots, l'un gaulois, l'autre allemand, qui signifient, paraît-il, l'un et l'autre : habitation de la montagne.

Laissons ces arguties linguistiques, qui prouvent fort peu d'ailleurs, et tenons-nous en à l'histoire politique. L'Alsace, habitée par une population mélangée qui parlait allemand, reconnut la suzeraineté de l'empire. Mais cette suzeraineté, M. Siebecker l'a rappelé, s'exerça très rarement et presque toujours au détriment du pays. L'Alsace ne connut guère ses voisins d'outre-Rhin que par de continuelles invasions de hobereaux qui venaient y chercher fortune.

Elle ne tarda pas à conquérir son indépendance. Les deux révolutions de Strasbonrg sont, je n'hésite pas à le dire, une des pages glorieuses de l'histoire universelle. Si Strasbourg portait un nom grec, on la ferait lire et admirer à tous les enfants du monde civilisé.

Le récit de ces deux grands mouvements forme la partie la plus brillante du livre de M. Siebecker. En 1262, bourgeois et nobles se révoltaient d'un commun accord contre l'évêque Walter de Geroldseck qui, pour entretenir son luxe scandaleux, accablait sa ville d'impôts. La lutte dura deux ans, mit en mouvement le pays tout entier et finit par une brillante victoire des insurgés sur le coteau d'Hausberger. La harangue que prononça leur général prouve bien qu'il ne s'agissait pas simplement pour eux de voir diminuer leurs taxes : « Amis, frères ! Aujourd'hui nous pouvons conquérir la liberté pour vous, vos femmes, vos enfants et les enfants de vos enfants. Il suffit de combattre bravement pour la patrie et pour ses droits. Si nous reculons, ce n'est pas seulement l'avenir qui est perdu, c'est même le passé, car l'esclavage nous attend. » Un homme de 1789 n'eût point parlé autrement, si ce n'est avec un peu d'emphase.

Par un traité formel, l'évêque dut renoncer à tous ses droits et à toutes ses prétentions sur la ville, qui forma désormais une république. Les nobles y avaient leur place, une place prépondérante. Mais divisés en deux partis, celui

des Zorn et celui des Mullenheim, qui se haïs-
saient comme les Capulet et les Montaigu, ils
en vinrent aux mains dans l'intérieur même de
Strasbourg, en 1332. Avec une décision des
plus remarquables, les bourgeois destituèrent
soudain leur propre chef parce qu'ayant négo-
cié avec les mutins il avait abaissé la majesté
de la loi ; ils remplacèrent toutes les autorités,
bloquèrent les combattants et les forcèrent de
livrer leurs armes. On exila les coupables, mais
non leurs familles ; on démolit les hôtels qui
servaient de lieu de réunion aux deux partis,
et l'on établit une constitution bien plus démocratique que la précédente, mais si pondérée
qu'elle a traversé quatre siècles et qu'elle a pu
passer pour un des chefs-d'œuvre de l'esprit
politique.

Je ne fais que signaler ces grandes journées,
dont il faut se faire raconter par M. Siebecker
les détails extrêmement intéressants. Il faut
voir aussi chez lui cette cérémonie civique qui
au début de chaque année réunissait sur la
place de la Cathédrale la bourgeoisie entière,
nobles et plébéiens, divisée en corporations
ayant chacune ses bannières. Les jeunes gens
ayant atteint l'âge de dix-huit ans prêtaient serment à la Constitution qu'on lisait solennellement sur un immense parchemin exposé aux
yeux de tous. Les trompettes de la ville, placés sur le balcon d'une maison voisine, annon-
çaient chacun des actes de la cérémonie par
des fanfares. Ces souvenirs sont restés très vi-

vants à Strasbourg. J'ai habité pendant quelques années l'appartement d'où dépendait le balcon des trompettes, ce qui fournissait l'occasion à plusieurs de mes amis de me raconter souvent quelque incident de ces fêtes glorieuses de leurs ancêtres. Soit dit en passant, les caves de cette maison, la Kellerhaus, avaient appartenu à la ville, et c'est, m'a-t-on raconté, parce qu'il est né dans cet édifice, d'un père inconnu, que le vainqueur de Valmy fut enregistré sur les actes de l'état civil sous le nom de Kellermann. J'ignore ce que vaut cette tradition orale.

Il est un chapitre encore que je recommande particulièrement à mes lecteurs dans le volume de M. Siebecker, celui qu'il a consacré à la cathédrale de Strasbourg. Le chœur, en style byzantin, existait depuis des siècles ; la nef venait d'être construite, mais nue, massive, lorsque, entre les deux révolutions, un architecte proposa de revêtir la façade d'une dentelle de pierre, conformément à l'art français, comme on disait sur le bords du Rhin, *opus francigenum*, et, de fait, cet art est si bien né en France, il est si peu gothique, qu'il n'a jamais pu franchir le fleuve marquant jadis la frontière entre la Gaule et la Germanie. Cet architecte porte, dans les chroniques, le nom d'Erwin de Steinbach, ce qui paraît être la traduction d'Hervé de Pierrefonts. Plusieurs auteurs, dans les descriptions allemandes, reconnaissent que la façade est bien l'œuvre d'un

Français. On trouve au portail les armoiries de saint Louis et de Blanche de Castille. La place d'honneur y est occupée par Clovis et Dagobert, dont les noms représentaient alors le royaume de France dans la croyance populaire, tandis que Charlemagne et Louis Le Débonnaire, personnifications de l'empire germanique, n'y figurent même pas.

Tous les enfants d'Alsaciens au delà et en deçà des Vosges liront, s'ils le peuvent, je n'en doute pas, le livre patriotique de M. Siebecker ; mais les autres petits Français le liront aussi, afin d'apprendre à aimer toujours davantage cette province héroïquement fidèle dont chacun de nous, s'il n'est pas un fils dégénéré du pays de Jeanne d'Arc, peut dire ce que disait de Calais une reine d'Angleterre : « Quand je mourrai, on trouvera son nom inscrit dans mon cœur. »

III

ALSACIENS ET ALLEMANDS [1]

Nos vainqueurs étaient persuadés très sincèrement que l'Alsacien n'aurait pas la plus légère répugnance à changer de patrie. Les uns disaient : « Vous ne ferez que changer de maître et le nôtre vaut bien le vôtre », ce qui, hélas !

1. Ce titre n'a pas été donné par l'auteur. Ce passage est extrait de la *République française* du 24 mars 1887.

était vrai. Les autres s'écriaient : « Vous parlez notre langue, vous êtes chair de notre chair, sang de notre sang », et ils ouvraient leurs bras tout grands pour serrer sur leur poitrine allemande un frère longtemps exilé. La froideur de ce frère ne tarda pas à les surprendre, mais ils l'attribuèrent à une sorte de timidité, provenant surtout de ce que l'Alsacien parle un affreux patois ; ils se répétèrent les uns aux autres sur tous les tons, pour se consoler et s'encourager, que la mauvaise éducation française laisse une trace qui ne disparaît guère qu'au bout de quelques mois, ou peut-être même de quelques années ; à présent, on parle de quelques décades ; d'autres réclament deux ou trois siècles. Cela prouve que l'illusion perd de sa force et que pourtant elle persiste. En 1870, elle régnait souverainement dans tous les esprits. C'est que les Allemands sont trop savants ; ils connaissent si bien l'histoire que souvent ils prennent le passé pour le présent.

Il y a autre chose encore chez eux, et le comte de Bismarck-Bohlen le dit crûment : « Le mieux est de se soumettre aux conséquences de la victoire. » C'était leur étonnement de nous voir continuer la guerre, quoique vaincus ; ils trouvaient cette conduite déraisonnable, coupable même, si bien qu'ils la mettaient sur le compte de notre frivolité, je devrais dire de notre impiété. Maintenant encore, ils ne peuvent contenir leur indignation lorsqu'ils s'aperçoivent que, tout en exécutant loyalement le traité de Francfort, nous n'abandonnons pas tout espoir dans l'avenir et dans la justice immanente. Comment pouvons-nous être si aveugles, comprendre si peu la marche de l'histoire ou plutôt les ordres du Maître de toutes choses ? Il a parlé, il s'est prononcé en faveur de la suprématie allemande ; le devoir de tout mortel est, en pareil cas, de se soumettre et d'adorer en silence.

Nos généraux de 1870 ne voulaient voir dans la guerre qu'un duel au premier sang, ai-je dit, une simple affaire d'honneur qui se règle galamment d'après des conventions mondaines. Les Allemands y voyaient et y voient encore, je crois, un jugement de Dieu.

IV

. . . .

Il y a de tout dans ce recueil [1]. Bien des noms propres que cite M. Staehling ne sont connus que des Strasbourgeois. Il y a même des notes tout à fait intimes sur des membres de sa famille qu'il a eu la douleur de perdre. Mais je serais bien surpris si un lecteur qui n'aurait jamais habité l'Alsace ne se sentait comme initié à la vie de cette province par tous ces petits

1. Charles Staehling, *Histoire contemporaine de Strasbourg et de l'Alsace ;* 2ᵉ partie, 1853-1872. (Nancy, Berger-Levrault et Cie). *Rép. Fr.*, 27 juin 1887.

détails et par les réflexions dont les accompagne l'auteur. Je ne voudrais pas employer un mot trop vaste, mais je n'en trouve pas d'autre : c'est une civilisation très particulière qui a disparu et qui ne renaîtra plus. Rendue à elle-même, et par conséquent à la mère patrie, l'Alsace ne sera plus jamais ce qu'elle était avant l'Année terrible. Je crois qu'elle sortira de l'épreuve plus vigoureusement trempée, mais précisément cette trempe, cette vigueur sera quelque chose de nouveau. Une certaine naïveté bien provinciale, mais qui avait son charme et sa poésie, sera perdue, comme elle se perd chez l'homme qui de l'adolescence passe à la virilité. Que l'on ne se méprenne pas sur ma pensée : l'Alsace était, avant la guerre, aussi riche en hommes de valeur que n'importe quelle autre partie de la France : ses militaires et ses savants sont là pour l'attester. Mais chez presque tous une certaine timidité empêchait de prendre toute la mesure de leur taille. Ils passaient pour plus petits qu'ils n'étaient en réalité. Et si quelques-uns parvenaient à se débarrasser de cet air un peu gauche, on sentait précisément l'effort ; il y avait dans leur voix et dans leurs gestes quelque chose qui semblait forcé. Ce qui manquait à l'Alsacien, c'était cette sereine confiance en soi-même qui fait la majesté du méridional. Je crois que depuis 1870 les Alsaciens ont compris ce qu'ils valent et qu'ils ont la conscience de l'avoir montré à l'Europe entière. Ils se redresseront.

Mais combien ils souffrent en attendant la délivrance ! Malgré l'extrême sobriété du récit de M. Staehling, on sent de temps à autre le bouillonnement d'une trop juste colère. On lit, çà et là, un mot d'indignation contre un traître, contre tel Allemand d'origine, par exemple, que la France avait comblé de bienfaits et qui, dès le lendemain de la capitulation, chantait platement les louanges du vainqueur. D'ailleurs les faits parlent assez haut par eux-mêmes. Que serait-ce si M. Staehling [1], qui s'arrête en 1872, continuait son récit jusqu'à nos jours ? Pauvre Alsace ! Pauvre Vénétie française !

---

1. M. Staehling, l'auteur le rappelle plus haut, était l'oncle de Mlle Wust, fille du « savant mathématicien » que l'auteur était « fier » de compter parmi ses « meilleurs amis ». — Mlle Wust enseignait, le soir, aux enfants du peuple de Strasbourg le français, alors proscrit. Pour se venger des élections de 1887, les Prussiens fermèrent ses cours. Elle les rouvrit depuis.

Les représentants de l'Alsace
et de la Lorraine à l'Assemblée
nationale de Bordeaux[1].

Tous les personnages qui se sont trouvés mêlés à de grands événements doivent leurs souvenirs à la postérité ; ne les doivent-ils pas aussi à leurs contemporains ? Nous avons, je crois, autant d'intérêt que nos arrière-neveux à bien connaître les actes dont nous supportons les conséquences parfois si lourdes. M. Scheurer-Kestner le pense, lui aussi. Il n'a pas hésité à puiser dans sa mémoire richement meublée des renseignements très précis sur le rôle des députés de l'Alsace et de la Lorraine à l'Assemblée de Bordeaux. Quand on présente les faits avec autant d'impartialité, sans se laisser entraîner à des suppositions, même plausibles, ni à des récriminations, même légitimes, on n'est pas condamné à enfouir son récit dans une enveloppe cachetée portant cette recommandation testamentaire : *A n'ouvrir que cin-*

1. SCHEURER-KESTNER : *Les Représentants de l'Alsace et de la Lorraine à l'Assemblée Nationale de Bordeaux* (Berger-Levrault). *R. F.*, 14 octobre 1887.

quante ans après ma mort. On peut parler de son vivant, et c'est ce qu'a fait l'honorable sénateur.

Procéder librement à des élections sous la lourde botte du conquérant ; siéger dans l'Assemblée souveraine où est représentée pour la dernière fois la France entière ; prendre part à la délibération qui démembre le pays, quoique l'on soit le membre qui va être amputé ; tomber dans les bras de l'étranger à l'instant même où l'on affirme à la face du monde « la volonté et le droit de rester Français » ; jeter en passant une protestation suprême au nom de l'éternelle justice et contre « l'odieux abus de la force », voilà le spectacle qu'ont donné les Alsaciens-Lorrains il y a seize ans. L'Europe a assisté passive à ce spectacle comme s'il ne la concernait pas ou comme si c'était un simple fait divers de ce journal qui se nomme l'histoire. Dans son aveuglement inexplicable, elle n'a pas compris que ce petit événement allait ébranler toutes les bases de l'ordre politique de cette partie du monde. L'Angleterre est annulée, la Russie demeure isolée, l'Autriche, dont le nom semblait synonyme de suzeraineté, n'est plus qu'une humble vassale, l'Italie songe à se faire le condottiere du vieux continent, l'Europe se demande chaque printemps, chaque été et chaque automne si quatre milliards de soldats ne vont pas s'entr'égorger, tout cela parce que la protestation des députés d'Alsace et de Lorraine lue à Bordeaux le 1er mars

1871 n'a point trouvé d'écho dans la conscience des peuples, ou pour mieux dire, parce que les peuples et les rois n'ont pas écouté cet écho ; car la conscience parlait, et depuis seize ans elle se venge. Elle n'a pas fini.

Je ne crois pas que l'on puisse exagérer l'importance, pour les destinées de l'Europe, de cette attitude de l'Alsace-Lorraine. Il y a huit à dix mois, M. de Bismarck, qui souvent se plaît à penser à haute voix, disait lui-même devant le Reichstag que tout ne s'était point passé alors comme on eût pu le désirer, comme il l'eût désiré lui-même. Il avouait qu'on s'était montré trop rapace. Mais quoi ! le parti militaire parlait en maître : il fallait bien le laisser faire. Et c'est précisément ce qui double la gravité de la chose : il y a quelque part un Etat où les militaires font parfois la loi aux ministres et au chancelier. Cela se reverra tôt ou tard.

Le 1ᵉʳ mars 1871 a commencé une ère nouvelle, l'ère des inquiétudes universelles et du malaise de tous. C'est donc un sentiment poignant que l'on éprouve en parcourant les pages où M. Scheurer-Kestner nous raconte, avec une éloquence qui est tout entière dans les choses et non dans les mots, comment ses collègues et lui sont venus à Bordeaux, ce qu'ils y ont fait, comment ils sont repartis.

Non seulement l'ensemble, mais bien des détails sont lugubres. Prenez la liste des députés du Bas-Rhin : « Kuss, décédé à Bordeaux ; Teutsch ; Albrecht, décédé ; Melsheim ; Bœll ;

Schneegans, disparu ; Saglio, décédé ; Gambetta, décédé ; Ostermann, décédé ; Bœrsch, décédé ; Jules Favre, décédé ; Kablé, décédé. » Sur onze, sept sont morts.   .   .   .   .   .   .

.   .   .   .

.   .   .   .

.   .   .   .

.   .   .   .

Dans le Bas-Rhin et dans le Haut-Rhin, la députation était tout entière républicaine, à l'exception d'un membre : ici, M. Keller ; là M. Saglio, — tous deux cléricaux, mais ne professant pas à cette époque des opinions monarchiques bien accentuées. Si les élections avaient été retardées de deux jours, comme dans la Meurthe, si la liste républicaine était parvenue dans toutes les communes, le Bas-Rhin n'élisait pas M. Saglio. Il me semble que c'eût été dommage. Il était à désirer que tous les partis prissent part à la protestation. Mais le fait que l'immense majorité dans les départements menacés ait arboré le drapeau de la République prouve à quel point la défense du territoire était aux yeux de tous l'œuvre propre du gouvernement proclamé le 4 Septembre, de même que la quadruple élection de Gambetta indique suffisamment à quel membre du gouvernement se rattachait tout espoir.

Les Alsaciens et les Lorrains firent deux déclarations collectives à Bordeaux : la première le 17 février, lorsque les négociations n'étaient pas encore ouvertes, et la seconde le 1ᵉʳ mars, ainsi que je l'ai dit, après que tout fut accompli. M. Scheurer-Kestner nous apprend que celle-ci fut écrite par M. Grosjean, du Haut-Rhin ; M. Saglio y ajouta la phrase touchante de la fin : « Vos frères d'Alsace et de Lorraine conserveront à la France absente de leurs foyers une affection filiale, jusqu'au jour où elle viendra y reprendre sa place. » Gambetta ne vit ce document que lorsque ses collègues en eurent arrêté le texte ; il le signa après l'avoir approuvé très chaudement. Mais il a rédigé tout entière la première déclaration lui-seul ; on n'y fit aucun changement. Par un singulier hasard, ce fut M. Keller qui fut appelé à lire à la tribune l'œuvre de Gambetta. L'histoire a de ces ironies.

On retrouve bien, du reste, dans cette déclaration la griffe du puissant orateur et le coup d'œil de l'homme d'Etat :

Trois raisons interdisent la cession de territoire demandée par le vainqueur : 1° l'Alsace et la Lorraine ne veulent pas être aliénées ; 2° la France ne peut consentir, ni signer la cession de la Lorraine ni de l'Alsace. Si elle le faisait, elle mettrait en péril la continuité de son existence nationale, et l'Assemblée qui s'y prêterait commettrait un excès de pouvoir odieux ; 3° l'Europe ne peut permettre ni ratifier l'abandon de l'Alsace et de la Lorraine. Je cite :

... L'Europe doit à sa propre conservation d'interdire de pareils abus de la force. Elle sait d'ailleurs que l'unité de la France est aujourd'hui, comme dans le passé, une garantie de l'ordre général du monde, une barrière contre l'esprit de conquête et d'invasion.

La paix faite au prix d'une cession de territoire ne serait qu'une trêve ruineuse et non une paix définitive. Elle serait pour tous une cause d'agitation intestine, une provocation légitime et permanente à la guerre. Et quant à nous, Alsaciens et Lorrains, nous serions prêts à recommencer la guerre aujourd'hui, demain, à toute heure, à tout instant.

Qu'a bien pu penser M. de Bismarck lorsqu'il a pris connaissance de ce document ? Je l'ignore, mais je ne serais pas étonné s'il s'était écrié : *Ach ! franzœsische Phrasenmacherei !* Et maintenant je suis convaincu que s'il le relisait il serait obligé de s'avouer qu'il n'y a point là de creuses déclamations, mais l'expression même de faits certains, palpables, obstinés comme le sont tous les faits. A quoi lui a-t-il servi de les nier il y a seize ans dans son optimisme aveugle ?

Il est, dans le récit de M. Scheurer-Kestner, une page bien intéressante. Pendant les négociations de Versailles dont l'issue n'avait rien de douteux, vu les dispositions de M. Thiers et de l'Assemblée, des propositions vinrent aux députés alsaciens et lorrains de balayer la majorité monarchique et de reprendre les opérations de guerre. Des hommes sérieux promettaient leur concours. « L'hésitation était excusable, dit l'honorable sénateur, mais notre patriotisme était trop pur, et, j'ose dire, trop éclairé pour céder à ces tentations. Gambetta, bien qu'il fût certain de trouver sans peine — il n'avait qu'à lever un doigt pour cela — tous les éléments nécessaires à une résistance efficace, nous déconseilla d'écouter ces patriotes trop ardents, comme il se le déconseilla à lui-même. » Gambetta n'avait qu'à lever un doigt, — rien n'est plus certain. Il le pouvait à ce moment comme il l'avait pu lors de l'arrivée de M. Jules Simon à Bordeaux ; toutes les fanfaronnades que celui-ci s'est permises dans ses divers récits de l'affaire n'y changeront rien. Gambetta n'avait qu'à vouloir pour l'écraser. Il ne l'a pas voulu, non certes par timidité, mais, comme le dit très bien M. Scheurer-Kestner, par patriotisme. Son cœur se révoltait à la pensée que des Français pussent se battre contre des Français, en présence de l'ennemi. Je retiens toutefois le mot de M. Scheurer-Kestner : « L'hésitation était excusable. » Oui, certes, et tous ceux qui ont traversé cette fournaise répèteront son mot. C'était une de ces époques, heureusement très rares dans l'histoire, où les assises du monde moral s'agitent comme le sol par un tremblement de terre. Le devoir civique, qui est au monde moral ce qu'est l'équilibre au monde matériel, ne se reconnaît plus. Avec un patriotisme très « pur » et très « éclairé », on finit par le retrouver et par s'y maintenir, ainsi qu'il arriva à M. Scheurer-Kestner et à ses amis. Vous étonnerez-vous que d'autres dont le patriotisme n'était assurément ni ne pouvait être aussi éclairé se soient lancés dans cette guerre civile qui faisait horreur à Gambetta ? Mais c'est le contraire plutôt qui m'eût surpris. Le mot de M. Scheurer-Kestner est l'excuse, je ne dis pas la justification, des événements de mars à Paris. Or, une fois lancé dans la mauvaise voie, on va jusqu'au bout.

Je ne quitterai pas M. Scheurer-Kestner sans signaler aux personnes qui aiment à réfléchir sur les faits de la politique une opinion à lui, qui peut paraître paradoxale et que je suis tenté de croire fondée en raison. Les représentants des départements sacrifiés donnèrent leur démission après la ratification de la paix, et, quoiqu'elle n'ait jamais été acceptée par l'Assemblée, la plupart la maintinrent, entre autres tous les députés du Haut et du Bas-Rhin. Ils obéissaient à un sentiment de dignité facile à comprendre. Mais firent-ils bien ? Non, dit M. Scheurer-Kestner qui, dans sa conscience d'honnête homme, prononce un blâme sur sa propre conduite : « Notre départ a été une faute politique ! » Il a privé en effet la République de 18 voix sur lesquelles elle pouvait compter. Or, c'est à 16 voix de majorité seulement que la Droite put renverser M. Thiers au 24 Mai : ce coup d'État parlementaire devenait donc impossible si les Alsaciens étaient restés à l'Assemblée.

Les prudents manœuvriers de la droite, dit l'auteur, n'auraient jamais osé le tenter ; ils ne se sont décidés qu'après des pointages rigoureux et des efforts multipliés auprès de quelques hésitants qu'il leur fallait à tout prix. Nous avons su plus tard qui payait les défections de certains d'entre eux. Jean Brunet est mort pensionné par un prince, lui qui avait commencé par l'Extrême-Gauche. Il ne s'en cachait pas.

Toutes les conditions d'existence de notre jeune République auraient été complètement modifiées. M. Thiers maintenu au pouvoir, c'étaient les luttes violentes du 16 Mai épargnées au pays, luttes où le droit était pour nous, mais où nous avons contracté de nouveau des habitudes d'opposition quand il nous fallait acquérir l'esprit de gouvernement. Ce n'est pas M. de Mac-Mahon seulement qui sortit diminué du conflit ; mais la présidence de la République, le pouvoir exécutif lui-même, et j'ajoute : la sagesse, l'esprit de conduite de notre parti. Nous n'aurions pas assisté, comme le dit très bien M. Scheurer-Kestner, « à la chute si douloureuse et si lamentable de Gambetta ». Elle a laissé un tel vide que tout gouvernement sérieux semble désormais impossible, et qu'en présence de nos divisions et subdivisions nous paraissons incapables de réaliser le vrai programme républicain, qui consiste à doter le pays de mœurs démocratiques. Rien ne ressemble moins à ces mœurs que l'esprit d'opposition et de dénigrement, qui va sans cesse grandissant.

Ah ! chers Alsaciens, pourquoi n'être pas restés à travailler avec nous à la fondation de la République ? C'était, vous le savez bien, travailler pour vous. M. Scheurer-Kestner, il est vrai, n'a pas tardé à revenir, et nulle part moins qu'à la *République française* on n'a oublié ce qu'il a fait pour la grande patrie ; il voudrait tant la voir digne et capable de « reprendre sa place au foyer de celle qui l'attend avec une affection filiale ».

En Prusse[1].

Nous avons sous les yeux une lettre bien éloquente dans sa simplicité que Jacques Bonhomme vient d'adresser au « très illustre chancelier S. A le prince de Bismarck ».

L'Europe s'inquiète et se ruine en fols armements, parce que, dit-il, l'on s'attend à voir, un jour ou l'autre, la France et l'Allemagne se rencontrer sur les champs de bataille dans une mêlée furieuse. Or, ajoute-t-il, ce qui fait de ces deux nations des ennemies irréconciliables, c'est la faute qui fut commise en 1871, et dont le vainqueur souffre autant que le vaincu : c'est l'article du traité de Francfort qui, arrachant l'Alsace-Lorraine au pays de ses affections, l'a

---

1. 9 novembre 1887, *République française*.

Malgré sa date, nous plaçons ici seulement cet article, parce qu'il nous paraît résumer la question d'Alsace-Lorraine.

jetée palpitante dans les bras du Germain qu'elle abhorre. Tant que l'Alsace-Lorraine sera violentée, le peuple français ne pourra se résigner à la défaite, et l'Europe se sentira chaque jour à la veille d'un branle-bas général.

Mais cette faute, M. de Bismarck ne l'a commise, en 1871, qu'à contre-cœur, sous la pression des chefs militaires. Jacques Bonhomme le supplie respectueusement de la réparer de sa main qui, à présent, est toute-puissante. Il ne demande pas, toutefois, que l'Allemagne laisse l'Alsace-Lorraine retourner à la France ; ce serait trop exiger, mais seulement que cette marche franco-allemande soit constituée en un Etat indépendant et neutre sous la garantie de l'Europe : « A Votre Altesse donc, s'écrie-t-il, de prendre en main cette noble cause et d'obtenir de Votre Auguste Empereur qu'il termine sa merveilleuse carrière en assurant la paix de l'Europe par l'affranchissement de ces deux provinces ! » De Genève à Dunkerque, la France et l'Allemagne seraient séparées par un cordon d'Etats neutralisés...

Au moment où Jacques Bonhomme déroulait devant le chancelier les idées que lui suggère son bon sens de vieux paysan, un savant professeur de la Sorbonne, qui compte au premier rang de nos historiens [1], indiquait à peu près la même solution en tête de son *Allemagne impériale*. Il n'attend pas toutefois de M. de

1. M. Ernest Lavisse.

Bismarck ni du fondateur de l'empire la parole libératrice. Non, il faut d'abord que Guillaume Ier soit allé rejoindre ses aïeux. Mais qui sait ? à l'heure où le cercueil impérial descendra dans la crypte de Potsdam, on verra peut-être apparaître le nouveau souverain, un vieillard déjà, qu'a brisé la maladie, et de sa voix sourde il annoncera qu'il entend ne régner que sur de vrais Allemands : « Messieurs, j'ai ordonné à mes troupes d'évacuer leurs garnisons d'Alsace-Lorraine ! » Il est vrai que l'auteur nous avertit lui-même que c'est là un rêve, un rêve insensé.

Assurément. Mais n'êtes-vous pas frappés de cette rencontre entre Jacques Bonhomme, guidé par sa vieille expérience des hommes et des choses, et un savant habitué à scruter le passé pour y découvrir les lois de l'histoire et y puiser les prévisions de l'avenir ? On sent que les esprits sérieux, profondément alarmés, cherchent, tâtent, s'ingénient à inventer un moyen quelconque de mettre fin à une situation à la fois intolérable et pleine d'effroyables menaces. Sans être un Salomon, aucun juge impartial n'hésiterait à reconnaître laquelle des deux nations est la véritable mère de l'enfant qu'elles se disputent ; mais persuadé que l'autre mère ne se laisserait pas débouter ainsi de ses prétentions, on arrive à formuler cette sentence : Qu'il ne soit ni à l'une ni à l'autre, — *neutri !*

Serait-ce bien une solution? La neutralité de l'Alsace-Lorraine mettrait fin à la question d'Alsace-Lorraine, — je l'accorde, si on y tient, quoique je n'en sois guère convaincu ; mais si la question d'Alsace-Lorraine est le point le plus douloureux de la situation de l'Europe, elle n'en est pas la cause.

Y a-t-il un seul homme intelligent qui croie sincèrement qu'un beau jour la France démocratique s'élancera d'un bond sur l'Allemagne pour lui arracher sa déplorable conquête ? Non, certainement non. Le péril n'est pas là.

Arrivera-t-il une fois ou l'autre que l'Allemagne, après nous avoir cherché noise et posé quelque ultimatum arrogant, couvrira nos forts d'arrêts d'obus à dynamite et entreprendra une invasion, la quatrième en un siècle ? Peut-être. On y a pensé une fois déjà, si ce n'est deux fois. Oui, cela peut arriver. Mais l'Allemagne tentera-t-elle cette partie redoutable pour s'assurer la paisible possession de Strasbourg et de Metz ? Allons donc ! L'enjeu ne vaudrait pas les risques.

Le profit que voudra retirer d'une pareille partie l'empereur qui l'entreprendra, ce sera (il n'y a pas à se le dissimuler) l'anéantissement de la France comme grande puissance. On nous démembrera ; on fera payer à ce qui restera de la France quelque vingt milliards, ce qui détruira à jamais nos finances et notre industrie, et, après avoir proclamé la neutralité de notre territoire réduit à une soixantaine de départements, on nous interdira l'entretien d'une **armée permanente.** *Fuit Gallia !*

Si jamais l'Allemagne nous attaque, ce sera dans l'espoir de signer à Versailles un pareil traité et non pour mettre fin aux protestations des Alsaciens-Lorrains !

Nous sommes une écharde dans la chair de l'empire. Ceux qui l'ont fondé ne se contentent pas d'avoir donné l'unité politique à leur nation, ils veulent commander à l'Europe entière. L'Autriche-Hongrie et l'Italie se sont rangées sous la houlette du pasteur des peuples qui siège à Berlin. L'Angleterre n'a cessé d'être en coquetterie avec lui. « Qu'il prenne le continent, semble-t-elle dire, pourvu qu'il nous laisse la mer ! » Et quand il voudra sa part de la mer, ni tories ni libéraux ne la lui disputeront sérieusement. La Russie elle-même, pendant quelques années, a paru incapable de se dégager des liens d'une longue parenté. Seule, la France est et a toujours été irréductible. Tant que la France disposera d'une formidable armée, les vainqueurs de 1870 ne jouiront pas tranquillement de la haute position qu'ils ont conquise et ne pourront l'accroître, car on sait partout dans le monde que, le jour où la Prusse serait aux prises avec un ennemi, elle aurait affaire à deux, et cela suffit pour encourager les résistances.

Ce n'est pas l'occupation de l'Alsace-Lorraine, mais l'ambition césarienne de la Prusse qui menace la paix. C'est parce que nous lui sommes un obstacle qu'elle lancera sur nous ses légions. Dans son for intérieur, elle nous reproche, non des projets de revanche, mais notre indépendance. Nous sommes, en face d'un nouveau Philippe, les défenseurs des libertés de cette partie du monde ; notre cause est celle de l'Europe, et, soyez-en persuadés, ceux-là mêmes qui se sont laissé enchaîner nous rendront grâce un jour de n'avoir point fléchi devant l'idole.

Sans doute l'ambition, comme toute autre passion, subit des pauses ; un souverain nonagénaire, des ministres qui étaient des jeunes gens il y a un demi-siècle, il est naturel qu'ils ne pensent qu'à conserver les biens acquis... La trêve durera tant qu'ils seront là. Mais ils n'y seront pas toujours. Il semble bien que, malgré son ancienne vigueur, le vieil empereur approche de son déclin. Qui sera après lui le chef de la monarchie ? Question redoutable. Ce sont ses monarques qui font la politique de la Prusse, ou bien laissent libre carrière à l'ambition dont ce pays est tourmenté depuis deux siècles et demi, ou bien lui imposent, soit par leur autorité, soit plutôt par leur inertie, un temps d'arrêt. Si le Kronprinz Frédéric monte sur le trône, tout semble indiquer que, sans renoncer à aucune des conquêtes paternelles, il continuera la politique des dernières années. Aucune puissance ne cessera de s'endetter, mais la guerre n'éclatera point. C'est quelque chose ; c'est même tout ce que peut espérer la génération actuelle. Et si le Kronprinz venait à succomber à sa mystérieuse maladie, maintenant ou dans un petit nombre d'années, l'Europe aurait affaire à son fils, le prince Guillaume : avec lui, la Prusse réalisera son rêve ou bien elle trouvera son Waterloo.

A la fin de notre dix-neuvième siècle, le sort du monde dépend d'un abcès à la gorge chez un père de famille et des lubies d'un jeune homme.

T. Colani.

TABLE DES MATIÈRES

II. — 1. Le crépuscule d'un long règne.

2. Un règne dramatique.

3. L'aube d'un règne fatal.

4. La question d'Alsace-Lorraine.

MAYENNE, IMPRIMERIE CHARLES COLIN